YO SERÉ LA ÚLTIMA

NADIA MURAD

YO SERÉ LA ÚLTIMA
Historia de mi cautiverio
y mi lucha contra el Estado Islámico

Traducción de
Verónica Canales Medina
Laura Manero Jiménez

PLAZA JANÉS

Papel certificado por el Forest Stewardship Council®

MIXTO
Papel procedente de
fuentes responsables
FSC® C117695

Título original: *The Last Girl*
Primera edición: noviembre de 2017

© 2017, The Nadia Initiative
Todos los derechos resevados. Publicado en Estados Unidos
por Tim Duggan Books, un sello de Crown Publishing Group,
una división de Penguin Random House LLC, Nueva York.
www. timdugganbooks.com
© 2017, Penguin Random House Grupo Editorial, S. A. U.
Travessera de Gràcia, 47-49. 08021 Barcelona
© 2017, Amal Clooney, por el prólogo
© 2017, Verónica Canales Medina y Laura Manero Jiménez, por la traducción
© 2017, Mapping Specialists, por el mapa
Todas las fotografías son cortesía de la autora

Printed in Spain – Impreso en España

ISBN: 978-84-01-01990-6

Depósito legal: B-17.128-2017

Compuesto en Comptex & Ass., S.L.

Impreso en Liberdúplex
Sant Llorenç d'Hortons (Barcelona)

L 0 1 9 9 0 6

Penguin
Random House
Grupo Editorial

Este libro ha sido escrito
para todos los yazidíes

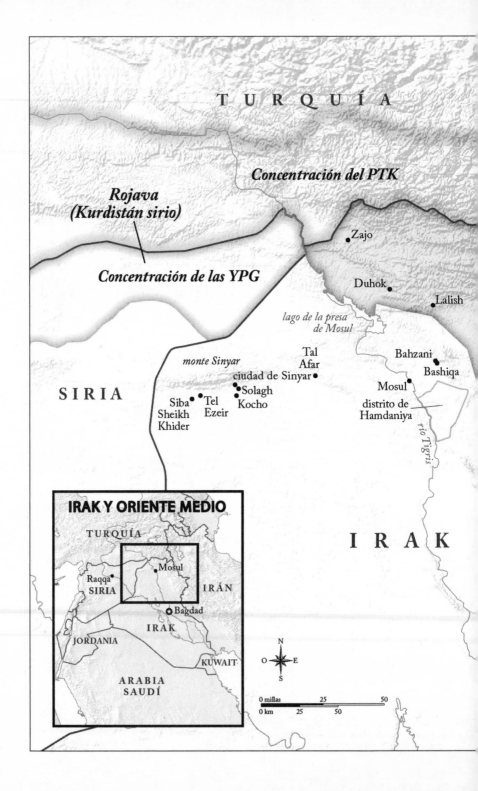

TURQUÍA

Concentración del PTK

Rojava
(Kurdistán sirio)

Concentración de las YPG

Zajo

Duhok

Lalish

lago de la presa
de Mosul

monte Sinyar

Tal
Afar

ciudad de Sinyar

Solagh

Siba
Sheikh
Khider

Tel
Ezeir

Kocho

Bahzani

Bashiqa

Mosul

distrito de
Hamdaniya

río Tigris

SIRIA

IRAK

IRAK Y ORIENTE MEDIO

TURQUÍA

Mosul

Raqqa
SIRIA

IRÁN

Bagdad

IRAK

JORDANIA

KUWAIT

ARABIA
SAUDÍ

N
O   E
S

0 millas   25   50
0 km   25   50

NORTE DE IRAK
AGOSTO-SEPTIEMBRE DE 2014

I R Á N

Concentración
del PDK

Kurdistán
iraquí

Erbil

Solimania

Kirkuk

Concentración
de la UPK

Prólogo

Nadia Murad no es solo mi clienta, es mi amiga. Cuando nos presentaron en Londres, me preguntó si quería ser su abogada. Me explicó que no podría pagar la provisión de fondos, que era probable que el caso fuese largo y no tuviera éxito. Pero me pidió que escuchara su historia antes de tomar una decisión.

En 2014, el Estado Islámico (EI) atacó la aldea de Nadia en Irak, y su vida como estudiante de veintiún años quedó destrozada. Se vio obligada a contemplar cómo su madre y sus hermanos se encaminaban hacia la muerte. La propia Nadia pasó de mano en mano, como una mercancía, entre los combatientes del EI. La obligaron a rezar, la obligaron a vestirse y maquillarse como preparación para su violación, y una noche fue víctima de abusos sexuales por parte de un grupo de hombres hasta quedar inconsciente. Me enseñó las cicatrices de quemaduras de cigarrillos y golpes. Y me contó que, a lo largo de toda aquella terrible experiencia, los militantes del EI la llamaban «sucia infiel» y alardeaban de cómo sometían a las mujeres yazidíes y borraban su religión del mapa.

Nadia fue una de las miles de yazidíes raptadas por el EI y vendidas en mercados y en Facebook, a veces por la ínfima suma de veinte dólares. La madre de Nadia fue una de las ochenta mujeres mayores a las que ejecutaron y enterraron en una fosa común. Seis de sus hermanos se contaron entre los centenares de hombres a los que asesinaron en un solo día.

Lo que Nadia me relataba es un genocidio. Y el genocidio no sucede por casualidad. Requiere planificación. Antes de que se iniciara dicho exterminio, el Departamento de Investigación y Fatuas del EI estudió a los yazidíes y llegó a la conclusión de que, como grupo kurdoparlante que carecía de libro sagrado, eran no creyentes cuya esclavización constituía un «aspecto establecido firmemente por la *sharia*». Esta es la razón, según la retorcida moral del EI, por la que las yazidíes —a diferencia de las cristianas, chiíes y otras mujeres— pueden ser violadas de forma sistemática. De hecho, se convertiría en una de las maneras más efectivas de destruirlas.

Lo que siguió fue el establecimiento de una burocracia del mal a escala industrial. El EI llegó incluso a publicar un panfleto titulado *Preguntas y respuestas sobre la retención de prisioneras y esclavas* para proporcionar más directrices. «Pregunta: ¿Está permitido mantener relaciones sexuales con una esclava que no haya alcanzado la pubertad? Respuesta: Está permitido mantener relaciones sexuales con una esclava que no haya alcanzado la pubertad si es apta para el coito. Pregunta: ¿Está permitido vender a una prisionera? Respuesta: Está permitido comprar, vender o regalar a las prisioneras y esclavas, puesto que no son más que una propiedad.»

Cuando Nadia me contó su historia en Londres, habían pasado casi dos años desde el inicio del genocidio yazidí a manos del Estado Islámico. Miles de mujeres y niños yazidíes seguían cautivos en sus redes, pero no se había juzgado a ningún miembro del EI en ningún tribunal del mundo por tales crímenes. Las pruebas estaban extraviándose o siendo destruidas. Y las perspectivas de que se hiciera justicia resultaban ciertamente desalentadoras.

Por supuesto, acepté el caso. Y Nadia y yo hemos pasado más de un año luchando por que se haga justicia. Nos hemos reunido en repetidas ocasiones con el gobierno iraquí, representantes de las Naciones Unidas, miembros del Consejo de Seguridad de la ONU, y víctimas del EI. He redactado informes, entregado borradores y análisis legales, y he pronunciado discursos en los que imploraba a las Naciones Unidas que tomaran cartas en el asunto. La mayoría de nuestros interlocutores nos decían que sería imposible: el Consejo de Seguridad llevaba años sin intervenir en el ámbito de la justicia internacional.

Sin embargo, mientras escribo este prólogo, el Consejo de Seguridad de las Naciones Unidas ha adoptado una resolución histórica con la que crea un equipo de investigación que recabará pruebas de los crímenes cometidos por el EI en Irak. Esto constituye una victoria importante para Nadia y para todas las víctimas del Estado Islámico, porque supone la conservación de las pruebas y la posibilidad de llevar ante los tribunales a los miembros del EI de manera individual. Me encontraba sentada junto a Nadia en el Consejo de Seguridad cuando se adoptó la resolución por unanimidad. Y al ver las quince manos que se alzaron, Nadia y yo nos miramos y sonreímos.

Como abogada defensora de los Derechos Humanos, mi labor a menudo consiste en dar voz a los que han sido silenciados: al periodista encarcelado o a la víctima de crímenes de guerra que lucha por que llegue el día en que pueda presentar su caso en los tribunales. No cabe duda de que el EI intentó silenciar a Nadia cuando la secuestraron y la esclavizaron, la violaron, la torturaron y mataron a siete miembros de su familia en un solo día.

Pero Nadia se negó a ser silenciada. Ha plantado cara a todas las etiquetas con las que la ha marcado la vida. Huérfana. Víctima de violación. Esclava. Refugiada. En su lugar, ella ha creado nuevas etiquetas. Superviviente. Líder yazidí. Defensora de las mujeres. Nominada al premio Nobel de la Paz. Embajadora de Buena Voluntad de las Naciones Unidas. Y, ahora, escritora.

Desde que la conozco, Nadia no solo ha encontrado su voz, sino que se ha convertido en la voz de todos los yazidíes víctimas de genocidio, de todas las mujeres que han sufrido abusos y de todos los refugiados a los que se ha dejado atrás.

Los que creyeron que con su crueldad podrían silenciarla se equivocaban. El espíritu de Nadia Murad no está roto, y su voz no será acallada. Todo lo contrario: gracias a este libro, su voz se oye con más fuerza que nunca.

AMAL CLOONEY, abogada,
septiembre de 2017

Primera parte

1

A principios del verano de 2014, mientras estaba ocupada preparando mi último año de instituto, desaparecieron dos agricultores de sus campos justo en las afueras de Kocho, la pequeña aldea yazidí al norte de Irak donde nací y donde, hasta hace poco, creía que viviría el resto de mi vida. Esos hombres se encontraban descansando plácidamente a la sombra de sus ajados toldos de fabricación casera y de pronto se vieron prisioneros en una pequeña habitación del pueblo de al lado, hogar de árabes suníes principalmente. Junto con los agricultores, los secuestradores se llevaron una gallina y algunos de sus polluelos, lo cual nos confundió. «A lo mejor tenían hambre», comentábamos entre nosotros, aunque eso no contribuía en absoluto a tranquilizarnos.

Desde que la conozco, Kocho ha sido siempre una aldea yazidí, establecida por los agricultores y pastores nómadas que primero llegaron al lugar, en medio de la nada, y decidieron construir hogares para proteger a sus esposas del calor desértico mientras ellos llevaban los rebaños de ovejas a pastos mejores. Escogieron una tierra que fuera adecuada para la agricultura, aunque se trataba de una ubicación peligrosa, en la zona limítrofe sur de la región iraquí de Sinyar, donde vive la mayoría de los yazidíes del país, y muy próxima al Irak no yazidí. Cuando llegaron las primeras familias yazidíes a mediados de la década de 1950, Kocho estaba habitado por agricultores árabes suníes que trabajaban a las órdenes de terratenientes de Mosul. Pero esas familias yazidíes contrataron a un abogado para comprar la tierra —el abogado, musulmán, todavía es considerado un héroe—, y, en la época en que yo nací, en Kocho el número de grupos familiares había aumentado hasta unos doscientos, todos yazidíes y conviviendo con el estrecho vínculo de una gran familia, lo que prácticamente éramos.

El territorio que nos hacía tan especiales también nos hacía vulnerables. Los yazidíes hemos sido perseguidos durante siglos por nuestras creencias religiosas, y, en comparación con otras aldeas y ciudades yazidíes, Kocho está lejos del monte Sinyar, la elevada y angosta montaña que nos ha acogido de generación en generación. Durante mucho tiempo habíamos sufrido la presión de las fuerzas confrontadas de los árabes suníes de Irak y los kurdos suníes, que nos pedían que negáramos nuestra herencia yazidí y aceptáramos o bien la identidad kurda o la árabe. Hasta 2013, cuando la carretera entre Kocho y la montaña por fin fue pavimentada, tardábamos casi una hora en viajar con nuestra camioneta blanca Datsun por los polvorientos caminos que cruzaban la ciudad de Sinyar hasta la falda de la montaña. Crecí más cerca de Siria que de nuestros templos más sagrados, más cerca de desconocidos que de la seguridad.

El viaje en coche en dirección a la montaña era muy divertido. En la ciudad de Sinyar podíamos encontrar golosinas y un tipo especial de bocadillo de carne de cordero que no teníamos en Kocho, y mi padre casi siempre hacía una parada para dejar que compráramos lo que quisiéramos. Nuestra camioneta levantaba nubes de polvo a medida que avanzábamos, pero aun así yo prefería ir montada en la parte trasera, en el exterior, tumbada boca abajo hasta que salíamos del pueblo y nos alejábamos de las miradas de nuestros curiosos vecinos, luego me enderezaba de un salto para sentir el viento en la cara, que me despeinaba, y contemplar la borrosa imagen del ganado pastando a lo largo del camino. Era fácil que me dejara llevar, iba incorporándome cada vez más en la parte trasera de la camioneta hasta que mi padre o mi hermano mayor, Elias, me gritaban que, si no me andaba con ojo, saldría volando y acabaría cayéndome por un lateral del vehículo.

En la dirección contraria, lejos de esos bocadillos de carne de cordero y el reconfortante entorno de la montaña, estaba el resto de Irak. En tiempos de paz, un comerciante yazidí que no tuviera prisa podía tardar quince minutos en coche para ir desde Kocho hasta la aldea suní más próxima a vender el grano o la leche. Teníamos amigos en esas aldeas —chicas a las que conocía en las bodas, maestros que pasaban el curso durmiendo en la escuela de Kocho, hombres a los que se invitaba a sujetar a nuestros niños pequeños durante el ritual de circuncisión—, y, desde ese momento, se establecía un vínculo con esa familia yazidí como *kiriv*, una especie de padrino. Los médicos musulmanes viajaban hasta Kocho o la ciudad de Sinyar para tratarnos cuando estábamos enfermos, y los comerciantes musulmanes recorrían el pueblo en sus camionetas vendiendo vestidos y golosinas, cosas que no se encontraban en las pocas tiendas de Kocho, las cuales se encargaban, sobre todo, de vender artículos de primera necesidad. Al crecer, mis hermanos viajaban con frecuencia a aldeas no yazidíes para ganar algo de dinero haciendo algún trabajito. Las relaciones entre los pueblos sufrían el desgaste de siglos de desconfianza —y era difícil no sentirse mal cuando algún invitado musulmán a una boda se negaba a comer nuestra comida, sin importar lo educado que fuera al hacerlo—, pero, a pesar de ello, existía una auténtica amistad. Esos vínculos se remontaban varias generaciones y habían sobrevivido al control otomano, la colonización inglesa, el gobierno de Sadam Husein y la ocupación estadounidense. En Kocho nos conocían, sobre todo, por nuestra estrecha relación con las aldeas suníes.

Sin embargo, cuando se producían enfrentamientos en Irak, y siempre parecía haber enfrentamientos en Irak, esas aldeas se consideraban superiores, nos veían como el pequeño pueblo vecino yazidí; los antiguos prejuicios se intensificaban y no tardaban en convertirse en odio. A menudo, de ese odio procedía la violencia, pues, al menos durante los últimos diez años, desde que los iraquíes habían sido arrojados a una guerra con los estadounidenses en 2003, la espiral de violencia empeoró gradualmente hasta provocar enfrentamientos locales más encarnizados y, al final, una oleada desatada de terrorismo. La distancia entre nuestros hogares se había vuelto gigantesca. Las aldeas vecinas empezaron a acoger a extremistas que denunciaban a los cristianos y a los musulmanes no suníes y, aún peor, que consideraban a los yazidíes *kuffar*, no creyentes que debían morir. En 2007 unos cuantos extremistas llegaron en un camión cisterna de gasolina y tres coches hasta los ajetreados centros de dos ciudades yazidíes, ubicadas a unos dieciséis kilómetros al noroeste de Kocho. A continuación hicieron estallar los vehículos y mataron a los cientos de personas que habían corrido hacia ellos, muchas de las cuales creían que habían llegado con productos para el mercado.

El yazidismo es una antigua religión monoteísta, propagada de forma oral por los hombres santos que velan por la conservación de nuestros relatos. Aunque tiene elementos en común con las numerosas religiones de Oriente Medio, desde el mitraísmo hasta el zoroastrismo, pasando por el islamismo y el judaísmo, es realmente única, e incluso para los hombres santos que deben memorizar todas las historias puede resultar difícil de explicar. Yo imagino mi religión como un árbol antiguo con miles de anillos: cada uno de ellos contiene un relato sobre la larga historia de los yazidíes. Por desgracia, muchas de esas narraciones son tragedias.

En la actualidad solo queda aproximadamente un millón de yazidíes en todo el planeta. Desde que vine al mundo —y, lo sé, durante mucho tiempo antes de que yo naciera—, nuestra religión ha sido lo que nos definía y nos mantenía unidos como comunidad. Sin embargo, también nos ha convertido en el blanco de grupos más numerosos, desde los otomanos hasta los baazistas de Sadam, que nos atacaban o intentaban obligarnos a que les rindiésemos lealtad. Insultaban nuestra religión diciendo que adorábamos al demonio o que éramos impuros, y nos exigían renunciar a nuestra fe. Los yazidíes sobrevivimos a generaciones de ataques que tenían como objetivo acabar con nosotros, ya fuera matándonos, obligándonos a la conversión religiosa o sencillamente echándonos de nuestra tierra y quedándose con todas nuestras pertenencias. Antes de 2014, fuerzas externas habían intentado destruirnos setenta y tres veces. Entonces llamábamos a los ataques contra los yazidíes *firman*, una palabra otomana; luego aprendimos la palabra «genocidio».

Cuando conocimos las condiciones de los secuestradores para liberar a los dos agricultores, la aldea al completo fue presa del pánico. «Cuarenta mil dólares —dijeron los secuestradores a las esposas de los agricultores por teléfono—. O venid hasta aquí con vuestros hijos para convertiros al islam como familia.» De no ser así, advirtieron, asesinarían a los hombres. No fue el dinero lo que provocó que las esposas se derrumbaran y rompieran a llorar delante del *mujtar,* o jefe de la aldea, Ahmed Jasso; cuarenta mil dólares era una cantidad de otro mundo, pero era solo dinero. Todos sabíamos que los agricultores preferirían morir a convertirse, por eso los aldeanos lloraron de puro alivio cuando, una noche, los hombres huyeron por una ventana rota, atravesaron corriendo los campos de cebada y aparecieron en sus casas, vivos, cubiertos de polvo hasta las rodillas y resollando por el miedo. Pero los secuestros no cesaron.

Poco después, Dishan, un hombre que trabajaba para mi familia, los Taha, fue secuestrado en un campo próximo al monte Sinyar, donde estaba cuidando de nuestras ovejas. A mi madre y a mis hermanos les había costado años comprar y criar nuestro rebaño, y cada oveja constituía una victoria. Nos sentíamos orgullosos de nuestros animales, cuando no estaban pastando en las afueras de la aldea, los teníamos en el patio de casa, los tratábamos casi como mascotas. El momento del año en que los esquilábamos era una celebración en sí misma. Me encantaba todo el ritual, la forma en que la delicada lana caía al suelo y se iba amontonando como en pilas de nubes, el olor almizcleño que impregnaba toda la casa, el tenue balido de las ovejas, que transmitía quietud. Me encantaba dormir bajo los edredones que mi madre, Shami, fabricaba con la lana, usándola para rellenar coloridas telas cosidas entre sí. A veces me sentía tan unida a un cordero en concreto que debía salir de casa en el momento en que iban a sacrificarlo. Cuando secuestraron a Dishan, ya teníamos cien ovejas; para nosotros, era una pequeña fortuna.

Al acordarnos de la gallina y los polluelos que se habían llevado con los agricultores, mi hermano Saeed se dirigió a toda velocidad con la camioneta familiar a la falda del monte Sinyar, a unos veinte minutos de distancia, porque las carreteras ya estaban allanadas, para comprobar cómo estaban nuestras ovejas.

«Seguro que se las han llevado —nos lamentamos—. Esas ovejas son todo lo que tenemos.»

Más adelante, cuando Saeed llamó a mi madre, parecía confuso.

—Se han llevado solo dos —informó; un carnero viejo y de movimientos lentos y una cordera joven.

Las demás ovejas estaban pastando tan tranquilas en los campos resecos y siguieron a mi hermano de regreso a casa. Rompimos a reír porque nos sentimos muy aliviados. Pero Elias, mi hermano mayor, estaba preocupado.

—No lo entiendo —dijo—. Esos aldeanos no son ricos. ¿Por qué no se habrán llevado el rebaño? —Él creía que debía significar algo.

Un día después de que se llevaran a Dishan, Kocho era un caos. Los aldeanos se apelotonaban delante de las puertas de sus casas y, junto con los hombres que se turnaban para encargarse de un nuevo puesto de control justo en el otro lado de las murallas de nuestra aldea, vigilaban la aparición de cualquier vehículo desconocido en Kocho. Hezni, uno de mis hermanos, regresó a casa desde la ciudad de Sinyar, donde trabajaba como policía, y se unió a los demás hombres de la aldea que discutían a voz en grito sobre qué hacer. El tío de Dishan quería vengarse y decidió liderar una partida hasta una aldea al este de Kocho, cuyo gobierno estaba en manos de una conservadora tribu suní.

—Nos llevaremos a dos de sus pastores —sentenció, enfurecido—. ¡Entonces tendrán que devolvernos a Dishan!

Se trataba de un plan arriesgado, y no todo el mundo apoyaba al tío de Dishan. Incluso mis hermanos, que habían heredado la valentía y la agilidad para la lucha de nuestro padre, estaban divididos. Saeed, que era solo un par de años mayor que yo, pasaba muchísimo tiempo fantaseando con el día en que por fin podría demostrar su heroísmo. Él aprobaba la venganza, mientras que Hezni, más de diez años mayor y el más compasivo de todos nosotros, pensaba que era demasiado peligroso. No obstante, el tío de Dishan reunió a todos los aliados que pudo y raptó a dos pastores árabes suníes. Después volvieron en coche a Kocho, donde los encerraron en su casa y aguardaron.

La mayoría de los enfrentamientos en la aldea se solucionaba gracias a Ahmed Jasso, nuestro *mujtar,* práctico y diplomático, y él estaba de acuerdo con Hezni. «La relación con nuestros vecinos suníes ya es tensa de por sí —dijo—. ¿Quién sabe qué harán si intentamos plantarles cara?» Además, nos advirtió que la situación fuera de Kocho era mucho peor y más complicada de lo que imaginábamos. Un grupo que se autodenominaba Estado Islámico, EI, que había emergido en gran parte en Irak y que en los últimos años se había expandido en Siria, había tomado aldeas tan próximas a la nuestra que podíamos contar el número de personas vestidas de negro, de los pies a la cabeza, montadas en los camiones que pasaban por nuestro pueblo. Ellos retenían a nuestro pastor, según nos contó nuestro *mujtar*. «No harás más que empeorar las cosas», dijo Ahmed Jasso al tío de Dishan, y, apenas medio día después de que los pastores suníes fueran secuestrados, los liberaron. No obstante, Dishan siguió secuestrado.

Ahmed Jasso era un hombre inteligente, y la familia Jasso contaba con décadas de experiencia en la negociación con las tribus árabes suníes. Todos los habitantes de la aldea acudían a ellos con sus problemas, y en otros pueblos también eran conocidos como expertos diplomáticos. Con todo, algunos de nosotros nos preguntábamos si esta vez no estaría siendo demasiado colaborativo, enviando así a los terroristas el mensaje de que los yazidíes no sabían cómo protegerse a sí mismos. Tal como estaban las cosas, lo único que nos separaba del Estado Islámico eran los combatientes kurdos iraquíes, los llamados *peshmerga,* que habían sido enviados desde la región autónoma kurda para proteger Kocho cuando se produjo la caída de Mosul, casi dos meses antes. Tratábamos a los *peshmerga* como invitados privilegiados. Dormían en palés en la escuela de la aldea y, cada semana, una familia diferente mataba un cordero para alimentarlos, lo que suponía un tremendo sacrificio para los aldeanos pobres. Yo también admiraba a los combatientes. Había oído historias sobre mujeres kurdas de Siria y Turquía que luchaban contra los terroristas y llevaban armas. La simple idea me infundía valor.

Algunas personas, incluidos algunos de mis hermanos, pensaban que debíamos tener derecho a defender nuestra aldea. Querían encargarse de los puestos de control, y el hermano de Ahmed Jasso, Naif, intentó convencer a las autoridades kurdas de que lo dejaran formar una unidad *peshmerga* yazidí, pero ignoraron su petición. Nadie se ofreció para entrenar a los hombres yazidíes ni los animó a unirse a la lucha contra los terroristas. Los *peshmerga* nos aseguraron que, mientras ellos estuvieran allí, no teníamos nada de lo que preocuparnos y que tenían la firme intención de proteger a los yazidíes como lo harían con la capital del Kurdistán iraquí. «Antes dejaremos caer

Erbil que Sinyar», dijeron. Nos urgieron a confiar en ellos, y así lo hicimos.

Con todo, la mayoría de las familias de Kocho tenía armas en casa: fusiles Kaláshnikov destartalados y algún cuchillo de grandes dimensiones que usaban para descuartizar animales en las celebraciones. Muchos hombres yazidíes, incluidos aquellos hermanos míos que ya eran lo bastante mayores, habían aceptado trabajar en la patrulla fronteriza o en el cuerpo de policía después de 2003, cuando esos puestos de trabajo estuvieron disponibles, y teníamos la seguridad de que, mientras los profesionales vigilaran las fronteras de Kocho, nuestros hombres podrían proteger a sus familias. Después de todo, fueron esos hombres, y no los *peshmerga*, los que levantaron una barrera de tierra con sus propias manos en todo el perímetro de la aldea después de los ataques de 2007. Y fueron los hombres de Kocho los que patrullaron para proteger esa barrera día y noche durante todo un año, obligando a los coches a detenerse en puestos de control rudimentarios y vigilando el paso de extranjeros, hasta que nos sentimos lo bastante seguros para retomar la vida cotidiana.

El rapto de Dishan nos hizo sentir pánico a todos. Pero los *peshmerga* no hicieron nada por ayudar. Quizá pensaron que se trataba solo de otra trifulca sin importancia entre aldeas, no la razón por la que Masud Barzani, el presidente del Gobierno Regional del Kurdistán, los había enviado lejos de la seguridad de su región para adentrarse en las zonas no protegidas de Irak. Quizá estaban tan asustados como nosotros. Algunos soldados no parecían mucho mayores que mi hermano pequeño Saeed, el chico menor de mi madre. Sin embargo, la guerra cambiaba a las personas, sobre todo a los hombres. No había pasado tanto tiempo desde que Saeed jugaba conmigo y nuestra sobrina, Kathrine, en el patio de casa, cuando todavía no era lo bastante mayor para saber que las muñecas supuestamente no debían gustar a los chicos. Más adelante, no obstante, Saeed se obsesionó con la violencia que arrasaba Irak y Siria. Un día lo pillé viendo vídeos de las decapitaciones del Estados Islámico en el móvil. Las imágenes le temblaban en la mano, y me sorprendió que levantara el teléfono para que yo también pudiera verlas. Cuando nuestro hermano mayor, Massoud, entró en la habitación, se puso furioso.

—¿Cómo se te ocurre dejar que Nadia vea eso? —gritó a Saeed, quien se acobardó. Se disculpó, pero yo lo entendía. Era difícil dar la espalda a unas escenas tan deplorables, que estaban produciéndose tan cerca de nuestra casa.

La imagen del vídeo reaparecía en mi cabeza cuando pensaba en nuestros pobres pastores secuestrados. «Si los *peshmerga* no nos ayudan a recuperar a Dishan, tendré que hacer algo», me dije, y entré corriendo en nuestra casa. Yo era la pequeña de la familia, la más joven de once hermanos, y chica. Aun así, siempre me hacía oír y estaba acostumbrada a que me escucharan, y con la rabia me sentía importante.

Nuestra casa se encontraba cerca del límite norte de la aldea y estaba formada por una hilera de habitaciones de adobe dispuestas como las cuentas de un collar y conectadas por umbrales sin puertas. Estos conducían a un espacioso patio con un huerto y un horno para pan llamado *tandoor*, a menudo, ocupado por ovejas y pollos. Vivía allí con mi madre, seis de mis ocho hermanos y mis dos hermanas, además de dos cuñadas y los hijos de ambas, y a una corta distancia a pie de mis otros hermanos, mis hermanastros y hermanastras, y casi todas mis tías, mis tíos y primos. El techo tenía goteras por las que entraba la lluvia en invierno, y el interior era como un horno durante el verano iraquí; nos veíamos obligados a subir con una escalera a la azotea para dormir. Cuando se hundía una parte del techo, la arreglábamos con planchas metálicas que conseguíamos gracias al taller de Massoud; cuando necesitábamos más espacio, lo construíamos. Estábamos ahorrando dinero para una casa nueva, un lugar más permanente hecho con bloques de cemento, y cada día estábamos más cerca de conseguirlo.

Entré en casa por la puerta principal y corrí hacia la habitación que compartía con las demás chicas, donde había un espejo. Me enrollé un pañuelo de color claro en la cabeza, uno que solía usar para que no me molestara el pelo en la cara cuando me agachaba sobre las hileras de verduras de la huerta, e intenté imaginar qué haría una combatiente al prepararse para la lucha. Años de trabajo en la granja me habían hecho más fuerte de lo que aparentaba. Con todo, no tenía ni idea de cómo habría actuado si hubiera visto a los secuestradores o a otras personas de su aldea conduciendo por Kocho. ¿Qué les diría? «Unos terroristas raptaron a nuestro pastor y lo llevaron a vuestra aldea —repetía ante el espejo, con el ceño fruncido—. Podríais haberlos detenido. Al menos podríais decirnos adónde lo han llevado.» De un rincón de nuestro patio cogí un cayado, como los que usan los pastores, y volví a la puerta de entrada, donde varios hermanos míos estaban con mi madre, en plena conversación. Apenas se dieron cuenta de que me había unido al grupo.

Unos minutos más tarde, una camioneta blanca procedente de la aldea de los secuestradores pasó por la calle principal de la nuestra; delante iban dos hombres, y detrás, otros dos. Eran unos árabes a los que reconocí vagamente de la tribu suní que se había llevado a Dishan. Nos quedamos mirando cómo avanzaba la camioneta, despacio, por la calle de tierra que recorría serpenteante la aldea. Circulaban con parsimonia, como si no tuvieran ningún miedo. No tenían ningún motivo para pasearse por Kocho —las carreteras circundantes conectaban ciudades como Sinyar y Mosul—, y su presencia parecía una provocación. Me separé de mi familia y salí corriendo hasta plantarme en medio de la carretera, justo en el camino de la camioneta.

—¡Alto! —grité, agitando el cayado por encima de mi cabeza con la intención de parecer más corpulenta—. ¡Decidnos dónde está Dishan!

Hizo falta la mitad de mi familia para contenerme.

—¿Qué creías que ibas a hacer? —me regañó Elias—. ¿Atacarlos? ¿Romperles la luna del coche?

Elias y otros de mis hermanos acababan de llegar de los

campos; estaban agotados y apestaban a las cebollas que habían estado recogiendo. Para ellos, mi intento de vengar a Dishan no había sido más que una pataleta infantil. Mi madre también estaba furiosa conmigo por haber salido corriendo a la carretera. En circunstancias normales, ella toleraba mi mal carácter, e incluso le divertía, pero esos días todo el mundo tenía los nervios a flor de piel. Parecía peligroso llamar la atención, sobre todo si eras una mujer joven y soltera.

—Ven aquí y siéntate —me ordenó mi madre—. Es una vergüenza que hayas hecho eso, Nadia, no es asunto tuyo. Los hombres ya se encargarán de solucionarlo.

La vida siguió. Los iraquíes, sobre todo los yazidíes y otras minorías, tienen la capacidad de adaptarse a las nuevas amenazas. Así hay que hacerlo si uno quiere intentar vivir algo parecido a una vida normal en un país que parece desmoronarse. En ocasiones, esas adaptaciones eran relativamente pequeñas. Reducíamos la exigencia de nuestros sueños —terminar la escuela, dejar el trabajo de la granja por algo menos duro, casarnos pronto— y no era difícil convencernos a nosotros mismos de que esos sueños habían sido inalcanzables desde un principio. A veces, esos ajustes se producían de forma gradual, sin que nadie se percatara de ellos. Quizá dejábamos de hablar con los estudiantes musulmanes del colegio o entrábamos corriendo en casa asustados cuando pasaba un extranjero por la aldea. Veíamos las noticias sobre los ataques en la tele y empezamos a preocuparnos más por la política, o bien la obviábamos por completo, pues creíamos que era más seguro permanecer callados. Después de cada ataque, los hombres añadían más tierra a la barrera de la entrada de Kocho, comenzando por la cara occidental, la que daba a Siria, hasta que un día despertamos y descubrimos que la barrera nos rodeaba por completo. Luego, como aún nos sentíamos inseguros, los hombres cavaron también una fosa alrededor de la aldea.

Generación tras generación, llegamos a acostumbrarnos a los pequeños agravios o injusticias, hasta que se volvieron tan normales que los ignorábamos. Imagino que esa es la razón por la que hemos llegado a aceptar determinados desplantes, como el hecho de que se rechace nuestra comida, lo que sin duda parecería un delito a cualquiera que lo observara por primera vez. Incluso la amenaza de un nuevo *firman* era algo a lo que los yazidíes se habían acostumbrado, aunque esa adaptación era más bien una contorsión. Dolía.

Con Dishan todavía cautivo, regresé con mis hermanos a los campos de cebollas. Allí nada había cambiado. Las hortalizas que habían plantado meses atrás ya habían crecido; si no las recogíamos nosotros, nadie lo haría. Si no las vendíamos, no tendríamos dinero. Así que todos nos arrodillábamos en fila junto a las marañas de brotes verdes y arrancábamos los bulbos del suelo, solo unos pocos cada vez. Íbamos metiendo las futuras cebollas en bolsas de plástico trenzado, donde las dejábamos madurar hasta que llegara la hora de llevarlas al mercado. «¿Las llevaremos a las aldeas musulmanas este año?», nos preguntábamos, pero no podíamos responder. Cuando uno de nosotros sacaba el barro residual negro y pestilente de una cebolla podrida, gruñíamos, nos tapábamos la nariz y seguíamos trabajando.

Porque eso era lo que hacíamos normalmente, chismorreábamos y nos pinchábamos entre nosotros, y nos contábamos historias que ya habíamos oído millones de veces. Adkee, mi hermana y la bromista de la familia, recordó mi escena ese día intentando parar el coche, yo, una granjera flacucha, con el pañuelo caído delante de los ojos y agitando el cayado por encima de la cabeza, y casi nos caemos al suelo de la risa. Convertíamos el trabajo en un juego y competíamos para ver quién recolectaba más cebollas, tal como habíamos hecho meses antes, cuando jugábamos a ver quién plantaba más semillas. En cuanto el sol empezaba a ponerse, nos reuníamos con mi madre en casa para cenar en el patio y dormíamos, codo con codo, en los colchones instalados en la azotea de la vivienda, contemplando la luna y susurrando hasta que el agotamiento sumía a toda la familia en un silencio total.

No descubrimos por qué los secuestradores habían robado los animales —la gallina, los pollos y nuestras dos ovejas— hasta casi dos semanas más tarde, después de que el Estado Islámico hubiera tomado Kocho y gran parte de Sinyar. Un militante, que había ayudado a encerrar a todos los habitantes de Kocho en la escuela secundaria de la aldea, habló de los secuestros a algunas mujeres posteriormente.

—Decís que aparecimos de la nada, pero os enviamos mensajes —dijo con el fusil colgando a un lado del cuerpo—. Cuando nos llevamos la gallina y los pollos, era para deciros que íbamos a llevarnos a las mujeres y los niños. Cuando nos llevamos el carnero, era como si nos lleváramos a vuestros jefes tribales, y cuando lo matamos, significaba que planeábamos matar a esos líderes. Y la cordera representaba a vuestras hijas.

2

Mi madre me quería, pero no fui una hija buscada. Durante meses, antes de que yo fuera concebida, ahorró todo el dinero que podía —un dinar suelto aquí y allá, el cambio tras un viaje al mercado o medio kilo de tomates vendidos a hurtadillas— para gastar en el control de natalidad que no se atrevía a pedir a mi padre. Los yazidíes no se casan con miembros de otras religiones ni permiten la conversión al yazidismo, y las familias numerosas eran la mejor forma de garantizar que no acabásemos desapareciendo por completo. Además, cuantos más hijos, más mano de obra para trabajar en la granja. Mi madre consiguió comprar las píldoras anticonceptivas para tres meses, hasta que se le acabó el dinero y, de forma casi inmediata, se quedó embarazada de mí, su undécima y última hija.

Era la segunda esposa de mi padre. La primera murió joven y lo dejó con cuatro hijos que necesitaban a una mujer que ayudara a criarlos. Mi madre era guapa, nacida en el seno de una familia pobre y muy religiosa de Kocho, y su padre la entregó con júbilo a mi padre como esposa. Él ya tenía un poco de tierra y animales, y, en comparación con el resto de los habitantes de Kocho, era acaudalado. Por eso, antes de que mi madre cumpliera veinte años, antes de que hubiera aprendido siquiera a cocinar, se convirtió en esposa y madrastra de cuatro niños, y no tardó nada en quedarse embarazada. Jamás fue a la escuela y no sabía ni leer ni escribir. Como muchos yazidíes, cuya lengua materna es el kurdo, no hablaba mucho árabe y apenas podía comunicarse con los aldeanos de esta etnia que llegaban al pueblo para celebrar alguna boda o en calidad de comerciantes. Incluso nuestros relatos religiosos eran un misterio para ella. Pero trabajaba duro y asumía todas las tareas que conllevaba ser la esposa de un granjero. No bastaba con haber dado a luz once veces —un hijo tras otro, salvo en el caso de mis hermanos gemelos, Saoud y Massoud, que nacieron tras un parto de alto riesgo, en casa—, de una mujer yazidí embarazada también se esperaba que se encargara de cargar la leña para el fuego, plantar los cultivos y conducir tractores hasta que se pusiera de parto, y que después cargara con el bebé mientras seguía trabajando.

Mi padre era famoso en Kocho por ser un yazidí devoto y tradicional. Llevaba el pelo peinado en largas trenzas y la cabeza cubierta con un paño blanco. Cuando los *qawwal*, maestros religiosos itinerantes que tocan la flauta y los tambores, y recitan salmodias, visitaban Kocho, mi padre se contaba entre los hombres que les daban la bienvenida. Era una voz de relevancia en la *jevat*, o casa de reunión, donde los varones de la aldea se reunían para hablar de los problemas a los que se enfrentaba la comunidad con el *mujtar*.

A mi padre le dolían más las injusticias que las heridas físicas, y su orgullo acrecentaba su fuerza. A los aldeanos que lo conocían mejor les encantaba contar anécdotas sobre su heroísmo, como cuando rescató a Ahmed Jasso de una aldea cercana que estaba decidida a matar a nuestro *mujtar*, o aquella ocasión en la que los caros caballos árabes de un jefe tribal árabe suní se escaparon de sus establos y mi padre usó su pistola para defender a Khalaf, un granjero pobre de Kocho, cuando lo descubrieron montando a uno de los animales en los campos próximos. «Tu padre siempre quiso hacer lo correcto —nos decían sus amigos cuando falleció—. En una ocasión, dejó que un rebelde kurdo que estaba huyendo del Ejército iraquí durmiera en su casa, aunque el rebelde llevara a la policía hasta su mismísima puerta.»

El relato continúa cuando el rebelde fue descubierto y la policía quiso encarcelarlos a los dos, pero mi padre se libró gracias a su labia. «No lo he ayudado por razones políticas —dijo a la policía—, lo he ayudado porque él es un hombre, y yo, también», y lo dejaron marchar. «¡Además, ese rebelde resultó ser un amigo de Masud Barzani!», recuerdan sus amigos, todavía impresionados a pesar de los años transcurridos.

Mi padre no era ningún matón, pero se enfrentaba a quien fuera si era necesario. Había perdido un ojo en un accidente en la granja, y lo que le quedaba en la cuenca —una pequeña bola de un blanco lechoso, parecida a las canicas con las que yo jugaba de niña— le daba un aspecto amenazador. He pensado a menudo que, si mi padre hubiera estado vivo cuando el EI llegó a Kocho, habría liderado un levantamiento armado contra los terroristas.

En 1993, el año en que nací, la relación de mis padres estaba deteriorándose, y mi madre sufría. El hijo mayor de la primera esposa de mi padre había muerto hacía pocos años en la guerra entre Irán e Irak y, después de eso, según me contó mi madre, nada volvió a ir bien. Además, mi padre había llevado a casa a otra mujer, Sara, con quien se casó y con quien vivía en ese momento, más los hijos de ambos, en un extremo de la vivienda que mi madre llevaba tanto tiempo considerando su hogar. La poligamia no es un delito en el yazidismo, pero no todo el mundo en Kocho la veía bien. Sin embargo, nadie cuestionaba a mi padre. Cuando se casó con Sara, él poseía una gran extensión de tierra y varias ovejas y, en una época en que las sanciones y la guerra con Irán hacían que la supervivencia fuera muy difícil para todos en Irak, necesitaba una gran familia que lo ayudara, más numerosa de lo que podía proporcionarle mi madre.

Todavía me cuesta criticar a mi padre por haberse casado con Sara. Cualquiera cuya supervivencia dependa del número de tomates obtenidos en un año o de la cantidad de tiempo que pasa caminando con las ovejas para llegar a pastos mejores puede entender por qué quería otra esposa y más hijos. Esas cosas no tenían nada que ver con lo personal. Más adelante, no obstante, cuando dejó oficialmente a mi madre y nos envió a todos a una pequeña vivienda detrás de nuestra casa con poquísimo dinero y tierras, entendí que el hecho de que tomara a una segunda esposa no era solo una decisión práctica. Amaba a Sara más de lo que amaba a mi madre. Yo lo acepté, al igual que acepté que a mi madre debió de partírsele el corazón cuando mi padre llevó a casa a una nueva esposa. Cuando mi padre nos abandonó, mi madre nos dijo a mis dos hermanas, Dimal y Adkee, y a mí: «Dios quiera que lo que me ha pasado a mí no os pase a vosotras». Yo quería ser igual que mi madre en todos los aspectos, pero no deseaba ser abandonada.

Mis hermanos no fueron en absoluto igual de comprensivos. «¡Dios te hará pagar por esto!», gritó Massoud a mi padre en una ocasión, enfurecido. Pero incluso ellos podían admitir que la vida se volvió un poco más fácil cuando mi madre y Sara dejaron de vivir juntas y de competir por la atención de mi padre. Al cabo de unos años, todos aprendimos a convivir. Kocho era un lugar pequeño y a menudo veíamos a mi padre con Sara. Pasaba a diario por delante de su casa, el hogar donde nací, de camino a la escuela primaria; su perro era el único de todo ese recorrido que me conocía lo bastante para no ladrarme. Pasábamos las vacaciones juntos, y mi padre a veces nos llevaba en coche a la ciudad de Sinyar o a la montaña. En 2003 sufrió un infarto, y todos vimos cómo mi padre, tan fuerte, enfermó de pronto, se volvió viejo y quedó confinado a una silla de ruedas en el hospital. Cuando murió, un par de días después, nos pareció tan probable que hubiera fallecido por vergüenza de su fragilidad como por el fallo cardíaco. Massoud se arrepintió de haberle gritado. Había supuesto que su padre era lo bastante fuerte para soportar cualquier cosa.

Mi madre era una mujer profundamente religiosa y creía en las señales y en los sueños, a través de los cuales muchos yazidíes interpretan el presente y predicen el futuro. Cuando la luna creciente aparecía en el cielo, solía encontrarla en el patio encendiendo velas. «Este es el momento en que los niños son más vulnerables a las enfermedades y los accidentes —me explicó—. Estoy rezando para que no os pase nada a ninguno de vosotros.»

Yo enfermaba del estómago muy a menudo y, cuando me ocurría, mi madre me llevaba a los curanderos yazidíes, los cuales me recetaban hierbas y tés, que ella me obligaba a beber aunque yo odiara el sabor. Cuando alguien moría, ella visitaba a un *kochek*, un místico yazidí, que nos ayudaba a confirmar que el difunto había conseguido alcanzar la otra vida. Muchos peregrinos yazidíes se llevaban algo de tierra antes de salir de Lalish, un valle en el norte de Irak donde se encuentran nuestros templos más sagrados, la guardaban en un pequeño retal de tela plegado en forma de triángulo y la llevaban en el bolsillo o en la cartera como amuleto. Mi madre jamás iba a ningún lado sin un puñadito de esa tierra sagrada, sobre todo a partir del momento en que mis hermanos empezaron a marcharse de casa con el ejército. «Necesitan toda la protección posible, Nadia —me decía—. Lo que van a hacer es peligroso.»

También era una mujer práctica y muy trabajadora, que luchaba contra viento y marea para intentar mejorar nuestra vida. Los yazidíes pertenecen a una de las comunidades más humildes de Irak, y mi familia era pobre incluso según los estándares de Kocho, sobre todo después de la separación de mis padres. Durante años, mis hermanos cavaron pozos a mano y descendían con cuidado por el hueco de tierra húmeda y sulfurosa, tratando de no romperse ningún hueso. También, junto con mi madre y mis hermanas, cuidábamos las tierras de otras personas, y solo nos quedábamos con un pequeño porcentaje del beneficio de los tomates y cebollas que recolectaban. Los primeros diez años de mi vida, rara vez teníamos carne para comer; vivíamos a base de verduras hervidas, y mis hermanos decían que se compraban pantalones nuevos cuando se les veían las piernas a través de los viejos.

De forma gradual, gracias al trabajo duro de mi madre y al crecimiento económico del norte de Irak a partir de 2003, nuestra situación, y la de la mayoría de los yazidíes, mejoró. Mis hermanos aceptaron empleos como guardias fronterizos y policías cuando los gobiernos central y kurdo ofrecieron puestos a los yazidíes. Eran ocupaciones peligrosas —mi hermano Jalo entró en una unidad policial que vigilaba el aeropuerto de Tal Afar y que perdió a muchos miembros en combate durante el primer año—, pero estaban bien pagadas. Al final conseguimos dejar las tierras de mi padre para instalarnos en nuestra propia casa.

Las personas que solo conocían a mi madre por sus profundas creencias religiosas y su filosofía de trabajo se sorprendían al saber lo divertida que era y que era capaz de transformar los problemas en situaciones cómicas. Tenía una forma muy divertida de bromear y no había nada, ni siquiera la certeza casi absoluta de que no volvería a casarse, con lo que no bromeara. Un día, unos años después de que mi padre y ella se hubieran separado, un hombre visitó Kocho con la esperanza de atraer la atención de mi madre. Cuando ella se enteró de que él estaba en la puerta, agarró una vara y salió corriendo tras él, diciéndole que se fuera, que jamás se volvería a casar. Cuando volvió a entrar estaba riendo. «¡Deberíais haber visto lo asustado que estaba! —nos dijo, y empezó a imitarlo hasta que todos empezamos a reír—. Si me casara, ¡no sería con un hombre que sale corriendo por una vieja con un palo!»

Bromeaba sobre cualquier tema: sobre el hecho de haber sido abandonada por mi padre, sobre mi fascinación por el pelo y el maquillaje, sobre sus propios fracasos. Acudía a clases de alfabetización para adultos desde antes de mi nacimiento y, cuando fui lo bastante mayor, yo misma le di clases. Aprendía rápido, en parte y según creo, porque era capaz de reírse de sus errores.

Cuando hablaba de su lucha por el control de la natalidad antes de que yo fuera concebida, era como si contara una historia de un libro que había leído tiempo atrás y que le gustaba solo por las partes divertidas. Su rechazo a quedarse embarazada de nuevo resultaba curioso, porque en ese momento no podía imaginarse la vida sin mí. Se reía, porque me quiso en cuanto nací y porque yo pasaba todas las mañanas calentándome junto al horno de barro mientras ella amasaba el pan, hablando con ella. Nos reíamos porque yo me ponía celosa cada vez que ella mimaba a mis hermanas o sobrinas y no a mí, porque juré no irme jamás de casa, y porque dormimos en la misma cama desde el día que nací hasta el día en que el EI llegó a Kocho y nos separó. Ella era nuestra madre y nuestro padre al mismo tiempo, y la amamos incluso más cuando fuimos lo bastante mayores para saber lo mucho que debía de haber sufrido.

Me crie muy unida a mi tierra natal y jamás me imaginé viviendo en ningún otro lugar. A lo mejor, los extranjeros creen que Kocho parece demasiado pobre para ser feliz allí, y demasiado aislado y yermo para no estar hundido en la miseria. Los soldados estadounidenses debieron de llevarse esa impresión cuando llegaron de visita, por la forma en que los rodeaban los enjambres de niños, suplicándoles lápices y caramelos. Yo era una de esas criaturas que pedían cosas.

De forma ocasional, los políticos kurdos visitaban Kocho, aunque solo en los últimos años y, la mayoría de las veces, antes de las elecciones. Uno de los partidos kurdos, el Partido Democrático del Kurdistán (PDK), de Barzani, abrió una pequeña oficina de dos salas en Kocho después de 2003. Sin embargo, el centro parecía funcionar sobre todo como club social para los hombres de la aldea que pertenecían al partido. Muchas personas se quejaron en privado de que el PDK las presionaba para que dieran su apoyo al partido, y para que dijeran que los yazidíes eran kurdos y que Sinyar formaba parte del Kurdistán. Los políticos iraquíes nos ignoraban, y Sadam había intentado obligarnos a decir que éramos árabes, como si fuésemos a renunciar a nuestra identidad por las amenazas y, después de aquello, fuera imposible que nos rebeláramos.

El simple hecho de vivir en Kocho era, en cierto modo, un desafío. A mediados de la década de 1970, Sadam empezó a trasladar a la fuerza a las minorías —kurdos y yazidíes incluidos— de sus aldeas y ciudades a unas viviendas en bloques de cemento en comunidades construidas para tal fin, donde podían ser controladas con más facilidad. Se trataba de una campaña conocida como la «arabización» del norte. Sin embargo, como Kocho estaba mucho más alejado de la montaña, nos libramos. Las tradiciones yazidíes que se habían vuelto anticuadas en esas nuevas comunidades resistían en mi aldea. Las mujeres llevaban vaporosos vestidos blancos y pañuelos en la cabeza que habían pertenecido a sus abuelas; en las complejas bodas sonaban las clásicas melodías yazidíes y se bailaban las danzas tradicionales; y ayunábamos para conseguir la redención de nuestros pecados cuando muchos yazidíes habían abandonado esa costumbre. Era un lugar seguro y todos estábamos muy unidos, e incluso las disputas por la tierra o los matrimonios acababan pareciendo una cuestión menor. Al menos, ninguna de ellas influía en lo mucho que nos queríamos. Los aldeanos visitaban las casas de sus vecinos a altas horas de la noche y caminaban por la calle sin ningún miedo. Había oído decir a los visitantes que de noche, y desde lejos, Kocho brillaba en la oscuridad. Adkee juraba que una vez había oído a alguien describirla como «el París de Sinyar».

Kocho era una aldea joven, llena de niños. Había pocos habitantes lo bastante mayores para haber presenciado los *firman*, y eso nos hacía creer que esa época ya formaba parte del pasado, que el mundo era demasiado moderno y civilizado para que todo un grupo fuera exterminado solo por su religión. Sé que me sentía así. Crecimos escuchando historias sobre matanzas de antaño, como si fueran parábolas ideadas para mantenernos unidos. En una de las historias, una amiga de mi madre contaba haber huido de la opresión en Turquía, donde habían vivido muchos yazidíes, con su madre y su hermana. Atrapadas durante días en una cueva y sin comida, su madre coció cuero para mantenerlas con vida. Escuché ese relato muchas veces y se me revolvía el estómago. No me veía capaz de comer cuero, aunque estuviera muriéndome de hambre. Pero no era más que una historia.

Debo reconocer que la vida en Kocho podía ser muy dura. Todos esos niños, sin importar lo mucho que los quisieran, eran una carga para sus padres, que tenían que trabajar día y noche para alimentar a sus familias. Cuando estábamos enfermos, y la enfermedad no podía curarse con hierbas, tenían que llevarnos hasta la ciudad de Sinyar o a Mosul para visitar a un médico. Cuando necesitábamos ropa, mi madre la confeccionaba a mano o, cuando tuvimos un poco más de dinero, la comprábamos una vez al año en el mercado de la ciudad. Durante los años de las sanciones de la ONU en Irak, cuyo fin era forzar el derrocamiento de Sadam, llorábamos ante la imposibilidad de conseguir azúcar. Cuando por fin se construyeron escuelas en la aldea, primero la de primaria y luego, muchos años después, una de secundaria, los padres tuvieron que sopesar los beneficios de dar una educación a sus hijos frente a dejarlos en casa para ponerlos a trabajar. Hacía tiempo que al yazidí medio se le negaba una educación, no solo por parte del gobierno iraquí, sino también por parte de los líderes religiosos, a los que preocupaba el hecho de que una educación estatal fuera una forma de alentar el matrimonio entre religiones y, por lo tanto, la conversión y la consecuente pérdida de la identidad yazidí. Sin embargo, renunciar a la mano de obra gratuita de los hijos era un gran sacrificio para los padres. Además, los progenitores se preguntaban qué clase de futuro les esperaría, qué trabajo y dónde. No había ofertas laborales en Kocho, y una vida permanente fuera de la aldea, lejos de otros yazidíes, solo era atractiva para los que estaban muy desesperados o eran muy ambiciosos.

El amor de un progenitor podía convertirse con facilidad en fuente de dolor. La vida en la granja era peligrosa y había accidentes. Mi madre sitúa el momento en que pasó de niña a mujer el día en que su hermana mayor perdió la vida al caer de un tractor a toda velocidad y ser atropellada allí mismo, en medio de los trigales de la familia. A veces, el tratamiento de las enfermedades era demasiado caro. Mi hermano Jalo y su esposa Jenan perdieron un bebé tras otro por una enfermedad que se heredaba por parte de la familia de ella. Eran demasiado pobres para comprar la medicación o llevar a los bebés al médico y, de ocho nacimientos, murieron cuatro niños.

El divorcio dejó a mi hermana Dimal sin hijos. En la sociedad yazidí, como en el resto de Irak, las mujeres tienen muy pocos derechos cuando se acaba el matrimonio, con independencia de las causas de la ruptura. Otros niños morían en la guerra. Yo nací justo dos años después de la primera guerra del Golfo y cinco años después del fin de la guerra de Irán-Irak, un conflicto sinsentido de ocho años de duración que pareció cumplir el deseo de Sadam de torturar a su pueblo más que ninguna otra cosa. Los recuerdos relacionados con esos niños, a los que no volveríamos a ver jamás, habitaban nuestra casa como fantasmas. Mi padre se cortó las trenzas cuando murió su hijo mayor y, aunque uno de mis hermanos se llamaba igual, él solo era capaz de llamarlo por su apodo, Hezni, que significa «tristeza».

Organizábamos nuestra vida en función de las cosechas y las festividades yazidíes. Las estaciones podían ser implacables. En invierno, los callejones de Kocho se llenaban de un barro parecido al cemento que succionaba los zapatos y te los quitaba de los pies. Y, en verano, el calor era tan abrasador que íbamos a la granja de noche, agotados, para no arriesgarnos a caer desmayados trabajando al sol durante el día. A veces, las cosechas eran decepcionantes y, cuando eso ocurría, el abatimiento se prolongaba durante meses, al menos hasta que plantábamos la nueva partida de semillas. En otras ocasiones, sin importar cuánto hubiéramos recolectado, no ganábamos dinero suficiente. Aprendimos a base de palos —arrastrando sacas de producto hasta el mercado y viendo cómo algunos clientes manoseaban las verduras y se marchaban sin comprar— lo que se vendía y lo que no. El trigo y la cebada eran lo más rentable. Las cebollas se vendían, pero no por mucho dinero. Durante varios años alimentamos el ganado con tomates pasados para deshacernos del excedente.

De todas formas, por muy duro que fuera, jamás quise vivir en otro lugar. Tal vez los callejones se llenaran de barro en invierno, pero nadie tenía que ir muy lejos para visitar a sus seres queridos. En verano, el calor era asfixiante, aunque eso también significaba que dormíamos en la azotea de casa, codo con codo, hablando con los vecinos que estaban en sus propias azoteas. El trabajo en la granja era agotador, pero ganábamos dinero suficiente para llevar una vida feliz y sencilla. Me gustaba tanto mi aldea que, de niña, mi juego favorito consistía en crear un Kocho en miniatura con cajas desechadas y restos de basura. Kathrine y yo llenábamos esas casitas con muñecos de madera tallados a mano, y hacíamos que los muñecos se casaran entre ellos. Por supuesto, antes de cada boda, las muñecas visitaban la compleja casa que había construido con un cajón de plástico para embalar tomates, donde regentaba mi peluquería.

Ante todo, jamás habría dejado Kocho porque mi familia estaba allí. Nosotros mismos formábamos una aldea. Tenía ocho hermanos varones. Elias, el mayor, era como un padre. Khairy, el primero en arriesgar su vida como policía fronterizo para contribuir a nuestra alimentación. Pise era tozudo y leal, y jamás habría permitido que nos ocurriera nada. Luego estaban Massoud, que llegó a convertirse en el mejor mecánico de Kocho (y uno de los mejores jugadores de fútbol), y su gemelo, Saoud, que tenía una pequeña tienda en el pueblo. Jalo abría su corazón a todo el mundo, incluso a los extranjeros. Saeed estaba lleno de vida y picardía, y ansiaba convertirse en un héroe. Y Hezni, el soñador, por cuyo afecto competíamos todos. Mis dos hermanas —la maternal y tranquila Dimal, y Adkee, que un día discutió con nuestros hermanos para que la dejaran a ella, una mujer, conducir la camioneta, y que también era capaz de llorar a un cordero que había caído muerto en el patio— todavía vivían en casa. Mis hermanastros, Khaled, Walid, Hajji y Nawaf, y mis dos hermanastras, Halam y Haiam, vivían todos cerca.

Kocho era el lugar en que mi madre, Shami, como las buenas madres de todas partes, dedicaba su vida a asegurarnos la comida y la esperanza. No es el último lugar en que la vi, pero sí es donde la imagino cuando pienso en ella, lo que hago a diario. Incluso durante los peores años de sanciones, procuró que tuviéramos lo básico. Cuando no había dinero para caprichos, nos daba cebada para que la cambiáramos por chicle en la tienda local. Cuando llegaba algún comerciante a Kocho vendiendo algún vestido que no podíamos pagar, ella le rogaba que le fiara. «¡Al menos ahora nuestra casa es la primera que visitan cuando vienen a Kocho!», bromeaba cuando alguno de mis hermanos se quejaba por la deuda.

Ella se había criado en la pobreza y no quería que pidiéramos limosna, pero los aldeanos deseaban ayudarnos y nos daban pequeñas cantidades de harina o cuscús cuando podían. En una ocasión, cuando yo era muy pequeña, mi madre regresaba a casa caminando desde el molino con solo un puñado de harina en la bolsa cuando la paró su tío Sulaiman.

—Sé que necesitas ayuda. ¿Por qué no has venido a pedírmela? —preguntó él.

Al principio, ella negó con la cabeza.

—Estamos bien, tío —dijo mi madre—. Tenemos todo lo que necesitamos.

Pero Sulaiman insistió.

—Me sobra muchísimo trigo, tienes que aceptar algo.

Después de aquello, nos entregaron cuatro bidones grandes de gasolina llenos de trigo, bastante para hacer pan durante dos meses. Mi madre se sentía tan avergonzada de necesitar ayuda que, cuando nos contó lo ocurrido, se le anegaron los ojos en lágrimas y juró que mejoraría nuestra vida. Y así lo hizo, día a día. Su presencia nos daba seguridad incluso cuando los terroristas estaban cerca. «Dios protegerá a los yazidíes», nos decía a diario.

Hay muchas cosas que me recuerdan a mi madre. El color blanco. Un buen chiste, y tal vez algo inapropiado. Un pavo, que para los yazidíes es un símbolo sagrado, y las breves oraciones que repito mentalmente cuando veo alguna foto de esa ave. Durante veintiún años, mi madre fue el eje central de todos mis días. Cada mañana se levantaba temprano para hacer el pan, se sentaba en un taburete bajo delante del horno *tandoor* que teníamos en el patio, aplanando las bolas de masa y golpeándolas contra los laterales del horno hasta que quedaban hinchadas y tostadas, listas para remojarlas en cuencos con mantequilla de leche de oveja, dorada y derretida.

Todas las mañanas, durante veintiún años, me despertaba con ese golpeteo parsimonioso de la masa contra las paredes del horno y el aroma a mantequilla, que me indicaba que mi madre estaba cerca. Adormilada, me reunía con ella delante del *tandoor*; en invierno me calentaba las manos junto al fuego y hablaba con ella de todo: la escuela, las bodas, las peleas con mis hermanos... Durante años estuve convencida de que los huevos de serpiente eclosionaban sobre el tejado de latón de nuestra ducha exterior. «¡Las he oído!», decía a mi madre con insistencia, e imitaba el bisbiseo de las serpientes. Pero ella se limitaba a sonreírme, porque yo era su hija más pequeña. «¡Nadia tiene demasiado miedo para ducharse sola!», decían mis hermanos para burlarse de mí. Sin embargo, cuando una cría de serpiente me cayó sobre la cabeza, nos vimos obligados a reconstruir la ducha, aunque tuve que admitir que, en cierto modo, tenían razón. Nunca quería estar sola.

Iba pellizcando los bordes tostados del pan recién horneado mientras ponía a mi madre al día sobre mis planes de futuro. Ya no me limitaría a peinar a las mujeres en el salón de belleza que pensaba abrir en nuestra casa. Teníamos dinero suficiente para comprar kohl y sombra de ojos, populares en las ciudades, fuera de Kocho, así que también maquillaría a las clientas después de volver a casa tras mi jornada como profesora de historia en la escuela de secundaria. Mi madre asentía transmitiéndome su aprobación.

—Siempre que no me dejes, Nadia —me decía al tiempo que envolvía el pan recién hecho en un paño de tela.

—Por supuesto —contestaba siempre—. Jamás te dejaré.

3

Los yazidíes creen que Dios, antes de dar vida al hombre, creó a siete divinidades, a menudo llamadas «ángeles», que eran manifestaciones de él mismo. Tras formar el universo a partir de fragmentos de una esfera con forma de perla, Dios envió a su ángel principal, Melek Taus, a la tierra, donde este adoptó forma de pavo y pintó el mundo con los llamativos colores de sus plumas. La historia cuenta que, en la tierra, Melek Taus ve a Adán, el primer hombre, a quien Dios ha hecho inmortal y perfecto, y el ángel cuestiona la decisión de Dios. Si Adán va a reproducirse, sugiere Melek Taus, no puede ser inmortal ni tampoco perfecto. Tiene que comer trigo, lo que Dios le ha prohibido. Dios dice al ángel que él debe tomar la decisión, y así pone el destino del mundo en manos de Melek Taus. Adán come trigo, es expulsado del paraíso, y la segunda generación de yazidíes llega al mundo.

Para probar su valía ante Dios, el ángel pavo se convierte en la conexión de la divinidad con la tierra y en el vínculo humano con el cielo. Cuando rezamos, a menudo lo hacemos invocando a Melek Taus, y en nuestro Año Nuevo celebramos su descenso a la tierra. Coloridas imágenes del pavo decoran muchas casas yazidíes, para recordarnos que todos nosotros existimos gracias a su sabiduría divina. A los yazidíes les encanta Melek Taus por su infinita devoción por Dios y porque nos relaciona con nuestro único Dios. Sin embargo, los musulmanes iraquíes, por motivos que no tienen un auténtico fundamento en nuestros relatos, desprecian al ángel pavo y nos calumnian por rezarle.

Duele decirlo, y se supone que los yazidíes no deberían comentar nada al respecto, pero muchos iraquíes escuchan la historia del ángel pavo y nos llaman adoradores del diablo. Melek Taus, según ellos, es el ángel caído, como Iblís, el personaje diabólico del Corán. Afirman que nuestro ángel desafió a Adán y, por lo tanto, a Dios. Algunos citan textos —por lo general, escritos por estudiosos extranjeros a principios del siglo xx, los cuales no estaban familiarizados con la tradición oral yazidí— en los que se afirma que Melek Taus fue enviado al infierno por no rendir pleitesía a Adán, y no es cierto. Se trata de una mala interpretación y tuvo consecuencias terribles. El relato que contamos nosotros para explicar el núcleo de nuestra fe y todo cuanto consideramos positivo de la religión yazidí es lo mismo que usan los demás para justificar el genocidio contra los nuestros.

Esa es la peor mentira contada sobre los yazidíes, pero no la única. La gente dice que el yazidismo no es una religión «auténtica» porque no tenemos un libro sagrado como la Biblia o el Corán. Como algunos de nosotros no nos duchamos los miércoles —el día que Melek Taus llegó a la tierra por primera vez y nuestro día de descanso y oración—, dicen que somos sucios. Como rezamos mirando al sol, nos llaman paganos. Nuestra creencia en la reencarnación, lo que nos ayuda a enfrentarnos a la muerte y a mantener unida a nuestra comunidad, es rechazada por los musulmanes porque ninguna de las religiones abrahámicas cree en ella. Algunos yazidíes evitan ciertos alimentos, como la lechuga, y se burlan de ellos por sus extrañas costumbres. Otros no visten de azul porque lo consideran el color de Melek Taus, demasiado sagrado para un ser humano, e incluso esa opción es ridiculizada.

Al haberme criado en Kocho, no sabía mucho sobre mi propia religión. Solo una pequeña parte de la población yazidí nace dentro de las castas religiosas, los jeques y los ancianos, que enseñan religión a todos los demás yazidíes. Ya era una adolescente cuando mi familia reunió dinero suficiente para llevarme a Lalish a que me bautizaran, y no tenía la posibilidad de realizar ese viaje a menudo para aprender de los jeques que vivían allí. Los ataques y persecuciones nos dispersaban y reducían nuestro número, lo que dificultaba más aún que nuestros relatos se propagaran por vía oral, como se suponía que debía ocurrir. De todas formas, nos sentíamos felices de que nuestros líderes religiosos protegieran el yazidismo; estaba claro que, en las manos equivocadas, nuestra religión podía ser utilizada fácilmente contra nosotros.

Hay ciertas cosas que nos enseñan a todos los yazidíes cuando somos pequeños. Yo conocía las festividades de nuestra religión, aunque sabía más sobre cómo celebrarlas que sobre la teología que las justificaba. Sabía que en el Año Nuevo yazidí pintábamos huevos, visitábamos las tumbas de nuestros familiares y encendíamos velas en nuestros templos. Sabía que octubre era el mejor mes para ir a Lalish, un valle sagrado en el distrito de los jeques, donde el jeque Baba, nuestro líder espiritual más importante, y Baba Chawish, el custodio de los templos de ese lugar, recibían a los peregrinos. En diciembre ayunábamos durante tres días para redimir nuestros pecados. El matrimonio con miembros de otras religiones no está permitido, ni tampoco la conversión. Nos contaban la historia de los setenta y tres *firman* del pasado contra los yazidíes, y esos relatos sobre nuestra persecución estaban tan integrados en nuestra cultura que podrían haber sido parábolas sagradas. Sabía que la religión habitaba en los hombres y mujeres que habían nacido para preservarla, y que yo era una de ellos.

Mi madre nos enseñó a rezar: en dirección al sol por las mañanas, hacia Lalish a lo largo del día y mirando a la luna por las noches. Hay normas, pero la mayoría son flexibles. La oración está pensada como expresión personal, no como obligación rutinaria ni ritual vacío. Puedes rezar en silencio, a solas o en voz alta, y se puede rezar en solitario o en grupo, siempre que todos los miembros del grupo sean yazidíes. Las oraciones se acompañan de unos pocos gestos, como besar la pulsera roja y blanca que muchas mujeres y hombres yazidíes llevan en la muñeca o, en el caso de los hombres, besar el cuello de su camisa interior blanca tradicional.

La mayoría de los yazidíes con los que me crie rezaba tres veces al día, y las oraciones pueden realizarse en cualquier parte. Más que rezar en templos, yo he rezado en los campos, subida a la azotea de nuestra casa, incluso en la cocina, mientras ayudaba a mi madre a preparar la comida. Tras recitar un par de los versos más comunes para rogar a Dios y a Melek Taus, puedes decir lo que te apetezca. «Contad a Melek Taus lo que os preocupa —nos decía mi madre, ilustrándolo con los gestos apropiados—. Si estáis preocupados por alguien a quien queréis, decídselo, o si tenéis miedo por algo. Son las cosas en las que os puede ayudar Melek Taus.» Yo solía rezar por mi futuro: para acabar el colegio y abrir mi salón de belleza, y por el futuro de mis hermanos y de mi madre. Ahora rezo por la supervivencia de mi religión y de mi pueblo.

Los yazidíes hemos vivido así mucho tiempo, orgullosos de nuestra religión y conformes con el hecho de ser excluidos de otras comunidades. No ambicionábamos más tierras ni más poder, y no hay nada en nuestra religión que nos obligue a conquistar a los pueblos no yazidíes ni a propagar nuestra fe. De todas formas, nadie puede convertirse al yazidismo. Sin embargo, durante mi infancia, nuestra comunidad estaba cambiando. Los aldeanos compraron televisores, en los que veían la televisión dirigida por el Estado, antes de que las antenas parabólicas nos permitieran ver los culebrones e informativos kurdos. Compramos nuestra primera lavadora eléctrica, que parecía un artilugio mágico, aunque mi madre siguió lavando a mano sus velos y vestidos blancos tradicionales. Muchos yazidíes emigraron a Estados Unidos, Alemania o Canadá, y establecieron vínculos con Occidente. Y, por supuesto, mi generación tuvo la posibilidad de hacer algo con lo que nuestros padres ni siquiera habían soñado. Fuimos al colegio.

La primera escuela de Kocho fue construida en la década de 1970, durante el gobierno de Sadam. Solo llegaba hasta quinto curso y las clases eran en árabe, no en kurdo, y transmitían un mensaje profundamente nacionalista. El plan de estudios estatal tenía claro quién importaba más en Irak y qué religión profesaba. Los yazidíes no existían en los libros de historia de Irak que leía en el colegio, y los kurdos eran representados como una amenaza para el Estado. Estudié la historia de Irak como una secuencia de batallas, en las que los soldados iraquíes árabes se enfrentaban a pueblos que les arrebataban su país. Era una historia sangrienta, contada para hacernos sentir orgullosos de nuestra nación y de los poderosos líderes que habían echado a los colonialistas británicos y derrocado al rey. Pero tuvo el efecto contrario en mí. Más adelante, pensé que esos libros debían de ser una de las razones por la que nuestros vecinos se unieron al EI o por la que no hacían nada cuando los terroristas atacaban a los yazidíes. Nadie que hubiera ido a la escuela iraquí pensaría que nuestra religión merecía ser protegida, ni que había nada malo o tan siquiera raro en una guerra sin fin. Nos habían educado hablándonos sobre la violencia desde el primer día de clase.

De niña, mi país me desconcertaba. Podía parecer un planeta en sí mismo, formado por tierras muy distintas, donde décadas de sanciones, guerras, malas políticas y ocupación habían separado a los vecinos. En el lejano norte de Irak, estaban los kurdos, que anhelaban la independencia. El sur alberaba, en gran parte, a los musulmanes chiíes, la mayoría religiosa y ahora también política del país. Y, alojados en el centro, estaban los árabes suníes, quienes, con Sadam Husein como presidente, dominaron en ese momento el Estado contra el que luchan ahora.

Ese es el mapa descrito de forma más bien sencilla: tres franjas de intensos colores trazadas de manera más o menos horizontal sobre el país. Excluye a los yazidíes o los etiqueta como «otros». La realidad de Irak es más difícil de ilustrar y puede resultar abrumadora incluso para las personas nacidas aquí. Cuando yo era pequeña, los aldeanos de Kocho no hablaban mucho de política. Nos preocupaban el ciclo de las cosechas, quién se iba a casar, si una oveja daba leche... esa clase de cosas que cualquier persona de un pueblo pequeño y rural entenderá. El gobierno central, salvo por las campañas de reclutamiento de yazidíes para que combatieran en sus guerras y se unieran al Partido Baaz, parecía sentir el mismo desinterés por los nuestros. Sin embargo, nosotros reflexionábamos mucho sobre lo que suponía ser una minoría en Irak, entre todos los demás grupos que pertenecían a la categoría de «otros» junto con los yazidíes, que, si se incluyeran en el mapa, se combinarían con esas tres franjas horizontales hasta convertir el país en una superficie similar al mármol multicolor.

Al nordeste de Kocho, una línea de puntos próxima a la frontera sur del Kurdistán iraquí nos señala los lugares donde viven los turkmenos, musulmanes tanto chiíes como suníes. Los cristianos —entre ellos los asirios, caldeos y armenios— tienen numerosas comunidades dispersas por el país, sobre todo en Níneve, la que incluye Sinyar. En otras partes se aprecian unas manchas que son las casas de pequeños grupos como los kakai, los shabak, los roma y los mandeos, sin olvidar a los árabes africanos y los árabes de las marismas. He oído que, en algún lugar próximo a Bagdad, todavía vive una pequeña comunidad de judíos iraquíes. La religión se mezcla con la etnicidad. La mayoría de los kurdos, por ejemplo, son musulmanes suníes, pero para ellos su identidad kurda es lo primordial. Muchos yazidíes consideran el yazidismo una identidad tanto étnica como religiosa. La mayoría de los árabes iraquíes son musulmanes chiíes o suníes, y esa división ha provocado numerosos enfrentamientos durante años. Pocos de estos detalles aparecen en nuestros libros de historia iraquíes.

Para ir de mi casa a la escuela, tenía que caminar un buen rato por una calle polvorienta que rodeaba el pueblo, pasar por la casa de Bashar, cuyo padre fue asesinado por Al Qaeda; por la casa donde nací, donde mi padre y Sara todavía vivían; y, por último, por la casa de mi amiga Walaa. Walaa era guapa, tenía la piel clara y el rostro ovalado, y su carácter tranquilo compensaba mi personalidad escandalosa. Todas las mañanas, salía corriendo de su casa para reunirse conmigo y acompañarme al colegio. Era peor ir sola. Muchas familias tenían perros pastores en los patios de sus casas, y los enormes animales se ponían de pie en los jardines y ladraban y gruñían a todo el que pasaba. Si la cancela estaba abierta, los perros se abalanzaban sobre nosotras, chascando las mandíbulas. No eran mascotas; eran tremendos y peligrosos. Walaa y yo escapábamos a toda prisa de ellos y llegábamos al colegio jadeando, bañadas en sudor. Solo el perro de mi padre, que ya nos conocía, nos dejaba en paz.

Nuestra escuela era un edificio sin gracia, de hormigón pintado de color arena, decorado con pósteres descoloridos y rodeado por un muro bajo y un pequeño patio reseco. Su aspecto no importaba; me parecía un milagro poder acudir al centro, estudiar y hacer amigos. En el jardín de la escuela, Walaa, Kathrine y yo jugábamos con otras chicas a un juego llamado *bin akhy*, que en kurdo significa «en la tierra». Todas a la vez enterrábamos algo —una canica, una moneda, incluso el tapón de un refresco— en el suelo, luego nos poníamos a correr como locas para ir a cavar agujeros por el patio hasta que la profesora nos llamaba a gritos y se nos llenaban las uñas de tierra, cosa que seguro enfadaría a nuestras madres. Cada una se quedaba con aquello que encontrara, lo que casi siempre acababa en lágrimas. Era un juego antiguo; incluso mi madre recordaba haberlo jugado.

La historia, a pesar de las lagunas y lo injusto de las lecciones, era mi asignatura favorita y en la que más destacaba. El inglés era lo que me iba peor. Me esforzaba mucho por ser buena estudiante, pues sabía que, mientras estudiaba, mis hermanos estaban trabajando en nuestra granja. Mi madre era demasiado pobre para comprarme una mochila como las que usaban la mayoría de los estudiantes, pero yo no me quejaba. No me gustaba pedirle cosas. Como no podía permitirse el coste del taxi para enviarme a la escuela de secundaria, que estaba a unas aldeas de distancia, ya que la nuestra todavía estaba en construcción, volví a trabajar en la granja y esperé y recé para que terminaran pronto la obra. No tenía sentido quejarse; el dinero no crecía en los árboles y yo no era ni mucho menos la única chica de Kocho cuyos padres no podían permitirse enviarla a estudiar fuera.

Después de que Sadam invadiera Kuwait en 1991, las Naciones Unidas impusieron sanciones a Irak, con la esperanza de que eso limitara el poder del presidente. De pequeña no sabía por qué existían las sanciones. Los únicos que hablaban de Sadam en mi casa eran mis hermanos Massoud y Hezni, y era solo para hacer callar a cualquiera que se quedara durante los discursos televisados o pusiera los ojos en blanco al ver la propaganda estatal en televisión. Sadam había intentado ganarse el favor de los yazidíes para que lo apoyaran contra los kurdos y combatieran en las guerras que iniciaba, pero lo hizo exigiéndonos que nos afiliáramos al Partido Baaz y nos identificáramos como árabes, no yazidíes.

A veces lo único que se veía en televisión era a Sadam, sentado tras un escritorio, fumando y contando anécdotas sobre Irán, con un guardia bigotudo a su lado, explicando batallitas y vanagloriándose de su inteligencia. «¿De qué está hablando?», nos preguntábamos unos a otros, y todo el mundo se encogía de hombros. No existía mención alguna a los yazidíes en la constitución, y cualquier signo de rebelión se castigaba de inmediato. A veces me entraba la risa con lo que veía en la tele —el dictador con su divertido sombrero—, pero mis hermanos me advertían que no me riera. «Están vigilándonos —decía Massoud—. Ten cuidado con lo que dices.» El omnipresente ministerio de Inteligencia de Sadam tenía ojos y oídos por todas partes.

Lo único que sabía yo en esa época era que los iraquíes corrientes, y no la élite política ni mucho menos Sadam, eran los que más sufrían con las sanciones. Nuestros hospitales y mercados se desplomaron. La medicina se volvió más cara, y la harina se mezclaba con yeso, que se usa con más frecuencia para fabricar cemento. El deterioro se apreciaba con más claridad en las escuelas. Tiempo atrás, el sistema educativo de Irak había atraído a estudiantes de todo Oriente Medio, pero con las sanciones se resquebrajó. Los sueldos de los profesores quedaron reducidos a nada y, por ello, era difícil encontrar educadores, aunque casi el cincuenta por ciento de los hombres iraquíes estuvieran desempleados. Para mí, los pocos profesores que llegaron a Kocho cuando empecé a estudiar —musulmanes árabes que vivían en el colegio y se sumaban a los escasos profesores yazidíes— eran héroes, y me esforzaba mucho por impresionarlos.

Cuando Sadam estaba en el poder, el colegio tenía un objetivo evidente: ofreciéndonos una educación pública, el dictador esperaba borrar nuestra identidad yazidí. Esto se hacía patente en cada lección y cada libro de texto que omitía nuestra existencia, la de nuestras familias, la de nuestra religión, la de los *firman* contra nuestro pueblo. Aunque la mayoría de los yazidíes se había educado en kurdo, nuestras clases eran en árabe. El kurdo era la lengua de la rebelión, y la variedad hablada por los yazidíes podía considerarse incluso más amenazante para el Estado. A pesar de todo, yo acudía con avidez al colegio siempre que podía y aprendí el árabe muy deprisa. No sentía que estuviera sometiéndome a Sadam ni traicionando a los yazidíes al aprender ese idioma ni al estudiar la historia iraquí incompleta. Me sentía realizada e inteligente. Seguía hablando kurdo en casa y también rezaba en esa lengua. Cuando escribía cartas a Walaa o a Kathrine, mis dos mejores amigas, lo hacía en kurdo, y nunca oculté mi identidad yazidí. Sabía que, con independencia de lo que aprendiéramos, ir al colegio era importante. Como todos los niños de Kocho estaban recibiendo una educación, las conexiones entre nuestro país y el exterior ya estaban cambiando, y nuestra sociedad se abría. Los jóvenes yazidíes amaban nuestra religión, pero también querían formar parte del mundo. Además, estaba segura de que de mayores seríamos maestros, incorporaríamos a los yazidíes a las clases de historia e incluso ocuparíamos algún escaño en el parlamento y lucharíamos por los derechos de los yazidíes en Bagdad. Por aquel entonces creía que el plan de Sadam para hacernos desaparecer se volvería en su contra.

4

En 2003, unos meses después de que muriera mi padre, los estadounidenses invadieron Bagdad. No teníamos televisión por satélite para seguir los avances de la contienda ni teléfonos móviles para conectarnos con el resto del país, por eso tardamos en enterarnos de lo rápido que cayó Sadam. Las fuerzas de la coalición sobrevolaban Kocho con estruendo de camino a la capital y nos despertaban sobresaltados; era la primera vez que veía un avión. En ese momento no teníamos ni idea de cuánto duraría la guerra ni de cuáles serían sus consecuencias en Irak. Sin embargo, hablando claro, esperábamos que, una vez derrocado Sadam, fuera más fácil comprar gas para cocinar.

Lo que recuerdo de esos primeros meses posteriores a la invasión es la pérdida de mi padre y poco más. En la cultura yazidí, cuando alguien muere —sobre todo si la muerte es repentina y se produce de forma prematura—, el luto dura mucho tiempo y afecta a toda la aldea. Los vecinos dejan de hacer vida normal, junto con la familia y los amigos del difunto. La pena se instala en todas las casas y tiendas, y se propaga por las calles, como si todo el mundo hubiera enfermado al beber la misma leche agria. Se cancelan las bodas, las celebraciones se circunscriben al interior de las casas y las mujeres cambian su vestimenta blanca por la negra. Tratamos la felicidad como un ladrón del que hay que protegerse, pues sabemos lo fácilmente que nos haría olvidar la memoria de nuestros seres queridos desaparecidos o nos dejaría expuestos a un momento de júbilo cuando deberíamos estar tristes. Por ello limitamos el número de distracciones. Las radios y los televisores se mantienen apagados, sin importar qué pueda estar ocurriendo en Bagdad.

Unos años antes de que mi padre falleciera, nos llevó a Kathrine y a mí al monte Sinyar para celebrar el Año Nuevo yazidí. Fue mi último viaje con él a la montaña. Nuestro Año Nuevo se celebra en abril, justo cuando los montes del norte de Irak se iluminan con un fulgor verde y el frío gélido se transforma en un frescor agradable, pero antes de que el calor del verano te abrase e impacte como un autobús a toda velocidad. Abril es el mes que contiene la promesa de una cosecha abundante y rentable, y el anuncio de esos meses que pasaremos al aire libre, durmiendo en las azoteas, liberados del interior frío y abarrotado de nuestras casas. Los yazidíes estamos conectados con la naturaleza. Nos alimenta y nos cobija, y, cuando morimos, nuestros cuerpos se convierten en tierra. Nuestro Año Nuevo nos lo recuerda.

En Año Nuevo, visitábamos al familiar que hubiera estado dedicándose al pastoreo ese año, llevando las ovejas más cerca de la montaña y desplazándolas de un campo a otro para que pasten. Algunas partes de ese trabajo eran divertidas. Los pastores dormían a la intemperie bajo mantas tejidas a mano y vivían con sencillez, con mucho tiempo para pensar y poco de qué preocuparse. Pero también se trataba de un trabajo agotador, lejos de casa y de la familia; mientras ellos echaban de menos el hogar, nosotros los añorábamos a ellos en Kocho. El año que mi madre se marchó para cuidar de las ovejas, yo cursaba enseñanza media y me sentía tan triste que suspendí todas las asignaturas. «Sin ti estoy ciega», le dije cuando regresó.

Ese último Año Nuevo con mi padre, Kathrine y yo íbamos en la parte trasera de nuestra camioneta, mientras mi padre y Elias viajaban sentados delante, vigilándonos por el retrovisor para asegurarse de que no cometíamos ninguna temeridad. El paisaje pasaba a toda velocidad: era un borrón de hierba húmeda primaveral y trigo amarillo. Íbamos cogidas de la mano y chismorreando, inventando versiones exageradas de los acontecimientos del día, que luego usaríamos para impresionar a los niños que habían tenido que quedarse en casa. Les contaríamos que aquello era lo más divertido que habíamos hecho jamás, lejos de los campos, del colegio y del trabajo. Kathrine y yo casi salimos volando por un lado de la camioneta mientras avanzábamos a toda velocidad por la carretera. El cordero que iba atado en la trasera junto a nosotras era el más grande que habíamos visto en nuestra vida. «Hemos comido un montón de caramelos», contaríamos al volver a casa para ver la expresión de envidia en las caras de nuestros hermanos. «Bailamos toda la noche, y ya había amanecido cuando nos fuimos a dormir. Tendríais que haberlo visto.»

Lo ocurrido en realidad no era mucho menos emocionante. Mi padre apenas podía negarnos los caramelos que tanto anhelábamos, y, en la falda de la montaña, el encuentro con los pastores era siempre una alegría. El cordero, que había viajado en la trasera de la camioneta con nosotras y moría sacrificado por mi padre y guisado por las mujeres, tenía una carne tierna y deliciosa, y todos bailábamos danzas yazidíes, cogidos de las manos y girando en un amplio círculo. Cuando habíamos comido las mejores partes del cordero y la música terminaba, dormíamos en tiendas, rodeados de parapetos bajos fabricados con juncos para protegernos del viento. Cuando el tiempo era amable, retirábamos esos cercados y dormíamos a cielo abierto. Era una vida sencilla y retirada. Solo tenías que preocuparte por las cosas y las personas que te rodeaban, y que estaban al alcance de la mano.

No sé cómo se habría sentido mi padre con la invasión estadounidense de Irak y el derrocamiento de Sadam, pero me hubiera gustado que viviera lo suficiente para ver el cambio del país. Los kurdos dieron la bienvenida a los soldados estadounidenses, los ayudaron a entrar en Irak y estaban pletóricos ante la idea de que Sadam fuera derrocado. Hacía décadas que el dictador tenía a los kurdos en el punto de mira y, a finales de la década de 1980, su fuerza aérea intentó exterminarlos con armas químicas durante lo que llamaron la campaña Anfal. Ese genocidio condicionó a los kurdos, que deseaban protegerse del gobierno de Bagdad a toda costa. A causa de la campaña Anfal, los estadounidenses, los británicos y los franceses establecieron un espacio aéreo restringido sobre el norte kurdo, así como en las zonas chiíes del sur. Desde entonces, los kurdos habían sido sus fervientes aliados. Hasta el día de hoy, los kurdos llaman «liberación» a la invasión estadounidense de 2003 y la consideran el principio de su paso de pueblos pequeños y vulnerables a ciudades grandes y modernas llenas de hoteles y sucursales de compañías petroleras.

En general, los yazidíes dieron la bienvenida a los estadounidenses, aunque estaban menos seguros que los kurdos de cómo sería nuestra vida después de Sadam. Las sanciones habían dificultado nuestra existencia, como la de otros iraquíes, y sabíamos que Sadam era un dictador que gobernaba el país sirviéndose del terror. Éramos pobres, quedábamos excluidos de la educación y nos veíamos obligados a desempeñar los trabajos más difíciles, peligrosos y peor pagados de Irak. Pero, al mismo tiempo, con los baazistas en el poder, en Kocho habíamos tenido la posibilidad de practicar nuestra religión, cultivar la tierra y formar una familia. Teníamos vínculos estrechos con familias árabes suníes, sobre todo con los *kiriv*, a los que considerábamos unidos a nuestros hogares. Aunque nuestro aislamiento nos había enseñado a atesorar esas conexiones, nuestra pobreza nos impulsaba a ser, ante todo, prácticos. Bagdad y Erbil, la capital kurda, parecían mundos alejados de Kocho. La única decisión de los kurdos y los árabes ricos e influyentes que nos importó fue su decisión de dejarnos en paz.

Con todo, las promesas que hicieron los estadounidenses —sobre el empleo, la libertad y la seguridad— enseguida pusieron a los yazidíes de su parte. Los estadounidenses confiaban en nosotros porque no teníamos motivos para ser leales a nadie a quien considerasen enemigo. Por ello, muchos de nuestros hombres se convirtieron en traductores y aceptaron puestos en los Ejércitos iraquí y estadounidense. Sadam se vio forzado a ocultarse; luego lo encontraron y murió en la horca, y desmantelaron sus instituciones baazistas. Los árabes suníes, incluidos los próximos a Kocho, perdieron la autoridad en el país y, en las partes yazidíes de Sinyar, la policía y los políticos árabes suníes se vieron sustituidos por individuos kurdos.

Sinyar es un territorio disputado —reclamado tanto por Bagdad como por el Kurdistán—, pues cuenta con una ubicación estratégica, cerca de Mosul y Siria, y es potencialmente rico por el gas natural. Al igual que Kirkuk, otro territorio disputado del este de Irak, los partidos políticos kurdos consideraban Sinyar como parte de una patria kurda más extensa. Según ellos, sin Sinyar, la nación kurda, en el caso de instaurarse algún día, nacería incompleta. Después de 2003, con el apoyo estadounidense y con la creciente pérdida de poder y riqueza de los árabes suníes, los kurdos aliados con el PDK se presentaron alegremente para llenar el vacío dejado en Sinyar. Establecieron sedes políticas con miembros del partido en plantilla. Ante la escalada de la insurgencia suní, se encargaron de los puestos de vigilancia fronteriza instalados a lo largo de nuestras carreteras. Nos decían que Sadam se equivocaba al llamarnos árabes; nosotros siempre habíamos sido kurdos.

En Kocho, los cambios que se produjeron después de 2003 fueron tremendos. En cuestión de un par de años, los kurdos empezaron a construir una torre de telefonía móvil. Al salir del colegio, yo iba hasta las afueras de la aldea con mis amigas para observar cómo crecía la gigantesca estructura metálica, muy por encima de nuestra granja, como un rascacielos. «¡Por fin Kocho estará conectado con el resto del mundo!», dijeron mis hermanos, encantados, y, poco después, casi todos los hombres y algunas mujeres tenían móvil. Las antenas parabólicas instaladas en las azoteas de las casas nos libraron de vernos limitados a las películas sirias y la televisión estatal iraquí, y los desfiles militares de Sadam y sus discursos desaparecieron de nuestro salón. Mi tío fue de los primeros en conseguir una antena parabólica y, en cuanto la tuvo, nos sentábamos apelotonados en su sala de estar, para ver qué daban en la tele. Mis hermanos querían ver las noticias, sobre todo de los canales kurdos, y yo me volví adicta a los culebrones turcos, donde los personajes se enamoraban y desenamoraban continuamente.

Nos habíamos resistido a definirnos como árabes, aunque para algunos era más fácil de aceptar que nos llamaran kurdos. Muchos yazidíes se identificaban más con la causa kurda —compartimos un idioma y una herencia étnica—, y era imposible ignorar las mejoras en Sinyar tras la llegada de los kurdos, aunque tuvieran más que ver con Estados Unidos que con Barzani. Los puestos de trabajo en el ejército y las fuerzas de seguridad de pronto se ofertaron también a los yazidíes, y algunos de mis hermanos y primos viajaron a Erbil para trabajar en hoteles y restaurantes. Daba la sensación de que construían uno nuevo cada día. Esos locales se llenaban enseguida de trabajadores de las petroleras o turistas de otros lugares de Irak, que buscaban aire acondicionado, una instalación eléctrica fiable o distanciarse de la violencia que invadía el resto del país. Mi hermano Saoud trabajaba en el sector de la construcción cerca de Duhok, en el oeste del Kurdistán, manejando una hormigonera. Volvía a casa con anécdotas sobre kurdos que, como los árabes suníes, miraban a los yazidíes por encima del hombro. Aun así, necesitábamos el dinero.

Khairy comenzó a trabajar como guardia fronterizo y, poco después, Hezni se convirtió en policía en la ciudad de Sinyar. Sus sueldos supusieron el primer ingreso fijo para la familia, y empezamos a vivir algo similar a una vida en condiciones, pensando en el futuro y no solo en el día siguiente. Compramos nuestra propia tierra de cultivo y nuestras propias ovejas para criarlas y no tuvimos que seguir trabajando para terratenientes. Las carreteras asfaltadas de las afueras de Kocho acortaban muchísimo el trayecto en coche hasta la montaña. Hacíamos picnics en los campos cercanos a la aldea, consistentes en platos de carne y verduras troceadas, los hombres bebían cerveza turca y al acabar tomábamos un té tan dulce que me hacía fruncir los labios. Nuestras bodas se volvieron incluso más complejas; a veces, las mujeres realizaban dos viajes a la ciudad de Sinyar para comprar ropa, y los hombres sacrificaban más corderos —y, si les iba muy bien, una vaca— para compartir con los invitados.

Algunos yazidíes imaginaban un futuro Sinyar con un gobierno local fuerte que siguiera perteneciendo a Irak, pero otros creían que acabaríamos formando parte de un Kurdistán independiente. Con la oficina del PDK en Kocho y los *peshmerga* en Sinyar, crecí pensando que ese era nuestro destino. Nos distanciamos más de nuestros vecinos árabes suníes. Aunque viajar al Kurdistán se volvió más fácil, costaba más llegar a las aldeas suníes donde estaban ganando terreno los insurgentes y la teología extremista por la que se guiaban. A los árabes suníes, no obstante, no les gustaba la presencia de los kurdos en Sinyar. Les recordaban el poder que habían perdido, y decían que con los kurdos en el gobierno no se sentían bienvenidos en Sinyar y ya no podían visitar las aldeas yazidíes, ni siquiera las que estaban habitadas por sus *kiriv*. Los *peshmerga* kurdos los interrogaban en los puestos de control que en otra época habían gestionado los baazistas, y muchos perdieron sus sueldos y empleos cuando los estadounidenses llegaron y desmantelaron las instituciones de Sadam. Hacía muy poco que habían sido el pueblo más rico y con mejores contactos del país, pero con el gobierno chií en el poder respaldado por los estadounidenses invasores, los árabes suníes perdieron la autoridad de pronto. Aislados en sus aldeas, no tardarían en decidir contraatacar. Con el paso de los años, esa respuesta violenta se vio alimentada por una intolerancia religiosa que convirtió a los yazidíes en su objetivo, aunque jamás hubiéramos tenido poder alguno en Irak.

Entonces yo no sabía que el gobierno kurdo estaba conforme con alejar a los yazidíes de nuestros vecinos árabes, pues eso favorecía su campaña de conquista de Sinyar. También ignoraba lo perturbadora que resultaba la ocupación estadounidense para los suníes de a pie. No era consciente de que, mientras yo iba al colegio, una insurgencia anónima allanaba el camino para que Al Qaeda y, con el tiempo, el EI emergieran en las aldeas aledañas a la nuestra. Tribus suníes de todo Irak intentaron —aunque la mayoría fracasaron— rebelarse contra el mandato suní de Bagdad y contra los estadounidenses. Se acostumbraron de tal forma a la violencia y al gobierno férreo, sostenidos durante tanto tiempo, que muchos suníes de mi edad y otros más jóvenes se criaron conociendo solo la guerra y la interpretación fundamentalista del islam que se convirtió en parte integrante de ese conflicto.

El EI fue fortaleciéndose poco a poco en esas aldeas situadas al otro lado de nuestras fronteras, una chispa que yo no advertí hasta que ya se había convertido en una hoguera. Para una joven yazidí, la vida no había hecho sino mejorar con la toma del poder por parte de estadounidenses y kurdos. Kocho se encontraba en pleno crecimiento, yo iba al colegio y, de forma gradual, estábamos logrando salir de la pobreza. Una nueva constitución confería más poder a los kurdos y exigía que las minorías formaran parte del gobierno. Sabía que mi país estaba en guerra, pero no me daba la sensación de que fuera nuestra lucha.

Al principio, los soldados estadounidenses visitaban Kocho casi una vez a la semana para repartir comida y suministros, así como para hablar con los líderes de la aldea. ¿Necesitábamos colegios? ¿Carreteras asfaltadas? ¿Agua corriente para no tener que volver a comprarla de los camiones cisterna? La respuesta a todo ello era, por supuesto, que sí. Ahmed Jasso invitaba a los soldados a grandes y elaborados banquetes, y los hombres del pueblo se henchían de orgullo al escuchar que los soldados estadounidenses se sentían tan seguros en Kocho que podían dejar las armas apoyadas en las paredes y relajarse. «Saben que los yazidíes los protegerán», afirmaba Ahmed Jasso.

Los niños corrían hacia los soldados cuando estos entraban en Kocho, con sus tanques blindados levantando polvo y acallando los sonidos del pueblo con el intenso rugido de sus motores. Nos daban chicles y caramelos, y nos sacaban fotos sonrientes con los regalos. Nosotros nos sentíamos maravillados por sus impecables uniformes y el trato tan amigable y dicharachero que nos dispensaban, tan diferente al de los soldados iraquíes que nos habían visitado antes que ellos. Al hablar con nuestros padres, alababan con entusiasmo la hospitalidad de Kocho, lo acogedora y limpia que era nuestra aldea y lo bien que entendíamos que Estados Unidos nos hubiera liberado de Sadam. «Los estadounidenses quieren al pueblo yazidí —nos decían—. Y a Kocho en especial. Aquí nos sentimos como en casa.» Incluso cuando sus visitas se espaciaron y más tarde se acabaron por completo, nos aferramos al recuerdo de esas alabanzas estadounidenses como si fueran una medalla al honor.

En 2006, cuando yo tenía trece años, un soldado estadounidense me regaló un anillo. Era una sencilla sortija con una piedra roja, y fue la primera joya que tuve en mi vida. Enseguida se convirtió en mi bien más preciado. Lo llevaba en todas partes: en el colegio, cuando cavaba la tierra en la granja, en casa mientras observaba a mi madre preparar el pan, incluso mientras dormía por las noches. Al cabo de un año, el anillo ya no me cabía en el dedo corazón y me lo puse en el meñique para no tener que dejarlo en casa. Pero se me escurría, el nudillo casi no lo aguantaba y me preocupaba perderlo. No paraba de mirarlo para asegurarme de que seguía ahí; doblaba los dedos para cerrar la mano en un puño y sentir la presión del anillo en el meñique.

Un día estaba fuera con mis hermanas plantando bulbos de cebolla cuando me miré la mano y me di cuenta de que la sortija ya no estaba. Odiaba plantar cebollas —había que colocar cada bulbo con cuidado en la tierra fría y los bulbos te dejaban los dedos y toda la mano apestando—, estaba furiosa con esas plantas diminutas y empecé a cavar la tierra como loca intentando encontrar mi regalo. Al ver mi expresión de pánico, mis hermanos me preguntaron qué había ocurrido. «¡He perdido el anillo!», les dije, y dejaron de trabajar para ayudarme a buscarlo. Sabían lo importante que era para mí.

Recorrimos todo nuestro campo, levantando la tierra negra en busca de algún destello dorado y rojo, aunque, sin importar lo mucho que mirásemos ni lo mucho que llorase yo, no logramos encontrar el anillo. Cuando empezó a ponerse el sol, no tuvimos más remedio que desistir y volver a casa para cenar. «Nadia, no es para tanto —me dijo Elias mientras regresábamos a pie—. Es una tontería. Ya tendrás más joyas en el futuro.» Pero pasé días llorando. Estaba segura de que jamás volvería a tener nada tan bonito y me preocupaba que el soldado estadounidense, si regresaba algún día, se enfadara conmigo por haber perdido su regalo.

Un año después, se obró el milagro. Mientras recogíamos las cebollas que brotaron de aquellos bulbos, Khairy vio un pequeño aro de oro que asomaba por la tierra. «Nadia, ¡tu anillo!», mi hermano sonreía de oreja a oreja cuando me lo entregó, y yo corrí hacia él, se lo quité de la mano y lo abracé: era mi héroe. Sin embargo, cuando intenté ponérmelo, por mucho que empujara, el anillo ya era demasiado pequeño incluso para el meñique. Más adelante, mi madre lo vio sobre mi cajonera y me animó a venderlo. «Ya no te cabe, Nadia —dijo—. No tiene sentido que te lo quedes si ya no puedes ponértelo.». Para ella, la pobreza estaba siempre a la vuelta de la esquina; todo dependía de una sola decisión equivocada. Como yo siempre le hacía caso, fui a un joyero del bazar de Sinyar, que me compró el anillo.

Tras la venta, tenía un enorme sentimiento de culpa. El anillo había sido un regalo y no me parecía bien desprenderme de él. Me preocupaba lo que diría el soldado si regresaba y me preguntaba por su obsequio. ¿Creería que lo había traicionado? ¿Que no me encantaba el anillo? Los vehículos blindados ya no pasaban por Kocho con tanta frecuencia —los combates se habían endurecido en el resto del país, y los estadounidenses debían repartirse entre muchos frentes—, y llevaba meses sin ver a ese soldado en particular. Algunos vecinos se quejaban de que los estadounidenses nos habían olvidado por completo y les preocupaba que, perdido el contacto con ellos, los yazidíes estuviéramos desprotegidos. Sin embargo, a mí me aliviaba no tener que explicar lo que había ocurrido con el anillo. A lo mejor, el soldado que me lo regaló, aunque era amable, se habría enfadado al saber que había vendido su regalo al joyero de la ciudad de Sinyar. Al ser de Estados Unidos, podía no entender que incluso una suma de dinero tan pequeña suponía mucho para nosotros.

5

Cuando las cosas iban realmente mal en Irak, los yazidíes de Kocho sufríamos las consecuencias de la violencia como las réplicas de un terremoto. Permanecíamos ajenos a la peor parte: las batallas entre los insurgentes y los marines estadounidenses de la provincia de Anbar, el aumento del autoritarismo chií en Bagdad y el fortalecimiento de Al Qaeda. Veíamos la tele y nos preocupábamos por los hombres de nuestra aldea que trabajaban en la policía y el ejército, pero Kocho no se exponía ni a los atentados suicidas con bomba ni a los ataques con IED (siglas en inglés de los artefactos explosivos improvisados) colocados en las carreteras, que, por lo visto, se producían a diario en el resto del país. En la actualidad, Irak está tan dividido que quizá sea imposible recomponerlo: nosotros vimos cómo se rompía desde lejos.

Khairy, Hezni y Jalo regresaban a casa, después de largas estancias en sus respectivos destinos, con relatos de batallas en el exterior. A veces, iban al Kurdistán, donde apenas habían oído hablar de los ataques terroristas. Otras veces los enviaban fuera de las zonas protegidas por los *peshmerga* hasta partes desconocidas de Irak, lo que nos asustaba a todos los que nos quedábamos en casa. Esos empleos podían ser tremendamente peligrosos. Aunque no te toparas con conflictos o terrorismo, trabajar como traductor para los estadounidenses te convertía en blanco del enemigo. Muchos hombres yazidíes buscaban asilo en Estados Unidos porque su vida se veía amenazada cuando se descubría que trabajaban para los estadounidenses.

La guerra se prolongó mucho más de lo que cualquiera de nosotros esperaba. La mayoría de las personas olvidó enseguida esos primeros meses llenos de júbilo, después de que Sadam hubiera sido derrocado, cuando derribaron su escultura en la plaza Firdos de Bagdad y los soldados estadounidenses recorrieron el país dando apretones de mano a los aldeanos, prometiendo construir colegios, liberar a los presos políticos y facilitar la vida al iraquí medio. En 2007, solo unos años después de la caída de Sadam, Irak estaba plagado de violencia, y Estados Unidos envió veinte mil soldados más al país —y lo llamó *surge*, «oleada»—, que llegaron sobre todo como respuesta a la escalada de violencia en Anbar y en Bagdad. Durante un tiempo, la oleada pareció funcionar. Los ataques disminuyeron y los marines conquistaron las ciudades; iban de puerta en puerta en busca de insurgentes. Sin embargo, para los yazidíes, el año de la oleada fue el año que la guerra llamó a nuestra puerta.

En agosto de 2007, el peor ataque terrorista de toda la guerra de Irak —y el segundo ataque terrorista más letal de nuestra historia— tuvo lugar en Siba Sheikh Khider y Tel Ezeir (también conocidas por sus nombres baazistas, Kahtaniya y Yazira), dos poblaciones yazidíes ligeramente al oeste de Kocho. Más o menos a la hora de la cena del 14 de agosto, un camión cisterna de gasolina y tres coches, que según algunas personas transportaban suministros y comida para los yazidíes que habitaban allí, estacionaron en el centro de dichas ciudades y se hicieron volar por los aires. Murieron ochocientas personas, desmembradas por las bombas o atrapadas bajo los cascotes de edificios que se derrumbaron, y hubo más de mil heridos. Las explosiones fueron tan descomunales que veíamos las llamas y el humo desde Kocho. Empezamos a vigilar las carreteras que conducían a nuestra aldea, por miedo a ver cualquier vehículo que no reconociéramos.

A pesar de lo horribles que habían sido los ataques, eran el resultado previsible del paso del tiempo. La tensiones entre los yazidíes y los árabes suníes llevaban años en aumento, y más recientemente se habían intensificado por la influencia kurda en Sinyar y la continua radicalización de las zonas suníes. Por ello, ese mismo año, solo un par de meses después de que se iniciara la oleada estadounidense, los suníes juraron vengar la muerte de una joven yazidí llamada Du'a Khalil Aswad, que había muerto de forma terrible, lapidada por sus parientes cuando sospecharon que quería convertirse al islam y casarse con un musulmán. No importó que los yazidíes nos sintiéramos igual de horrorizados por la muerte de Du'a; los extranjeros nos llamaron salvajes y antimusulmanes.

Como en todo Irak, en la sociedad yazidí se producen asesinatos por honor, y la conversión a otra fe se considera una traición a la familia y a la comunidad, en parte porque a lo largo de los siglos los yazidíes se han visto obligados a convertirse para salvar la vida. Con todo, nosotros no matamos a los hombres y mujeres que abandonan el yazidismo, y nos sentíamos avergonzados por lo que la familia de Du'a le había hecho. No solo fue lapidada hasta la muerte mientras el pueblo miraba, horrorizado aunque sin poder o querer detener la lapidación, sino que colgaron el vídeo de su asesinato en internet. Las imágenes llegaron a los canales de noticias y se utilizaron como excusa para atacarnos, sin importar cuánto hubiéramos condenado el acto en sí.

En cuanto empezó a difundirse la historia de Du'a, la propaganda que nos calificaba de infieles y merecedores de la muerte —un lenguaje similar al que usa el EI en la actualidad— comenzó a circular por Mosul. Los kurdos, principalmente suníes, también se volvieron en nuestra contra. Vivíamos avergonzados y atemorizados. Los estudiantes yazidíes dejaron sus universidades en el Kurdistán y Mosul, y los yazidíes que vivían en el extranjero descubrieron de pronto que debían defenderse de personas que jamás habían oído hablar de los yazidíes y que en ese momento pensaban que éramos una religión de asesinos.

Como no teníamos verdaderos representantes en los medios de comunicación ni una voz política sólida que explicara lo ocurrido en realidad, el odio hacia nosotros creció en las comunidades suníes. Quizá siempre hubiera estado ahí, latente. Entonces salió a la luz y se propagó a toda velocidad. Dos semanas después de que mataran a Du'a, unos atacantes suníes detuvieron un autobús en el que viajaban yazidíes y ejecutaron a veintitrés pasajeros, argumentando que estaban vengando la muerte de Du'a. Nos preparamos para ser víctimas de más ataques, pero jamás podríamos haber imaginado nada a una escala parecida a lo ocurrido en Siba Sheikh Khider y Tel Ezeir.

Nada más producirse las explosiones, mis hermanos subieron a toda prisa a los coches y condujeron hacia la escena de la catástrofe para unirse a los cientos de yazidíes que llevaban comida, colchones y medicamentos a las poblaciones afectadas. Volvieron a casa esa misma noche, cabizbajos por la tristeza y el agotamiento.

—Ha sido peor de lo que podáis imaginar jamás —nos dijo Elias—. Las ciudades están destrozadas, y hay muertos por todas partes.

Mi madre los hizo sentarse y les preparó un té mientras ellos se limpiaban las manos sucias.

—He visto un cuerpo partido por la mitad —contó Hezni, temblando—. Es como si toda la ciudad estuviera cubierta de sangre.

Las explosiones habían desmembrado los cuerpos con tanta fuerza que había mechones de pelo y jirones de ropa colgando de los altos cables de electricidad que cruzaban las calles de lado a lado. Los hospitales y clínicas no tardaron en quedarse sin camas y medicamentos. Shawkat, un amigo de mi hermano, se sintió tan horrorizado al ver cómo arrastraban un cuerpo por los pies que él mismo lo tomó de las manos del paramédico y lo llevó en brazos a la morgue.

—Ese hombre era el padre o el hijo de alguien —dijo—. Y estaban llevándolo a rastras por el suelo, así, como si nada.

Los familiares asistían a la masacre aturdidos, avanzando en silencio a través de una espesa nube de humo y polvo. O gritaban por sus seres queridos, algunos de los cuales morirían mucho antes de que dejaran de buscarlos. Con el tiempo, después de que hubieran limpiado la aldea e identificado el mayor número posible de cadáveres, esas familias tendrían que llorar a sus muertos en fosas comunes.

—Quizá sea peor haber sobrevivido —comentó Hezni.

Después de ese ataque, tomamos algunas precauciones. Los hombres vigilaban Kocho por turnos; había dos situados en la zona este, y dos, al oeste, armados con Kaláshnikovs y pistolas. Interrogaban a todo el que pasara en un vehículo desconocido —la mayoría eran árabes suníes y kurdos que no reconocíamos— y estaban continuamente pendientes de la aparición de cualquier individuo con aspecto amenazante. Otros yazidíes levantaron barricadas de tierra alrededor de sus aldeas y cavaron trincheras para que no pudieran llegar los coches bomba. Aunque en Kocho estábamos muy cerca de pueblos árabes suníes, no apilamos tierra ni cavamos trincheras hasta varios años después. No sé por qué; a lo mejor seguíamos teniendo la esperanza de que nuestras relaciones eran lo bastante fuertes para protegernos. Quizá no quisiéramos sentirnos atrapados ni aislados. Cuando pasó un año entero sin que se produjera ningún nuevo ataque, los hombres abandonaron sus puestos de vigilancia.

Hezni fue el único miembro de la familia que intentó marcharse de Irak. Eso sucedió en 2009, dos años después del ataque. Se había enamorado de Jilan, la hija de un vecino, pero los padres de ella desaprobaban la unión porque teníamos muy poco dinero en comparación con ellos. Esto no impidió que Hezni lo intentara. Como los padres de Jilan no dejaban que mi hermano entrara en su casa para visitarla, los dos subían a sus respectivas azoteas y hablaban a través de un pequeño callejón que separaba ambas casas. Cuando los padres de Jilan levantaron un muro que rodeaba el perímetro de la azotea para esconder a su hija, Hezni apiló unos ladrillos hasta que, de pie sobre ellos, estaba a la altura suficiente para ver por encima del muro. «Nada puede detenerme», afirmó Hezni. Era tímido por naturaleza, pero estaba tan enamorado que parecía capaz de cualquier cosa por estar con ella.

Hezni enviaba a primos y hermanos a casa de Jilan, donde la tradición obligaba a su familia a ofrecer a los visitantes té y comida y, mientras estaban distraídos, Jilan se escapaba e iba a reunirse con Hezni. Ella lo amaba tanto como él a ella y dijo a sus padres que quería casarse con mi hermano, pero sus progenitores seguían negándose. Su rechazo me sacaba de quicio —Jilan sería afortunada de tener como esposo a Hezni, que era muy cariñoso—, pero mi madre, como siempre, se lo tomaba a broma. «Al menos la única razón por la que no les gustamos es porque somos pobres —dijo—. Y ser pobre no es nada malo.»

Hezni sabía que los padres de Jilan jamás aprobarían el matrimonio a menos que ganara algo de dinero, pero en esa época no tenía mucha suerte a la hora de conseguir un trabajo en Irak. Cayó en una depresión. Aparte de Jilan, sentía que no había nada para él en nuestro hogar y, como no podía tenerla, no le veía sentido a quedarse. Cuando un par de hombres del pueblo decidieron intentar llegar a Alemania, donde ya vivía un pequeño número de yazidíes, Hezni decidió unirse a ellos. Todos llorábamos mientras hacía el equipaje. Me parecía horrible que se marchara; no me imaginaba nuestra casa sin uno de mis hermanos.

Antes de que se fuera, Hezni invitó a Jilan a una boda fuera de Kocho, donde podrían hablar sin que la gente del pueblo susurrara a sus espaldas. Ella llegó y se separó de la multitud para reunirse con él. Mi hermano todavía recuerda que Jilan iba vestida de blanco. «Volveré dentro de dos o tres años —le dijo—. Tendremos dinero suficiente para empezar una vida juntos.» Luego, unos días antes de que empezásemos uno de nuestros dos ayunos anuales, Hezni y los otros hombres abandonaron Kocho.

Primero cruzaron la frontera del norte iraquí a pie para entrar en Turquía, donde fueron avanzando, poco a poco, hasta Estambul. Una vez allí, pagaron a un traficante de personas para viajar hasta Grecia en el tráiler de un camión. El traficante les ordenó que dijeran a los guardias fronterizos que eran palestinos. «Si averiguan que sois iraquíes, os detendrán», aseguró. Cerraron las puertas del tráiler y cruzaron la frontera.

Hezni nos llamó un par de días más tarde, desde la cárcel. Acabábamos de sentarnos para romper el ayuno cuando sonó el móvil de mi madre. Uno de los iraquíes que viajaba con Hezni estaba demasiado asustado para mentir cuando le preguntaron de dónde era, y los descubrieron a todos. Hezni nos contó que la cárcel era horrible, estaba abarrotada y tenía camastros hechos con bloques de cemento y cubiertos con finas colchonetas sobre las que dormían. Nadie les informaba de cuándo serían liberados o de si estaban acusados de algún delito. Una vez, para llamar la atención del guardia, algunos prisioneros incendiaron sus colchonetas, y Hezni temió que acabaran todos asfixiados por el humo. Nos preguntó cómo estaban yendo los ayunos. «Yo también tengo hambre», dijo, y mi madre lloró con tanta angustia que, siempre que llamaba Hezni, mis hermanos corrían a contestar el teléfono antes de que ella lo hiciera.

Tres meses y medio después, Hezni regresó a Kocho. Estaba demacrado y avergonzado y, al verlo, pensé que me alegraba de no tener ningún deseo de ir a Alemania. Todavía creo que sentirte obligado a dejar tu hogar por miedo es la peor injusticia que el ser humano puede sufrir. Te desprendes de todo cuanto amas y arriesgas tu vida en un lugar que no significa nada para ti y donde, como procedes de un país conocido por la guerra y el terrorismo, no eres bien recibido. Pasas el resto de tus días añorando lo que has dejado atrás mientras rezas por que no te deporten. La historia de Hezni me hizo pensar que el camino del refugiado iraquí siempre es de retroceso: o acabas en la cárcel o en el punto de partida.

Con todo, el fracaso de Hezni tuvo un lado positivo. Llegó a casa más decidido que nunca a casarse con Jilan y, durante el tiempo que habían pasado separados, ella también había tomado una decisión. Su familia seguía desaprobándolo, pero la pareja tenía la tradición yazidí de su parte. Según nuestra cultura, si dos personas se aman y quieren casarse, pueden fugarse para contraer matrimonio sin importar lo que piensen sus familias. Esto demuestra que se valoran el uno al otro más que cualquier otra cosa y, ante eso, las familias deben aceptar la unión. Puede parecer anticuado, incluso atrasado, a veces se describe esa costumbre como una mujer que «se fuga», pero en realidad es liberadora. Gracias a ella se quita el poder a los padres y se entrega a la joven pareja y, en concreto, a la chica, quien debe acceder al plan.

Así que una noche, sin decir una palabra a nadie, Jilan salió a escondidas por la puerta trasera de su casa y se reunió con Hezni, que estaba esperándola en el coche de Jalo. Se fueron a una aldea cercana y viajaron por carreteras controladas por Al Qaeda para evitar toparse con el padre de Jilan en la autovía principal. (Hezni bromeaba diciendo que le daba más miedo él que cualquier terrorista.) En unos días ya estaban casados, y varios meses después del enlace, tras las negociaciones —sobre todo relativas al dinero— entre ambas familias, que a veces eran distendidas y otras veces tensas, se celebró una boda en condiciones en Kocho. Desde entonces, Hezni recordaba su intento fallido de emigrar y se reía diciendo: «¡Gracias a Dios que me detuvieron en Grecia!», y atraía hacia sí con más fuerza a su mujer.

Después de aquello, todos nos resignamos a quedarnos en Kocho, aunque las amenazas siguieran aumentando en el exterior. Cuando los estadounidenses se marcharon un par de meses más tarde de las elecciones parlamentarias de 2010, grupos de todo el país iniciaron una lucha caótica por el poder. Todos los días estallaban bombas en Irak, mataban a peregrinos chiíes o a niños en Bagdad y aniquilaban cualquier esperanza de paz que albergáramos en el Irak posterior a la presencia estadounidense. Los yazidíes que tenían licorerías en Bagdad eran objetivo de los extremistas, y nos cobijamos todavía más en la seguridad relativa de nuestras ciudades y aldeas yazidíes.

Poco después, las manifestaciones en contra del gobierno iniciadas en Túnez se propagaron a Siria, donde fueron reprimidas rápida y brutalmente por el presidente Bachar el Asad. En 2012, Siria se hallaba sumida en una guerra civil y, en 2013, en medio del caos, empezó a florecer un nuevo grupo extremista autodenominado Estado Islámico de Irak y al Sham, que previamente había adquirido más adhesiones en el Irak de posguerra. En cuanto conquistaron zonas de mayor tamaño en Siria, establecieron sus objetivos en el cruce de la frontera para regresar a Irak, donde los esperaban sus simpatizantes de las zonas suníes. Dos años más tarde, el EI sobrepasó por completo al Ejército iraquí en el norte, cuyos soldados abandonaron sus posiciones frente a un enemigo que habían imaginado mucho más débil de lo que resultó ser. En junio de 2014, antes de que nos diéramos cuenta, el EI había tomado Mosul, la segunda ciudad iraquí más importante, a unos ciento treinta kilómetros al este de Kocho.

Tras la caída de Mosul, el Gobierno Regional del Kurdistán (GRK) envió una partida adicional de combatientes *peshmerga* a Sinyar para vigilar los pueblos yazidíes. Los soldados llegaron en camiones y nos aseguraron que nos mantendrían a salvo. Algunos de nosotros, por miedo al EI y con la sensación de que el Kurdistán iraquí era mucho más seguro, queríamos abandonar Sinyar para ir a los campos kurdos de refugiados, que ya estaban llenándose de cristianos, chiíes y suníes desplazados, así como de refugiados sirios; pero las autoridades kurdas nos urgieron a que no lo hiciéramos. Los yazidíes que intentaban abandonar Sinyar para ir al Kurdistán iraquí eran obligados a regresar por los kurdos apostados en los puestos de control de los poblados, donde les decían que no tenían por qué preocuparse.

Algunas familias creían que era un suicidio quedarse en Kocho. «¡El Daesh nos tiene rodeados por tres costados!», se lamentaban, utilizando el término árabe para designar el EI, y tenían razón: solo había una carretera que nos conectaba con Siria y que no nos llevaba directamente hasta el enemigo. Pero Kocho era un pueblo orgulloso. No queríamos abandonar todo aquello por lo que habíamos trabajado: las casas de cemento por las que las familias se habían pasado toda la vida ahorrando, las escuelas, los enormes rebaños de ovejas, las habitaciones donde habían nacido los niños del pueblo. Otros iraquíes cuestionaron nuestro derecho como yazidíes a reclamar Sinyar, y, si nos marchábamos, estaríamos dándoles la razón; si no queríamos quedarnos en Sinyar, quizá no nos gustaba tanto como habíamos afirmado. Ahmed Jasso convocó una reunión en la *jevat* y se tomó una decisión: «Nos quedaremos como pueblo», dijo, pues creía hasta las últimas consecuencias que nuestras relaciones con los árabes suníes eran lo bastante sólidas para mantenernos a salvo. Y por eso nos quedamos.

Mi madre intentó que la vida en casa fuera lo más normal posible; aun así, seguíamos poniéndonos en alerta cada vez que aparecía un visitante desconocido u oíamos algún ruido amenazador. Una noche de julio, sobre las once, Adkee, Kathrine, Khairy, Hezni y yo recorríamos a pie la corta distancia desde casa hasta nuestra granja para ir a moler heno para los animales. En verano hacía demasiado calor durante el día, por eso solíamos ir cuando la luna era lo bastante grande para ayudar a iluminar nuestras faenas y refrescaba un poco. Caminábamos despacio. Moler heno era agotador y sucio, y ninguno de nosotros tenía ganas de encargarse de la tarea. No importaba el cuidado que tuviéramos, siempre volvíamos a casa con polvillo del heno en el pelo y en la ropa, la piel nos picaba y nos escocía, y nos dolían los brazos por levantar el heno para echarlo a la moledora.

Trabajamos un rato; Kathrine y yo en el tráiler cargando el heno, y los demás pasándonoslo desde el suelo. Hablábamos y bromeábamos, pero la conversación era más tensa que de costumbre. En campo abierto, teníamos la visión general del paisaje más allá de Kocho, y no podíamos evitar preguntarnos y preocuparnos por lo que estaría ocurriendo en esa oscuridad. De pronto, los faros de unos vehículos iluminaron la carretera que comunicaba nuestra aldea con el sur, y dejamos lo que estábamos haciendo para ver cómo se acercaban esas luces y las siluetas iban cobrando nitidez. Se trataba de una fila de grandes camiones blindados, de esos que utiliza el ejército.

—Deberíamos irnos —murmuró Kathrine. Ella y yo éramos las que estábamos más asustadas.

Pero Adkee se negaba a salir corriendo.

—Debemos seguir trabajando —dijo ella, y continuó llevando heno en los brazos para la embaladora—. No podemos tener tanto miedo todo el tiempo.

Khairy estaba en casa de permiso del trabajo como patrullero fronterizo, que desempeñaba desde hacía nueve años, y sabía mejor que ninguno de nosotros lo que ocurría fuera de Kocho. Tenía instinto investigador para ese tipo de cosas. Mirando los faros de los camiones, dejó la bala de heno que estaba cargando y se hizo visera con la mano para protegerse los ojos de la luz.

—Son convoyes del Estado Islámico —aclaró—. Parece que se dirigen hacia la frontera con Siria.

Nos dijo que era raro que estuvieran tan cerca.

6

El EI llegó a las afueras de Kocho a primera hora de la mañana del 3 de agosto de 2014, antes del amanecer. Yo estaba tumbada en un colchón, entre Adkee y Dimal, en la azotea de nuestra casa, cuando llegaron los primeros camiones. El aire del verano iraquí es caliente y está cargado de polvo, aunque siempre prefería dormir en el exterior, al igual que prefería viajar en la trasera de la camioneta en lugar de ir atrapada en la cabina. Compartimentábamos la azotea para dar intimidad a las parejas casadas y sus pequeñas familias, pero podíamos susurrar a través de los paneles divisorios y hablar entre azoteas contiguas. Por lo general, me quedaba dormida con el sonsonete de los vecinos hablando de sus cosas o rezando en voz baja, y, en los últimos tiempos, con toda la violencia que arrasaba Irak, quedarnos allí arriba, desde donde podíamos ver quién se acercaba, nos hacía sentir menos vulnerables.

Nadie había pegado ojo esa noche. Un par de horas antes, el EI había lanzado ataques por sorpresa en varias aldeas cercanas, lo que obligó a miles de yazidíes a abandonar sus casas rumbo al monte Sinyar, en un tumulto aturdido y aterrorizado que no tardó en convertirse en una frágil comitiva. En la retaguardia, los militantes mataban a todo el que se negara a convertirse al islam, y a todo el que fuera demasiado tozudo o estuviera demasiado confuso para huir, y atrapaban a los más lentos, les pegaban un tiro o los degollaban. Cuando los camiones se acercaban a Kocho, sonaban como granadas en el silencioso ambiente rural. Nos encogimos por el miedo y nos acercamos más los unos a los otros.

El EI conquistó Sinyar con facilidad y solo encontró la resistencia de unos cientos de hombres yazidíes que combatieron con sus propias armas para defender sus pueblos pero no tardaron en quedarse sin munición. Pronto supimos que muchos de nuestros vecinos árabes suníes dieron la bienvenida a los militantes e incluso se unieron a ellos, bloqueando las carreteras para impedir que los yazidíes alcanzaran la seguridad, con lo que permitían a los terroristas capturar a todos los no suníes que no habían logrado escapar de las aldeas más próximas a Kocho. Luego saquearon las poblaciones yazidíes desiertas junto con los terroristas. Al principio, no obstante, nos impactó aún más la actuación de los kurdos que habían jurado protegernos. A última hora de la noche, sin advertencia previa y tras meses asegurándonos que lucharían por nosotros hasta el final, los *peshmerga* habían huido de Sinyar, montados en sus camiones, para ponerse a salvo antes de que los militantes del Estado Islámico pudieran alcanzarlos.

Se trataba, según declaró más adelante el gobierno kurdo, de una «retirada táctica». Nos contaron que no había suficientes soldados para proteger la región, y sus comandantes creían que quedarse en el pueblo habría sido un suicidio; su fuerza de combate sería más útil en otras partes de Irak, donde todavía tenían una oportunidad. Nosotros intentamos enfocar nuestro odio contra los gobernantes del Kurdistán que tomaron la decisión y no contra los soldados en particular. Sin embargo, lo que no lográbamos entender era por qué se fueron sin avisarnos ni llevarnos con ellos ni ayudarnos a ponernos a salvo. De haber sabido que iban a marcharse, podríamos haber huido al Kurdistán. Estoy casi segura de que Kocho habría estado desierta para cuando llegó el EI.

Los aldeanos lo calificaron de traición. Los que tenían casas cerca de sus puestos vieron a los *peshmerga* marcharse y les rogaron, sin éxito, que al menos les dejaran sus armas para que pudieran usarlas los habitantes del pueblo. Las noticias no tardaron en propagarse por el resto de la aldea, aunque tardamos un rato en asimilar la realidad. Los *peshmerga* se habían mostrado muy reservados, y muchos de nosotros estábamos tan seguros de que regresarían y cumplirían con su deber que la primera vez que oímos las ráfagas de ametralladoras del Estado Islámico en Kocho algunas mujeres susurraron: «A lo mejor han venido los *peshmerga* a salvarnos».

Una vez se fueron los *peshmerga*, los militantes empezaron a ocupar con celeridad los puestos militares y los puestos de control abandonados, lo que nos dejaba atrapados en nuestro pueblo. No teníamos plan de fuga, y el EI bloqueó enseguida la carretera que conectaba las aldeas al sur de Sinyar, como Kocho, con la montaña, la cual ya estaba llenándose de familias con la intención de esconderse. A las pocas familias que trataban de huir las capturaban en la fuga, y las mataban o secuestraban. El sobrino de mi madre intentó huir con su familia, y, cuando el EI los detuvo en su coche, mataron a los hombres al instante. «No sé qué ha ocurrido con las mujeres», nos dijo mi madre, después de recibir la llamada, y nos imaginamos lo peor. Historias como esa empezaron a llenar de miedo nuestros hogares.

Tanto Hezni como Saoud se encontraban fuera de Kocho por trabajo cuando llegó el EI —Hezni, en la ciudad de Sinyar, y Saoud, en el Kurdistán— y nos llamaban todas las noches, angustiados porque estuviéramos tan lejos y porque ellos sí se hallaban a salvo. Nos contaban lo que podían sobre lo que estaba ocurriendo en Sinyar. Los yazidíes que huían, decenas de miles, caminaban con su ganado por la carretera de un solo carril hacia la montaña. Los afortunados iban apiñados en coches o colgando de los laterales de una camioneta, viajando lo más rápido que podían entre la multitud. Algunos llevaban a los ancianos en carretas o cargados a la espalda, encorvados por el peso de sus cuerpos. El sol del mediodía irradiaba un calor peligroso, y algunas personas que ya eran muy viejas o estaban enfermas fallecían en el arcén; sus cadáveres escuálidos quedaban tirados en la arena, como ramas caídas. La gente que pasaba junto a ellos estaba tan obsesionada con llegar a la montaña y sentía tanto miedo a ser atrapada por los terroristas que apenas se percataba de su presencia.

Mientras los yazidíes caminaban hacia la montaña, iban desprendiéndose de todo cuanto podían. Un cochecito de bebé, un abrigo, una olla de cocina... En el momento en que huyeron de sus casas, debió de parecerles imposible abandonar esos objetos. ¿Cómo comerían sin una olla en la que cocinar? ¿Qué ocurriría cuando les dolieran los brazos de tanto cargar a un bebé? ¿Volverían a casa antes del invierno? Sin embargo, al final, cuando el viaje se volvía más agotador y la distancia que los separaba de la montaña parecía más lejana con cada paso que daban, todas esas pertenencias se convertían en un lastre letal y las abandonaban al borde del camino, como si fuera basura. Los niños arrastraban los pies hasta que se les abrían las suelas de los zapatos. Cuando llegaban a la montaña, algunos escalaban directamente las escarpadas laderas, mientras que otros se ocultaban en las cuevas, templos o aldeas. Los coches recorrían a toda velocidad las carreteras sinuosas, algunos daban vueltas de campana cuando sus conductores, por las prisas, perdían el control del vehículo. Las mesetas de la montaña se plagaron de desplazados.

Alcanzar la cumbre de la montaña no era de gran alivio. Algunos yazidíes partían de inmediato en busca de agua, comida o familiares desaparecidos, y suplicaban a los habitantes de las aldeas que los ayudaran. Otros se quedaban sentados en el sitio, paralizados. Quizá estuvieran cansados. O quizá en ese primer instante de calma que tenían desde que el EI había llegado a Sinyar, en esa relativa seguridad, empezaban a pensar en lo que les había pasado. Sus aldeas estaban ocupadas, y todo cuanto poseían había pasado a manos de otra persona. A medida que arrasaban la región, los militantes del EI destruían los pequeños templos que se alzaban al pie de la montaña. Un cementerio cercano, que normalmente se reservaba para los niños, estaba lleno de cadáveres de personas de todas las edades, personas a las que había asesinado el EI o que habían fallecido intentando llegar a la montaña. Cientos de hombres habían sido masacrados. Los militantes secuestraban a niños y chicas jóvenes, y luego los llevaban a Mosul o a Siria. Las mujeres mayores, de la edad de mi madre, eran agrupadas y ejecutadas, y sus cadáveres abarrotaban las fosas comunes.

Los yazidíes que se encontraban en la montaña empezaban a pensar en las decisiones que habían tomado al huir. A lo mejor bloquearon el paso de otro coche que se dirigía a la montaña para poder llegar primero o no se detuvieron a recoger a alguien que iba caminando. ¿Podrían haberse llevado a sus animales o haber esperado un poco más para salvar a otra persona? El sobrino de mi madre había nacido con una discapacidad que le dificultaba caminar y, cuando el EI llegó, rogó a sus seres queridos que fueran por delante de él hacia la montaña, pues sabía que no podría llegar allí a pie. ¿Lo conseguiría de alguna forma? En ese instante, los supervivientes estaban atrapados en el calor abrasador de la cima, con el EI pululando por ahí abajo y sin ninguna señal de rescate.

Al recibir esas noticias, las interpretamos como la descripción de nuestro propio futuro y rezamos. Llamamos a todos nuestros conocidos en las aldeas árabes suníes y en el Kurdistán, pero nadie tenía nada esperanzador que contar. El EI no atacó Kocho ni esa noche ni esa mañana, pero se habían organizado de tal forma que, si intentábamos escapar, nos matarían. Los que vivían cerca de los límites del pueblo nos contaron cómo eran los miembros del EI. Algunos usaban pañuelos que les tapaban la cara hasta los ojos. La mayoría llevaba barba. Utilizaban armas estadounidenses, que Estados Unidos entregó al Ejército iraquí al marcharse y los militantes robaron de los puestos abandonados por el Ejército de Irak. Los miembros del EI eran exactamente iguales que en la tele y en los vídeos de propaganda subidos a internet. Yo no los consideraba personas. Al igual que las armas que llevaban y los tanques que conducían, los mismos hombres me parecían armas, y apuntaban a mi pueblo.

El primer día, el 3 de agosto, un comandante del Estado Islámico llegó a Kocho y Ahmed Jasso convocó a los hombres a la *jevat*. Como Elias era el mayor, fue allí para averiguar lo que estaba pasando. Aguardamos su regreso en el patio, sentados en las zonas con algo de sombra, junto a nuestras ovejas, que habíamos trasladado hasta allí para mantenerlas a salvo. Balaban con suavidad, ajenas a lo que estaba pasando.

Sentada a mi lado, Kathrine parecía pequeña y asustada. Aunque nos llevábamos unos pocos años, estábamos en el mismo curso y éramos inseparables. En la adolescencia, ambas nos habíamos obsesionado con el maquillaje y la peluquería, practicábamos la una con la otra y estrenábamos nuestros nuevos estilos y técnicas en las bodas del pueblo. Las novias nos servían de inspiración; jamás volverían a invertir tanto dinero ni tiempo en su aspecto como lo hacían ese día, y todas parecían modelos salidas de una revista. Yo las observaba con detenimiento. ¿Cómo había conseguido hacerse eso en el pelo? ¿Qué tono de pintalabios llevaba? Luego pedía una foto a la novia, que añadía a mi colección, en un grueso álbum de color verde. Imaginaba que, cuando abriera mi salón de belleza, daría el álbum a las clientas para que lo hojearan en busca del peinado perfecto. Cuando llegó el EI, tenía ya más de doscientas fotografías. Mi favorita era la de una joven morena con el pelo rizado, peinado en un moño alto con tirabuzones sueltos y adornado con florecitas blancas.

Por lo general, Kathrine y yo nos arreglábamos la larga melena, nos nutríamos el pelo con las palmas llenas de aceite de oliva y lo teñíamos con henna, pero ese día ni siquiera nos habíamos molestado en cepillarlo. Mi sobrina estaba pálida y callada y, de pronto, me sentí mucho, mucho mayor que ella. Quería reconfortarla.

—No te preocupes —le dije, y la tomé de la mano—. Todo irá bien. —Era lo que mi madre me decía y, aunque no la creyera, era su misión no perder la esperanza por sus hijos, al igual que mi responsabilidad en ese momento era mantener la esperanza por Kathrine.

Elias entró en el patio y todos nos volvimos hacia él. Respiraba con agitación, como si hubiera llegado a casa corriendo desde la *jevat*, e intentó serenarse antes de empezar a hablar.

—El Daesh ha rodeado Kocho —dijo—. Es imposible huir.

El comandante del Estado Islámico advirtió a los hombres en la *jevat* que, si intentaban escapar, los castigarían.

—Ha dicho que ya lo habían intentado cuatro familias —nos contó Elias—. Las detuvieron. Los hombres se negaron a convertirse. Los mataron. Las mujeres sujetaban a sus hijos. Los separaron. Se llevaron sus coches y a sus hijas.

—Seguro que los *peshmerga* volverán —susurró mi madre desde donde estaba sentada—. Tenemos que rezar. Dios nos salvará.

—Alguien vendrá a ayudarnos —dijo Massoud. Estaba furioso—. No nos pueden dejar aquí.

—El comandante ha dicho que debíamos llamar a nuestros familiares del monte Sinyar y decirles que volvieran a bajar y se entregaran —prosiguió Elias—. Nos han dicho que les digamos que, si bajan de la montaña, les perdonarán la vida.

Permanecimos en silencio, asimilando las noticias. A pesar de lo duro que era vivir en la cima de la montaña, al menos los yazidíes que habían llegado hasta allí estaban lejos del EI. Confiábamos en que la montaña nos protegería de la persecución. Generación tras generación, los yazidíes habían huido a sus cuevas en busca de seguridad, habían bebido agua de sus manantiales y habían sobrevivido gracias a los higos y granadas cogidas de los árboles. Nuestros templos y altares la rodeaban, y creíamos que Dios nos vigilaba de cerca. Hezni había logrado llegar de la ciudad de Sinyar a la montaña y, cuando llamó, nos reprendió por preocuparnos por él. «Vosotros lloráis por nosotros —dijo—. Pero nosotros ya estamos a salvo.»

Haríamos lo que nos dijeran los militantes. Cuando pasaron por las casas para recolectar las armas de los aldeanos, puerta por puerta, se lo entregamos todo, menos una pistola, que enterramos en nuestra granja una madrugada, cuando pensábamos que no nos verían. No intentamos escapar. Todos los días, Elias u otro hermano acudía a la *jevat* para recibir las órdenes del comandante del Estado Islámico y luego volvía para transmitírnoslas. Nosotros permanecíamos dentro de casa, en silencio. Al final, esa pistola enterrada se quedaría bajo tierra. Aunque no importaban las promesas que hiciera el EI, habríamos preferido morir antes que decir a Hezni o a cualquier otro que bajara del monte Sinyar. Todo el mundo sabía qué les ocurriría a los yazidíes que abandonaran la montaña.

7

El asedio de Kocho se prolongó casi dos semanas. Algunos días pasaban como una gran nebulosa, cada momento era idéntico al siguiente; mientras que, en otros, cada segundo era como una puñalada. Por las mañanas, la llamada islámica a la oración retumbaba con eco desde los puntos de control del Estado Islámico, un sonido que, aunque poco frecuente en Kocho, yo conocía bien por haber estudiado el islam en la escuela y viajado a la ciudad de Sinyar. Allí los yazidíes mayores se quejaban de tener que oír la llamada a la oración. «Sinyar ya no es una ciudad yazidí», se lamentaban, convencidos de que todos acabaríamos pronto confinados en nuestras pequeñas aldeas y pueblos mientras las zonas yazidíes más atractivas se dejaban en manos de los árabes y kurdos más ricos y con mejores contactos. Con todo, jamás me sentí realmente molesta por la llamada a la oración hasta que el EI llegó a Sinyar. Con ellos rodeándonos, el sonido se tornó amenazante.

Uno por uno, los familiares fueron llegando a nuestra casa. Jilan, la mujer de Hezni, abandonó su hogar casi acabado en las afueras de la ciudad para reunirse con nosotros, y los primos y los hermanastros acudieron de todos los puntos del pueblo, llevando pequeñas maletas, comida y leche de fórmula para los bebés. Shireen, la esposa de Saoud, acababa de dar a luz y, cuando nos trajo a su recién nacido llorón y rosado, las mujeres rodearon al bebé, que era la viva imagen de la esperanza. Nuestras contadas habitaciones se llenaron rápidamente de ropa y mantas, fotografías y objetos de valor, todo cuanto los visitantes llevaban consigo. Durante el día nos apiñábamos en torno a la televisión, en busca de noticias sobre la matanza de yazidíes en Sinyar. Era una pesadilla. Los aviones no podían volar lo bastante bajo para distribuir su ayuda, y la enorme montaña parecía tragarse los cajones de alimentos y agua en cuanto caían.

Los yazidíes, desesperados, intentaban subir a los helicópteros del Ejército iraquí que aterrizaban en las carreteras para llegar antes a la cima de montaña; se empeñaban en montar a los bebés y a los ancianos en las naves mientras los soldados los empujaban hacia fuera, diciendo que no había suficiente espacio. «¡El helicóptero no puede despegar con tanta gente!», gritaban, una explicación lógica que no importaba a la multitud desesperada de la cima. Oímos que una mujer, decidida a irse en un helicóptero, se quedó colgando de uno de los patines de aterrizaje hasta que no pudo aguantar más agarrada y cayó. Alguien comentó que cuando su cuerpo impactó contra las rocas explotó como si fuera una sandía lanzada desde lo alto.

Hezni llegó a la montaña justo antes de que la ciudad de Sinyar fuera tomada por el EI. Después de que evacuaran su comisaría, puso rumbo a la montaña con otro policía. Como no querían dejar armas atrás para los terroristas que se dirigían a la ciudad, cada uno de los hombres de su unidad se marchó portando un fusil y con pistolas embutidas en los bolsillos de los pantalones. Durante el trayecto, hacía calor, había mucho polvo y estaban asustados, pues no sabían con seguridad dónde se ocultaban los militantes ni de dónde saldrían. Cuando estaban a un kilómetro de Zainab, vieron que un camión del Estado Islámico se dirigía a la mezquita chií del pueblo. A continuación, una explosión hizo saltar el templo por los aires. Cambiaron de dirección por la autopista y estuvieron a punto de ser descubiertos por tres camiones llenos de militantes que, unos minutos después, ejecutarían a los hombres que iban por detrás de Hezni y su compañero. «Me libré de milagro», me contó más adelante mi hermano.

En la cima de la montaña, de día hacía un calor abrasador, y las noches eran gélidas. No había comida, y la gente moría de deshidratación. El primer día, los yazidíes desplazados sacrificaron a las ovejas que habían llevado hasta allí, y todos se alimentaron con una pequeña ración de carne. El segundo día, Hezni y otros avanzaron con sigilo hasta la ladera oriental de la montaña y fueron hasta un pequeño pueblo que el EI todavía no había invadido. Allí llenaron un tractor con trigo en grano, que cocinaron ya en la montaña, y sirvieron una taza a todos, lo suficiente para saciar el estómago. Un día, algunos militantes de las YPG —la rama siria del PTK, o Partido de los Trabajadores del Kurdistán, que son unidades de guerrilla popular con sede en Turquía— les llevaron pan y comida procedentes de Siria.

Al final, las YPG, con ayuda de los ataques aéreos de Estados Unidos, despejaron un camino para los yazidíes desde Sinyar hasta las zonas kurdas de Siria, que se habían mantenido relativamente a salvo desde el principio de la guerra civil siria. Allí los kurdos partidarios del PTK habían intentando establecer una región autónoma. El EI disparaba a los yazidíes cuando escapaban, pero decenas de miles fueron capaces de huir de la montaña y ponerse a salvo, al menos en parte. Hezni escapó de la cumbre hasta la casa de nuestra tía, cerca de Zajo. Cuando los yazidíes se abrían camino por la Siria kurda y pasaban al Kurdistán iraquí, los kurdos que vivían allí, la mayoría suníes, iban a su encuentro en coches, repartían alimentos, agua y ropa. Otros abrían las puertas de sus casas, tiendas y colegios a los yazidíes que huían. Fue una muestra de compasión que todavía hoy nos conmueve.

Antes de las matanzas, yo no había pensado mucho en el PTK. No tenía una presencia muy importante en Sinyar, y aunque a veces veía imágenes de sus miembros en la televisión kurda —hombres y mujeres vestidos con holgados uniformes grises, arrodillados junto a sus Kaláshnikovs, en alguna parte de los montes Qandil, en la frontera con Irán—, no parecían tener ninguna relación con mi vida y tampoco luchaban contra el gobierno turco. Sin embargo, después de que salvaran a los yazidíes atrapados en la montaña, los miembros del PTK se convirtieron en héroes en Sinyar, y sustituyeron a los *peshmerga* en el imaginario popular como protectores de los yazidíes. Su implicación terminaría por avivar las tensiones entre ellos y el partido de Barzani, el PDK, que todavía deseaba ser el partido más influyente en Sinyar. Esa situación convertía nuestro hogar en un sitio vulnerable en una guerra de otra clase, cuyo desarrollo empezaría en los años siguientes. Pero, en ese momento, solo nos sentíamos agradecidos con el PTK por ayudar a los yazidíes a salir de la montaña y enviar a centenares de soldados a luchar en primera línea contra el EI en Sinyar.

Sin embargo, no había nada que anunciara la llegada de ayuda a Kocho. A diario, uno de mis hermanos iba a la *jevat* y regresaba a casa con novedades, pero ninguna era esperanzadora. Los hombres de Kocho intentaban idear un plan, según decían, sin embargo, nadie ajeno al pueblo tenía ganas de ayudar. «A lo mejor, los estadounidenses usarán sus aviones para liberarnos, como hicieron en la montaña», dijo mi madre. La única vez que los militantes del Estado Islámico que habían rodeado Kocho parecían asustados era cuando oían los motores de aviones o helicópteros. «O a lo mejor los del PTK son los siguientes en llegar», prosiguió mi madre. Pero mis hermanos, que estaban en contacto con los traductores yazidíes que trabajan para el Ejército estadounidense y en ese momento se encontraban en Estados Unidos, no tardaron en perder la esperanza de que eso ocurriera.

Los aviones y helicópteros nos sobrevolaban, pero se dirigían a la montaña, no a Kocho, y sabíamos que era improbable que el PTK lograra llegar hasta nosotros. Los militantes del PTK eran valientes y habían entrenado mucho tiempo —habían combatido en el Ejército turco durante casi medio siglo—, pero eran soldados de montaña y no serían capaces de derrotar al EI en las llanuras que nos conectaban con el monte Sinyar. Además, en ese momento, Kocho se encontraba en territorio enemigo, demasiado al sur para poder llegar allí. Estábamos en medio de la nada.

Durante mucho tiempo, no obstante, conservamos la esperanza de que aparecieran los estadounidenses para poner fin al asedio en Kocho. Mi hermano Jalo, al que habían destinado en el aeropuerto de Tal Afar tras la invasión estadounidense, tenía un amigo en Estados Unidos llamado Haider Elias, un yazidí que había conseguido asilo político en Houston porque había trabajado como traductor para el ejército. Hablaban todos los días, por lo general más de una vez, aunque Haider advirtió a Jalo que no lo llamara; le preocupaba que el EI revisara el móvil de mi hermano y, al ver el número de Estados Unidos, lo matara en el acto.

Haider y un grupo de expatriados yazidíes estaban esforzándose por ayudar a sus compatriotas de Irak, solicitando ayuda a los gobiernos de Washington, Erbil y Bagdad desde una habitación de hotel que habían pagado en la capital estadounidense, pero no conseguían ningún avance relativo a Kocho. Jalo respondía enseguida todas las llamadas telefónicas de Haider, y su esperanza pronto se convirtió en desesperación. Mi hermano había acompañado a los estadounidenses cuando estos registraban las casas en busca de rebeldes y sabía de qué eran capaces en el frente. Jalo estaba seguro de que, si Estados Unidos enviaba soldados para atacar los puestos de control del Estado Islámico alrededor de Kocho, serían capaces de poner fin al asedio. A veces, los miembros del Estado Islámico se quejaban en la *jevat* de las operaciones estadounidenses en Sinyar para salvar a los yazidíes, y llamaban a Obama «cruzado». Cuando esto ocurrió, Jalo dijo a Haider: «Creo que están perdiendo el control. Seguramente nos dejarán marchar». Un par de días antes, algunos militantes del Estado Islámico habían llevado a Ahmed Jasso, que estaba enfermo, a una ciudad cercana para someterlo a tratamiento. «¿Por qué lo habrían hecho si no planearan mantenernos con vida?», preguntó Jalo.

A Jalo le encantaba Estados Unidos. Antes del asedio, llamaba a Haider a Texas para preguntarle sobre su nueva vida fuera de Irak. Estaba celoso porque su amigo asistía a la universidad en Estados Unidos mientras que él ni siquiera había podido ir al instituto. «¡Búscame una esposa estadounidense! —bromeaba Jalo—. Una fea y vieja, que se case sin importarle con quién.»

Haider tenía menos confianza incluso en que los estadounidenses acudieran a Kocho para salvarnos. Creía que, en cualquier caso, el EI tomaría represalias contra nuestro pueblo por los ataques aéreos. «Ten cuidado —dijo a Jalo—. Podrían estar engañándoos para que creáis que son más débiles. No os dejarán marchar.» Todos los implicados parecían sobrepasados por lo que estaba sucediendo en Irak. Los medios de comunicación ni siquiera informaban sobre el asedio de Kocho. «Van a cambiar al primer ministro de Bagdad —afirmó Elias—. No tienen tiempo para pensar en nosotros.»

Esperamos. La aldea permanecía en silencio, y las calles estaban vacías. Todos se quedaban en casa. Dejamos de comer, vi que mis hermanos adelgazaban y sus caras palidecían. Suponía que me estaba ocurriendo lo mismo, pero no quería mirarme en el espejo para comprobarlo. No nos bañábamos, y el hedor corporal no tardó en impregnar toda la casa. Todas las noches subíamos a la azotea —cuando ya había oscurecido, para que los militantes no nos vieran—, donde dormíamos muy juntos. Una vez arriba, nos acuclillábamos tanto como podíamos para ocultarnos detrás del pretil y hablábamos entre susurros para que no nos oyeran. Se nos tensaba todo el cuerpo cuando el bebé de Shireen, ajeno a lo que ocurría, empezaba a llorar. Nada de todo eso importaba, por supuesto. El EI sabía que estábamos ahí. Esa era la cuestión.

El EI nos había hecho prisioneros en nuestras casas mientras llevaba a cabo un genocidio en todas las demás localidades de Sinyar. Todavía no tenían tiempo de ocuparse de nosotros. Estaban atareados saqueando los hogares yazidíes y llenando sus sacas con joyas, llaves de coches y móviles, agrupando a las vacas y ovejas para quedárselas. Repartían a las jóvenes entre los militantes en Irak y Siria como esclavas sexuales, y asesinaban a los hombres que eran demasiado viejos para defenderse. Ya habían asesinado a miles de yazidíes, y arrojaban sus cadáveres a enormes fosas comunes que el EI intentó —en vano— mantener ocultas.

Nuestra última esperanza de que nos llegara ayuda desde el exterior eran las aldeas vecinas, donde vivían nuestros amigos árabes suníes y *kiriv*. Habíamos oído relatos de árabes que acogían a yazidíes o que los llevaban en coche hasta un lugar seguro. Pero mucho más a menudo oíamos que entregaban a los yazidíes al EI para luego unirse a la milicia. Algunas de esas historias eran solo rumores, y otras nos las contaban personas de nuestra confianza, por eso sabíamos que eran ciertas. Una mañana, uno de mis primos llevó a su familia a su hogar *kiriv*, desesperado, en busca de ayuda. La familia los acogió y los hizo sentir a salvo. «Podéis esperar aquí —le dijeron—. Nosotros os ayudaremos.» A continuación, denunciaron a mi primo al comandante del EI, que envió a militantes que los tomaron preso a él y a su familia.

Mis hermanos llamaron a todas las personas que conocían en esas aldeas. Para ello subieron a la azotea, donde había más cobertura, y la mayoría de los conocidos con los que contactaron parecían sinceramente preocupados por nosotros. Sin embargo, nadie tenía respuesta alguna ni se le ocurría ninguna forma de ayudarnos. Nos decían que nos quedáramos donde estábamos. «Tened paciencia», aconsejaban. Algunos de nuestros vecinos musulmanes acudían a visitarnos mientras el asedio seguía su curso, nos llevaban comida a la aldea y nos decían que compartían nuestro dolor. Se posaban una palma sobre el corazón y prometían: «No os abandonaremos». Pero, con el paso de los días, todos lo hicieron.

Nuestros vecinos suníes podrían haber llegado hasta nosotros y ayudarnos. Si sabían qué iba a ocurrir a las mujeres, podrían habernos vestido a todas de negro y llevarnos con ellos. Podrían haber acudido al pueblo y habernos dicho sin rodeos: «Esto es lo que va a pasaros», para que dejáramos de soñar con que iban a rescatarnos. Pero no lo hicieron. Tomaron la decisión de no hacer nada, y sus diversas traiciones fueron como balas antes del impacto de los auténticos disparos.

Un día, fui con Dimal, Khairy, Elias y Khaled —uno de mis hermanastros— hasta nuestra granja a por un cordero que sacrificaríamos para la cena. A diferencia de los adultos, que no tenían hambre, los niños lloraban por echarse algo a la boca. Como a Kocho no llegaban los alimentos, tendríamos que sacrificar uno de nuestros corderos.

Había buena cobertura en la granja, y Elias se llevó el teléfono para que los hombres pudieran seguir llamando para pedir ayuda mientras íbamos a por el cordero. Acabábamos de enterarnos de que mi sobrina, Baso, había sido capturada por el EI cuando intentaban escapar a la montaña desde Tal Kassab, donde había estado atendiendo a un primo enfermo, y que luego la habían llevado a una escuela en Tal Afar. Nos contaron que la escuela estaba pintada de rojo y llena de mujeres y niñas yazidíes. Yo recordaba que uno de mis profesores, un suní llamado señor Mohammed, era procedente de Tal Afar, y pensé que él podría ayudarnos a encontrar a Baso.

Muchos de nuestros profesores eran árabes suníes de fuera de Kocho; la mayoría, de Mosul. Los respetábamos y los tratábamos como si formaran parte de nuestra aldea. Con el EI en sus hogares, pensé en lo mal que lo estarían pasando. Ninguno de ellos había llamado para saber qué estaba sucediendo en Kocho. Al principio, eso me preocupó. No podía ni imaginar cómo sería tener que huir del EI o, todavía peor, tener que vivir bajo su mandato. A medida que el asedio se prolongaba, no obstante, empecé a pensar que si los maestros no habían llamado no era porque vivieran acuciados por el miedo, sino porque se alegraban de que el EI estuviera allí. Tal vez siempre hubieran considerado *kuffar* a sus alumnos. El simple hecho de pensarlo me revolvía el estómago.

Tenía el teléfono de todos mis profesores escrito en la contracubierta de los libros de texto y usé el móvil de Elias para llamar al señor Mohammed. Tras un par de tonos de llamada, respondió.

—*Merhaba*, *ustaz* Mohammed —dije dirigiéndome a él con la fórmula de cortesía árabe. Pensé en los días que había pasado en las clases del señor Mohammed, intentando seguir sus enseñanzas, sabiendo que, si aprobaba, pasaría de curso y estaría más cerca de la graduación y del resto de mi vida. Confiaba en él.

—¿Quién es? —Mi profesor hablaba con normalidad, y su tranquilidad me aceleró el pulso.

—Nadia, *ustazi* —dije—. De Kocho.

—Nadia, ¿qué ocurre? —preguntó. Habló de forma un poco más acelerada. Parecía distante e impaciente.

Le expliqué que el EI había capturado a Baso y la había llevado a Tal Afar.

—Dicen que está en una escuela pintada de rojo —le expliqué—. Eso es todo lo que sabemos. No podemos salir de Kocho, el Daesh ha rodeado el pueblo y dicen que matarán a todo el que intente salir. ¿Puede ayudarnos a encontrar a Baso? ¿Sabe dónde está la escuela?

Por un momento, mi profesor se quedó callado. Quizá no me había oído. Quizá el Daesh había cortado la comunicación o quizá Elias se había quedado sin saldo. Cuando el señor Mohammed por fin habló, parecía otra persona, distinta al hombre que me había dado clase hacía solo unos meses. Su voz sonaba fría y distante.

—No puedo hablar contigo, Nadia —dijo entre susurros—. No te preocupes por tu sobrina. Le pedirán que se convierta, y alguien se casará con ella. —Colgó antes de que yo pudiera responder. Me quedé mirando el móvil, que seguía en mi mano, como si fuera un trozo de plástico barato e inservible.

—Menudo hijo de puta —dijo Elias mientras agarraba el cordero por el cogote y tiraba de él en dirección al camino a casa—. Hemos llamado y llamado, y nadie nos responde.

En ese momento, algo cambió en mí, tal vez para siempre. Perdí la esperanza de que alguien nos ayudara. Quizá mi profesor estaba como nosotros, asustado por sí mismo y su familia, y haría todo lo necesario para seguir con vida. O quizá había dado la bienvenida al EI y agradecía la oportunidad de vivir en el mundo que había imaginado. Un mundo guiado por su brutal interpretación del islam; un mundo sin yazidíes y sin nadie que no creyera exactamente en lo mismo que ellos. Yo no sabía nada. Pero estaba segura de que odiaba a ese hombre.

8

La primera vez que vi a un militante del Estado Islámico de cerca fue seis días después del inicio del asedio. Nos habíamos quedado sin harina y agua potable, por eso fui con Adkee y dos de nuestras sobrinas, Rojian y Nisreen, a casa de Jalo para conseguir algunos suministros. Era un paseo de solo un par de minutos desde nuestra casa, por un callejón estrecho, y no era habitual ver a miembros del Estado Islámico por las calles del pueblo. Se quedaban en las afueras, encargándose de los puestos de control para asegurarse de que nadie intentara escapar.

A pesar de ello, nos aterrorizaba abandonar nuestra casa. Salir por la puerta era como entrar en otro planeta. En Kocho, ya nada parecía conocido o reconfortante. Por lo general, las calles y los callejones estaban llenos de gente: niños jugando y sus padres comprando en los pequeños colmados o en la farmacia. Pero, en ese momento, el pueblo estaba vacío y en silencio. «Mantente cerca de mí», le susurré a Adkee, que iba caminando por delante, más valiente que las demás. Avanzábamos deprisa, arrastrándonos por el callejón, apiñadas. Yo estaba tan asustada que tenía la sensación de sufrir alucinaciones. Corríamos despavoridas al ver nuestra propia sombra.

Mi madre fue quien nos dijo que fuéramos nosotras. «No necesitáis a los hombres», afirmó, y nosotras estuvimos de acuerdo. Hasta ese momento habíamos permanecido sentadas en casa sin hacer nada más que ver la tele y llorar, cada día más delgadas y débiles. Mis hermanos al menos acudían a la *jevat* y, cuando volvían a casa, después de contarnos qué habían dicho el *mujtar* y el comandante del Estado Islámico, empezaban a teclear números en sus móviles, en su continua búsqueda de ayuda, hasta que caían rendidos de hambre y agotamiento. Mis hermanos eran luchadores, como nuestro padre, y jamás los había visto tan desesperados. Había llegado la hora de que yo hiciera algo para ayudar.

Kocho no tiene un gran diseño urbanístico, nadie trazó ningún plano de las casas y las calles cuando se estableció el pueblo para que la distribución de la aldea acabara teniendo un sentido lógico. Si la tierra es tuya, puedes construir lo que quieras en ella y cuando quieras, por eso el entramado de calles es peligroso y cruzarlo puede resultar laberíntico. Las casas se expanden en formas tan impredecibles que parecen cobrar vida propia, y los callejones zigzaguean entre esas casas en un laberinto que podría confundir a cualquiera que no haya memorizado la disposición de la aldea. Para conseguirlo, hace falta pasarse una vida caminando de casa en casa.

La vivienda de Jalo estaba justo a la salida del pueblo, y lo único que la separaba del mundo fuera de Kocho era un muro de ladrillo. Por detrás de ese muro, se extendía el desértico Sinyar hasta Mosul, que entonces era la capital del Estado Islámico en Irak. Empujamos la puerta metálica y entramos en la cocina. La casa se hallaba vacía y ordenada, y no parecía que Jalo ni su familia hubieran salido de allí a toda prisa, pero a mí me asustaba estar en el interior. Daba la sensación de ser un hogar maldito por la ausencia de sus dueños. Encontramos algo de harina y agua, y una caja de leche de fórmula para el bebé. Cargamos los víveres en bolsas y nos marchamos de allí tan rápido como pudimos, sin decir ni una palabra.

Cuando estábamos saliendo, Rojian señaló el muro del jardín, en el que faltaba un ladrillo, lo que dejaba un hueco que nos llegaba más o menos a la altura de la cintura. Ninguna de nosotras había tenido la valentía de mirar durante mucho tiempo a los militantes que veíamos desde el tejado, donde nos sentíamos demasiado expuestas. Sin embargo, la muralla nos proporcionaba cierta protección y a través de ese agujero pudimos contemplar uno de los primeros puestos de control ubicados en la salida de Kocho.

—¿Crees que el Daesh está ahí fuera? —preguntó Rojian, y salió al jardín para acuclillarse junto al muro.

Las tres nos miramos, tiramos lo que llevábamos y nos unimos a Rojian. Pegamos la frente a los ladrillos para tener mejor visibilidad del mundo del otro lado.

A unos ciento ochenta metros de distancia, unos pocos militantes se ocupaban del puesto de control que habían utilizado los *peshmerga* y, antes que ellos, el Ejército iraquí. Vestían pantalones bombachos negros y camisas del mismo color, y llevaban el arma colgando del costado. Observamos sus movimientos como si tuvieran un código para comunicarse —los pies golpeando la carretera arenosa, las manos moviéndose mientras hablaban entre ellos—, y cada uno de esos gestos nos aterrorizaba.

Pocos minutos antes, nos moríamos de miedo ante la posibilidad de toparnos con un militante por el camino, pero, en ese momento, no lográbamos dejar de mirarlos. Deseé que pudiéramos oír lo que estaban diciendo. A lo mejor estaban planeando algo y podríamos entender mejor a qué atenernos, llevar a casa alguna noticia para ayudar a nuestros hermanos en la lucha. A lo mejor estaban alardeando sobre la toma de Sinyar para provocar nuestra ira y obligarnos a atacar.

—¿De qué creéis que están hablando? —preguntó Rojian susurrando.

—De nada bueno —dijo Adkee, y eso nos devolvió de golpe a la realidad—. Venga, vamos. Hemos prometido a mamá que llevaríamos esto rápido.

Volvimos a casa caminando en estado de incredulidad. Nisreen rompió el silencio.

—Son los mismos que tienen retenida a Baso. Debe de estar muerta de miedo.

El callejón parecía más estrecho y caminamos tan rápido como podíamos, intentando conservar la calma. Pero, cuando llegamos a casa y contamos a mi madre lo que habíamos visto —lo cerca que estaban los militantes de la casa donde los hijos de Jalo habían estado durmiendo hacía solo unos días—, Nisreen y yo no pudimos contenernos y rompimos a llorar.

Yo quería conservar la esperanza y ser fuerte, pero necesitaba que mi madre entendiera que estaba muy asustada para que me consolara.

—Están muy cerca —dije—. Estamos en sus manos. Si quieren hacernos cualquier maldad, pueden hacerlo.

—Tenemos que esperar y rezar —respondió mi madre—. A lo mejor nos rescatan. A lo mejor no nos hacen daño. A lo mejor nos salvamos, como sea.

No pasaba ni un solo día sin que mi madre dijera algo parecido.

La ropa se nos ennegreció por el polvo y el sudor, pero no se nos ocurría cambiarnos. Dejamos de comer y solo bebíamos pequeñas cantidades de agua tibia de los botellines de plástico que habíamos dejado al sol. Se fue la luz y así siguió durante el resto del asedio. Encendíamos el generador solo para cargar los móviles y para ver la tele cuando el informativo daba alguna noticia sobre la guerra contra el EI, que era a menudo. Los titulares nos sumían en la desesperación: cerca de cuarenta niños habían muerto en la cumbre del monte Sinyar de hambre y deshidratación, y muchos más habían fallecido durante su huida. Bashiqa y Bahzani, dos importantes poblaciones yazidíes próximas a Mosul, habían sido tomadas por el EI, aunque, por suerte, la mayoría de sus habitantes habían conseguido huir al Kurdistán iraquí. Miles de mujeres y niñas yazidíes de todo Sinyar habían sido secuestradas; oímos que el EI las usaba como esclavas sexuales.

Qaraqosh, una ciudad de mayoría cristiana de Nínive, había caído, y casi toda su población había huido al Kurdistán iraquí, donde vivían como refugiados en centros comerciales a medio construir y tiendas de campaña montadas en los jardines de las iglesias. Los turcos chiíes de Tal Afar estaban luchando por huir de su propio asedio. El EI ya casi había llegado hasta Erbil, pero el Ejército estadounidense lo había detenido; dijeron que era para proteger su consulado, mientras, al mismo tiempo, proporcionaban cobertura a los yazidíes atrapados en el monte Sinyar gracias a los ataques aéreos. Bagdad era un caos. El presidente de Estados Unidos, Obama, calificaba lo que estaba ocurriendo a los yazidíes de «genocidio potencial». Pero nadie hablaba del asedio a Kocho.

Vivíamos en un mundo nuevo. La vida en Kocho se detuvo porque todos se quedaban en casa por miedo a que los viera el EI. Resultaba extraño vernos aislados de las demás familias del pueblo. Estábamos acostumbrados a recibir visitas hasta última hora de la noche, compartir las comidas con amigos y hablar de azotea en azotea antes de acostarnos. Con el EI rodeando Kocho, incluso susurrar a la persona que tenías tumbada a tu lado por la noche parecía peligroso. Intentábamos pasar desapercibidos, como si el EI pudiera olvidar que estábamos allí. Incluso el hecho de adelgazar parecía una forma de protegernos, como si, dejando de comer, acabáramos volviéndonos invisibles. La gente solo se atrevía a salir de casa para ir a ver cómo estaban sus familiares, conseguir más suministros o echar una mano si alguien caía enfermo. Incluso en esas ocasiones, caminaban deprisa y siempre en dirección al lugar de refugio, como si fueran insectos escapando de una escoba.

Sin embargo, una noche, a pesar de la presencia del EI, nos reunimos como pueblo para celebrar el Batzmi, una festividad respetada sobre todo por las familias yazidíes originarias de Turquía. Suele celebrarse en diciembre, pero un aldeano llamado Khalaf, cuya familia festeja dicha celebración, pensó que necesitábamos la ceremonia en ese momento, porque el miedo nos impedía relacionarnos y estábamos a punto de perder toda esperanza. El Batzmi es un tiempo de oración dedicado a Melek Taus, aunque también —y eso era aún más importante para nosotros durante el asedio— un momento para recordar a los yazidíes que se han visto obligados a dejar su tierra natal, yazidíes como los antepasados de Khalaf, que vivieron en Turquía antes de que los otomanos los expulsaran.

Todos los habitantes de Kocho fueron invitados a casa de Khalaf, donde cuatro hombres, cuyas almas se consideraban puras porque no estaban casados, iban a preparar el pan sagrado del Batzmi. Esperamos la puesta de sol y entonces empezamos a salir de nuestras casas hacia la de Khalaf. Por el camino, nos íbamos advirtiendo de no llamar la atención sobre nuestros movimientos. «No hagáis ruido», nos susurrábamos mientras recorríamos las calles del pueblo. Yo iba con Adkee y ambas estábamos aterrorizadas. Si el EI nos descubría, sabía que castigarían a Khalaf por conspirar celebrando un ritual infiel, aunque ignoraba qué más podrían hacer los militantes. Yo solo esperaba que no fuera muy tarde para acudir a Dios y exponerle nuestras inquietudes.

Las luces estaban encendidas en casa de Khalaf, y todo el mundo estaba reunido en torno al pan, cuya masa debe reposar hasta hincharse en una fuente especial, redonda y con tapa, antes de ser bendecido por el cabeza de familia. Si el pan se conserva intacto, es un buen augurio. Si la superficie se agrieta, algo malo podría ocurrir a la familia. El pan era del tipo más simple a causa del asedio (normalmente está relleno de nueces y pasas), pero era grande y redondo, y no mostraba signos de grietas.

Salvo por el ruido de algún tímido llanto o el crepitar ocasional de la madera en el horno, la casa de Khalaf se encontraba en silencio. El aroma familiar del humo del horno me confortó como una manta. No eché ningún vistazo a mi alrededor para ver si Walaa o alguna de mis amigas del colegio, a las que no había visto desde que se inició el asedio, estaban allí. Quería concentrarme en el ritual. Khalaf empezó a rezar. «Que el Dios de este pan sagrado acepte mi alma como sacrificio en nombre de toda la aldea», dijo, y los sollozos se oyeron más alto. Algunos de los hombres intentaban tranquilizar a sus esposas, aunque yo opinaba que era un gesto de valentía, y no una debilidad, llorar en casa de Khalaf, desde donde el ruido podía llegar fácilmente a los puestos de control.

Después Adkee y yo volvimos a casa caminando en silencio, regresamos por la puerta de entrada hasta la azotea, donde estaban sentados los que se habían quedado para vigilar. Erguidos sobre los colchones, se mostraron aliviados de vernos regresar sanas y salvas. Las mujeres se habían dispuesto para dormir en un lado del tejado; los hombres, en el otro. Mis hermanos seguían continuamente al teléfono, y nosotras no queríamos que nos vieran llorar, porque sabíamos que eso les haría sentirse peor. Esa noche conseguí dormir un poco, hasta justo antes de la salida del sol, cuando mi madre nos despertó dándonos delicados empujoncitos. «Es hora de bajar», susurró, y yo bajé de puntillas la escalerilla hasta el patio para rezar donde nadie pudiera vernos.

De entre todos mis hermanos, Hajji, uno de mis hermanastros, era quien más hablaba sobre la posibilidad de que los aldeanos se rebelasen contra el EI. Los militantes seguían diciendo a los hombres en la *jevat* que, si no nos convertíamos al islam, nos llevarían al monte Sinyar, pero Hajji estaba seguro de que mentían. «Solo quieren que estemos tranquilos —insistía—. Quieren asegurarse de que no contraatacamos.»

Cada cierto tiempo, veía a Hajji susurrando por el muro del jardín con nuestros vecinos, y daba la impresión de que estaban planeando algo. Vigilaban de cerca los convoyes del Estado Islámico que pasaban por el pueblo. «Acaban de llegar de una matanza», aseguraba Hajji, y los seguía con la mirada volviendo la cabeza cuando cruzaban a toda velocidad. A veces pasaba la noche en vela viendo la tele, hirviendo de rabia hasta el amanecer.

Hajji no era el único del pueblo que pensaba en formas de rebelarse. Muchas familias, como la nuestra, ocultaban armas al EI y hablaban de cómo recuperarlas y atacar los puestos de control. Los hombres se habían entrenado como combatientes y querían ponerse a prueba, pero también sabían que no importaba a cuántos miembros del Estado Islámico mataran con sus cuchillos o AK-47 enterrados, siempre habría más a lo largo del camino. Al final, sin importar qué hicieran, muchas personas del pueblo acabarían muertas si ellos intentaban luchar. Aunque nos uniéramos todos y matáramos a los militantes apostados alrededor del pueblo, no tendríamos adónde ir. Ellos controlaban todas las carreteras que salían de Kocho y tenían coches y camiones, más todas las armas que nos habían confiscado y las del Ejército iraquí. El levantamiento no era un plan viable; era una fantasía. Aun así, para los hombres como Hajji, la idea del contraataque era lo único que los mantenía cuerdos mientras esperábamos.

A diario, los hombres del pueblo se reunían en la *jevat* para tratar de urdir un plan. Si no podíamos huir, luchar para escapar ni escondernos, ¿podríamos engañar a los militantes? Quizá si les asegurábamos que nos convertiríamos al islam, nos darían más tiempo. Se decidió que si un militante amenazaba o tocaba a las mujeres o niñas de Kocho, entonces, y solo entonces, resistiríamos fingiendo convertirnos. Pero el plan jamás se llevó a cabo.

Cuando las mujeres confabulaban, era para intentar idear formas de ocultar a los hombres cuando el EI se presentara para matarlos. Había muchos lugares en Kocho donde a los militantes no se les hubiera ocurrido ir a buscarlos: pozos profundos y casi secos, y sótanos con entradas ocultas. Incluso las balas de heno y los sacos de forraje para los animales servirían para proteger a los hombres el tiempo suficiente y evitar que los asesinaran. Sin embargo, ellos se negaron a esconderse. «Preferimos que nos maten a dejaros solas con el Daesh», dijeron. Por eso, mientras nos preguntábamos cuál sería nuestro destino a manos del EI y perdíamos la esperanza de que alguien acudiera en nuestra ayuda, intenté afrontar todas las posibilidades de lo que podía ocurrir a mi familia. Empecé a pensar en la muerte.

Antes de la llegada del EI, no estábamos acostumbrados a que murieran personas jóvenes, y a mí no me gustaba hablar de la muerte. El mero hecho de pensar en ella me asustaba. Entonces, a principios de 2014, murieron dos jóvenes de Kocho de forma repentina. El primero, un policía fronterizo llamado Ismail, murió durante un ataque terrorista mientras trabajaba al sur de Kocho, en las zonas de influencia de Al Qaeda, donde el EI ya estaba echando raíces. Ismail tenía casi la misma edad de Hezni, era discreto y devoto. Era la primera vez que alguien de Kocho moría a manos del EI, y todo el mundo empezó a preocuparse por los miembros de su familia que trabajaban para el gobierno.

Hezni estaba en la comisaría de Sinyar cuando entraron con el cadáver de Ismail, así que nos enteramos de su muerte antes que la mayoría de los habitantes del pueblo, incluso antes que su esposa y su familia. Eran pobres, como nosotros, y el joven se había unido a los militares, como mis hermanos, porque necesitaban el dinero. Esa mañana, recorrí el largo camino al colegio evitando su casa. No soportaba la idea de pasar por delante sabiendo que estaba muerto, cuando su familia, en el interior de la vivienda, todavía no se había enterado. En cuanto el rumor se propagó por la aldea, los hombres empezaron a disparar sus fusiles al aire, en señal de luto, y todas las chicas de la clase chillaron al oír los disparos.

Los yazidíes consideran una bendición preparar un cadáver para su entierro y en ocasiones se sientan junto a él durante horas hasta el alba. Mi hermano Hezni preparó a Ismail. Le lavó el cuerpo, le trenzó el pelo, lo vistió de blanco y, cuando su viuda le llevó la sábana sobre la que habían dormido en su primera noche como pareja casada, Hezni amortajó a su esposo con ella. Una larga hilera de aldeanos siguió su cadáver hasta la salida del pueblo, antes de que lo cargaran en un camión que lo llevaría al cementerio.

Unos de meses después, mi amiga Shireen recibió un disparo por accidente mientras su sobrino jugaba con un fusil de caza en su granja. Yo había estado con ella la noche anterior. Hablamos sobre los exámenes y sobre sus dos alborotadores hermanos, que habían sido detenidos por pelearse. Shireen sacó el tema de Ismail. Había tenido una pesadilla la noche antes de que él muriera y me la contó. «En el sueño ocurría algo realmente grave en Kocho. Todos estaban llorando», dijo. Luego pareció sentirse culpable y confesó: «Creo que el sueño era sobre la muerte de Ismail». Ahora estoy segura de que el sueño debía de ser sobre su propia muerte, o sobre su sobrino, que se negó a salir de casa después del accidente, o incluso sobre la llegada del EI a Kocho.

Mi madre preparó a Shireen. Pintaron las manos de mi amiga con el rojo marronoso de la henna y se las ataron, sin apretar mucho, con un pañuelo blanco. Como no estaba casada, la peinaron con una sola trenza larga. Si tenía algo de oro, la enterrarían con ello. «Si un hombre puede ser enterrado, el oro también», decían los yazidíes. Al igual que Ismail, Shireen fue lavada y amortajada con una sábana blanca, y su cuerpo fue trasladado en procesión, por delante de una larga multitud de dolientes, hasta el lugar donde esperaba un camión para realizar el resto del recorrido.

Estos rituales son importantes, porque la vida después de la muerte, según el yazidismo, es un lugar exigente, donde los muertos pueden sufrir como los humanos. Confían en nosotros para que cuidemos de ellos y nos expresan lo que necesitan en sueños. A menudo, hay quien ve a un ser querido en sueños, que le dice que tiene hambre o que lleva ropa deshilachada. Cuando se despierta, ofrece comida o ropa a los pobres y, a cambio, Dios da a sus muertos comida y ropa en la vida del más allá. Consideramos vitales estas buenas obras para ser un yazidí devoto, en parte porque creemos en la reencarnación. Si has sido una buena persona y un yazidí fiel durante tu vida, tu alma nacerá de nuevo y te reunirás con la comunidad que lloró tu muerte. Para que eso ocurra, debes demostrar a Dios y a sus ángeles que mereces regresar a la tierra, a una vida que podría ser incluso mejor que la que dejaste atrás.

Mientras nuestras almas viajan por el más allá, a la espera de reencarnarse, lo que ocurre con nuestro cuerpo, nuestra carne, después de que el alma ya no lo necesite, es mucho más simple. Nos lavan y luego nos entierran amortajados con una tela, y la tumba se marca con un círculo de piedras. Tiene que haber muy pocas cosas que nos separen del terreno para poder devolver nuestros cuerpos más fácilmente, limpios y enteros, a la tierra que nos creó. Es importante que los yazidíes sean enterrados de forma adecuada y se rece por ellos. Sin esos rituales, nuestras almas podrían no llegar a renacer jamás. Y nuestros cuerpos podrían no regresar jamás al hogar al que pertenecen.

9

El 12 de agosto, un comandante del Estados Islámico visitó la *jevat* con un ultimátum: o nos convertíamos al islam y entrábamos a formar parte del califato, o sufriríamos las consecuencias.

—Tenemos tres días para decidir —nos dijo Elias, de pie en el patio de nuestra casa, con una mirada que reflejaba una vitalidad febril—. Al principio decían que, si no nos convertíamos, tendríamos que pagar una multa.

Yo estaba en la ducha cuando Elias regresó con las noticias y lo vi hablando con nuestra madre a través de una grieta de la puerta de la caseta. Ambos se echaron a llorar. Sin aclararme el pelo, agarré el primer vestido que vi, uno de mi madre que me eché sobre el diminuto cuerpo como si fuera una tienda de campaña, y corrí a reunirme con mi familia en el patio.

—¿Y qué pasa si no pagamos la multa? —preguntó mi madre.

—Ahora mismo todavía dicen que nos llevarán a la montaña y que ellos vivirán en Kocho —dijo Elias.

Su camisa interior, bordada a mano, la que vestían los yazidíes religiosos, se había ennegrecido por el polvo y la mugre. Hablaba con firmeza y ya no lloraba, pero yo sabía que estaba muerto de miedo. Ningún yazidí en Sinyar había tenido la oportunidad de pagar una multa en lugar de convertirse, como había ocurrido en el caso de los cristianos iraquíes. Elias estaba seguro de que los militantes habían mentido al decirles que tenían esa oportunidad, quizá incluso estuvieran burlándose de nosotros. Respiraba lentamente; debió de obligarse a conservar la calma por nosotros, a lo mejor había ensayado lo que diría de camino a casa desde la *jevat*. Era muy buen hermano. Al final, no pudo reprimirse cuando siguió hablando sin dirigirse a nadie en particular.

—No puede salir nada bueno de esto. —Y repitió—: No puede salir nada bueno de esto.

Mi madre reaccionó enseguida.

—Preparad una bolsa de viaje —nos dijo, y ella misma empezó a recorrer la casa a toda prisa.

Recogimos todo lo que se nos ocurrió que necesitaríamos: muda de ropa, pañales, leche de fórmula y nuestras identificaciones iraquíes, las que dejaban claro que éramos yazidíes. Agarramos al vuelo todos los objetos de valor que teníamos, aunque no eran gran cosa. Mi madre metió en su bolsa la cartilla de racionamiento emitida por el Estado que había recibido a la muerte de mi padre, y mis hermanos cogieron más baterías y cargadores para los móviles. Jilan, como añoraba a Hezni, metió una de sus camisas en la bolsa: una negra con botones en la pechera de la que no se había separado en todo el asedio.

Abrí un cajón de la habitación que compartía con mis hermanas y Kathrine, y saqué mi posesión más preciada: un largo collar de plata con una circonita cúbica y la pulsera a juego. Mi madre me los había comprado en la ciudad de Sinyar en 2013, después de que un cable sujeto a nuestro tractor se soltara de golpe mientras yo cargaba el heno en el tráiler de detrás. El cable me golpeó en la cintura con la fuerza de una coz, y casi me mata. Mientras permanecía inconsciente en el hospital, mi madre corrió al bazar para comprarme las joyas. «Cuando salgas de aquí, te compraré los pendientes a juego», me susurraba mientras me apretujaba la mano. Era su forma de apostar por mi supervivencia.

Escondí el collar y la pulsera dentro de unas compresas, que abrí por las costuras y volví a introducir en el paquete. Luego las coloqué sobre las mudas de ropa, metidas en una bolista negra, y cerré la cremallera. A continuación, mi madre empezó a descolgar las fotos de las paredes. Nuestra casa estaba llena de fotos familiares: Hezni y Jilan el día de su boda; Jalo, Dimal y Adkee sentados en un campo a las afueras de Kocho; el monte Sinyar en primavera, con unos colores tan intensos que parecía casi artificial. Esas imágenes contaban la historia de nuestra familia, desde la época en que éramos muy pobres y vivíamos apiñados en una casa diminuta detrás de la de mi padre, hasta nuestra vida más reciente y feliz, pasando por nuestros años de lucha para sobrevivir. Sin embargo, todo cuanto quedó entonces fueron unos rectángulos desvaídos en las paredes donde antes estaban colgadas las fotos.

—Ve a buscar los álbumes, Nadia —me dijo cuando se dio cuenta de que yo estaba ahí plantada—. Saca todo al patio y déjalo junto al *tandoor*.

Hice lo que me pidió y cargué en los brazos álbumes de fotos para llevarlos al patio, donde ella estaba arrodillada junto a nuestro horno. Con las manos tendidas, iba cogiendo las fotos que mis hermanos habían sacado de los marcos para ir lanzándolas, metódicamente, por la ancha abertura del horno. El horno era el eje central de nuestro hogar, y todo el pan, no solo el horneado para el Batzmi, es sagrado para los yazidíes. Mi madre preparaba más de la cuenta para entregar a los más desfavorecidos de Kocho, lo que era una bendición para nuestra familia. Cuando éramos pobres, el pan de ese horno nos mantuvo con vida, y todas las comidas que recuerdo incluían una alta pila de tortas planas, redondas y doradas.

En ese momento, mientras las fotos se convertían en cenizas, el *tandoor* escupía negro humo químico. Allí estaba Kathrine de bebé en Lalish, el día de su bautizo en el Arroyo Blanco, que nace en el valle de Lalish y fluye por debajo del antiguo templo de piedra. También estaba mi primer día de colegio, cuando lloré ante la idea de que me separaran de mi madre. Allí estaba la boda de Khairy con Mona, y el cabello de la novia coronado de flores. «Nuestro pasado reducido a cenizas», pensé. Una a una, las fotografías iban desapareciendo en el fuego y, cuando ya no quedaba ninguna, mi madre agarró un montón de prendas blancas, todas menos la que ella llevaba puesta, y las echó también a las altas llamas.

—No permitiré que vean quiénes éramos —dijo, y se quedó contemplando cómo las blancas y puras telas se ennegrecían—. Ya no podrán tocarlas.

Yo no era capaz de mirar cómo se quemaban las fotos. De regreso en el interior, en la pequeña habitación que compartía con las otras chicas, abrí el armario alto. Comprobé si estaba sola, saqué mi voluminoso álbum verde y lo abrí poco a poco para contemplar a las novias. Las mujeres de Kocho se preparaban durante días antes de su boda, y eso quedaba reflejado en las fotos. Complejas trenzas y tirabuzones, mechas rubias o tintes rojos de henna, con el pelo peinado en un moño alto, los ojos perfilados con una gruesa línea de kohl y pintados con sombras azules o rosas intensos. A veces llevaban pequeñas cuentas en el pelo, y en otras ocasiones, completaba todo con una brillante tiara.

Cuando la novia estaba lista, la presentaban ante los aldeanos, que la adulaban. A continuación, todo el mundo bailaba y bebía hasta que salía el sol y se daba cuenta de que la novia y el novio se habían marchado a disfrutar de su noche de bodas, como estaba mandado. Lo antes posible, las amigas de la novia la visitaban para que les diera todos los detalles de esa primera noche. Reían nerviosas mientras examinaban la sábana de la cama, manchada con unas gotas de reveladora sangre. Para mí, las bodas definían Kocho. Las mujeres practicaban con esmero su maquillaje mientras que los hombres regaban zonas de tierra para que no estuvieran demasiado polvorientas a la hora de bailar. En Sinyar éramos famosos por celebrar fiestas elaboradas e incluso, según decían algunos, por tener mujeres especialmente guapas, y yo opinaba que cada novia de mi álbum era como una obra de arte. Cuando abriera mi salón de belleza, el álbum sería el primer objeto que colocaría en su interior.

Entendía el motivo por el que mi madre nos pidió que quemáramos las fotos familiares. También me asqueaba pensar en los militantes contemplándolas y tocándolas. Imaginaba que se burlarían de nosotros, la pobre familia yazidí que pensaba que merecía ser feliz en Irak, que creía que podría estudiar, casarse y vivir para siempre en el país donde había nacido. Pensar en ello me ponía furiosa. Sin embargo, en lugar de llevar el álbum verde al patio para que lo quemaran, volví a meterlo en el armario, cerré las puertas y, al cabo de unos instantes, eché asimismo la llave.

Si mi madre hubiera sabido que estaba escondiendo el álbum, me habría dicho que no era bueno quemar nuestras fotos para que el EI no las descubriera y dejar las de otras personas, y sé que habría tenido razón. El armario no era un lugar seguro para ocultar el álbum; el EI podría forzar la cerradura con facilidad y, en cuanto lo abrieran, el álbum verde sería lo primero que verían. Si mi madre se hubiera enterado y me hubiera preguntado por el motivo que me impulsaba a conservar las fotos, no habría sabido qué decir. Todavía no sé con exactitud por qué significaban tanto para mí, pero no soportaba la idea de ver esas imágenes destruidas solo porque teníamos miedo de los terroristas.

Esa noche, después de subir a la azotea, Khairy recibió una llamada de teléfono. Era un amigo yazidí que se había quedado en la montaña incluso después de que el PTK estableciera una vía de paso segura hacia Siria. Muchos yazidíes decidieron no dejar la montaña, aunque la vida allí arriba era muy dura. Se quedaron porque se sentían más seguros en lo alto, con esa ladera tan rocosa y empinada que los separaba del EI, o porque su devoción religiosa implicaba que preferían morir a dejar Sinyar. Al final, construyeron un asentamiento de refugiados enorme, que se extendía de este a oeste en la meseta, protegido por soldados afiliados al PTK, muchos de los cuales eran valientes yazidíes que vigilaron Sinyar mientras les fue posible.

—Mira la luna —le dijo a Khairy su amigo. Los yazidíes creen que el sol y la luna son sagrados, dos de los siete ángeles de Dios. En esa ocasión, la luna era grande y brillante, la clase de luna que iluminaba nuestra granja mientras trabajábamos de noche y evitaba que tropezáramos en el camino de regreso a casa—. Estamos todos rezando mientras la contemplamos ahora mismo. Di a la gente de Kocho que se una a nosotros.

Khairy fue despertándonos uno a uno.

—Mirad la luna —nos dijo. Y en lugar de acuclillarnos para que el EI no nos viera en la azotea, nos dijo que, solo por esta vez, rezáramos de pie, como solíamos hacerlo—. ¿A quién le importa si os ven? Dios nos protegerá.

—No lo hagáis todos a la vez —nos advirtió mi madre.

Así que nos levantamos en pequeños grupos. La luna nos iluminaba la cara y hacía que el vestido blanco de mi madre resplandeciera. Recé con mi cuñada, que estaba tendida en un colchón junto al mío. Besé la pequeña pulsera de cuerda roja y blanca que todavía llevo en la muñeca.

—No nos dejes en sus manos —me limité a susurrar, antes de volver a tumbarme bajo la gigantesca luna.

Al día siguiente, Ahmed Jasso, que todavía intentaba comportarse con diplomacia, invitó a comer en la *jevat* a cinco líderes de una tribu suní vecina, la misma cuyos miembros habían secuestrado a Dishan. Las mujeres de la aldea prepararon un elaborado banquete para los jefes tribales. Cocieron arroz, cortaron verduras y llenaron los vasos en forma de tulipán con dos dedos de azúcar, para el té dulce que tomarían tras la comida. Los hombres sacrificaron tres corderos para agasajar a los invitados, lo que era un gran honor para los jefes tribales visitantes.

Durante la comida, nuestro *mujtar* intentó convencer a los

líderes suníes de que nos ayudaran. De todos nuestros vecinos, esa tribu era la más conservadora desde el punto de vista religioso y la que podría sintonizar mejor con el EI.

—Seguro que pueden convencerlos —sugirió Ahmed Jasso—. Pueden contarles quiénes somos, que no pretendemos hacer daño a nadie.

Los líderes negaron con la cabeza.

—Queremos ayudarles —respondieron a Ahmed Jasso—. Pero no podemos hacer nada. El Daesh no escucha a nadie, ni siquiera a nosotros.

Cuando los jefes tribales se hubieron marchado, nuestro *mujtar* estaba sumido en la desesperación. Naif Jasso, el hermano de Ahmed, llamó desde Estambul, donde había llevado al hospital a su esposa enferma.

—Os matarán el viernes —le dijo a su hermano.

—No, no —insistió nuestro *mujtar*—. Han dicho que nos llevarán a la montaña, y nos llevarán a la montaña.

Ahmed Jasso conservó la esperanza de una posible solución hasta el final. Sin embargo, nadie en Bagdad ni en Erbil mostraba la menor voluntad de intervenir, y las autoridades de Washington dijeron a Haider, el amigo de Jalo, que no podían realizar ataques aéreos sobre Kocho porque el riesgo de matar a población civil era demasiado elevado. Pensaban que, si bombardeaban las proximidades de Kocho, todos moriríamos junto a los militantes del EI.

Dos días después, los miembros del Estado Islámico recorrieron Kocho a pie para repartir hielo, que en las jornadas más calurosas de agosto, tras casi dos semanas bebiendo el agua que había estado calentándose al sol, fue bienvenido. Ahmed Jasso llamó a Naif para contarle lo que estaba ocurriendo.

—Nos han jurado que no nos pasará nada malo mientras obedezcamos sus órdenes —dijo a su hermano—. ¿Por qué iban a darnos hielo si piensan matarnos?

Naif no estaba convencido. Iba de un lado para otro en la habitación de hospital de Estambul mientras esperaba que sonara su teléfono para conocer las novedades. Cuarenta y cinco minutos más tarde, Ahmed volvió a llamarlo.

—Nos han dicho que nos reunamos en la escuela —informó—. Desde allí nos llevarán a la montaña.

—No lo harán —replicó a su hermano—. Os matarán a todos.

—¡Somos demasiados para que nos maten a todos a la vez! —insistió Ahmed Jasso—. Es imposible.

Después, como hicimos todos los demás, obedeció las órdenes del EI y se dirigió hacia la escuela.

Estábamos preparando la comida cuando lo oímos. Ajenos a todo menos al hambre que tenían, los niños no habían parado de llorar porque querían comer algo y, a primerísima hora de la mañana, habíamos matado un par de pollos para hervirlos. Por lo general, antes de comérnoslos, los dejábamos crecer un poco más y esperábamos hasta que nos dieran huevos, pero no teníamos otra cosa con la que alimentar a los niños.

Los pollos todavía estaban cociéndose cuando mi madre nos dijo que nos preparásemos para ir a la escuela.

—Poneos tantas capas de ropa como podáis —nos dijo—. Es posible que nos quiten las bolsas.

Apagamos el gas de la olla llena de agua grasienta y la obedecimos. Yo me puse unas mallas, un vestido, dos camisas y una chaqueta rosa; tanta ropa como podía soportar a pesar del calor. El sudor empezó a caerme de inmediato por la espalda.

—No te pongas nada demasiado ceñido, y que no se te vea la piel —indicó mi madre—. Asegúrate de parecer una mujer decente.

A continuación, añadí un pañuelo blanco a la bolsa, junto con dos vestidos: uno de los de algodón de Kathrine y otro amarillo chillón que había confeccionado Dimal para sí misma con una tela comprada en la ciudad de Sinyar, y que apenas se había puesto. Cuando era pequeña, llevábamos la ropa hasta que se nos rompía de tanto usarla. En ese momento teníamos dinero suficiente para permitirnos comprar un vestido al año, y no soportaba la idea de dejar atrás los más nuevos. Luego, sin pensarlo, metí mi estuche de maquillaje en el armario junto con el álbum de fotos de novias y volví a cerrarlo con llave.

Ya había una lenta procesión de personas que había empezado a caminar en dirección a la escuela. Los veía a través de la ventana, cargando sus bolsas. Los bebés iban con la cabeza colgando laxa en brazos de sus madres, y los niños pequeños caminaban arrastrando los pies por el cansancio. Había algunos ancianos a los que llevaban en sillas de ruedas; parecían muertos ya. Hacía tanto calor que resultaba peligroso estar en el exterior. El sudor empapaba las camisas de los hombres y los vestidos de las mujeres, y les manchaba la espalda. Los aldeanos estaban pálidos; habían perdido peso. Los oía gruñir, pero eran incapaces de pronunciar palabra.

Hezni llamó desde casa de nuestra tía. Al oír lo preocupados que estábamos, reaccionó como un animal salvaje y gritó que quería regresar a Kocho.

—¡Si va a ocurriros algo malo, yo también tengo que estar allí! —exclamó.

Jilan temblaba mientras hablaba por teléfono, intentando consolarlo. Hacía poco que habían decidido tener hijos, y esperaban tener algún día la familia numerosa que ambos deseaban. Cuando el EI llegó a Sinyar, acababan de poner el tejado de su nueva casa de cemento. Mi madre nos dijo que memorizásemos los números de móvil de Hezni y Saoud.

—Podríais necesitarlos —adujo; yo todavía soy capaz de repetirlos de memoria.

Crucé mi casa hacia la puerta lateral. Todas las habitaciones me parecieron llenas de recuerdos, incluso más de lo habitual. Pasé por el comedor, donde mis hermanos se quedaban sentados durante horas las noches de verano, bebiendo té muy fuerte y azucarado con otros hombres del pueblo; la cocina, donde mis hermanas me consentían cocinándome mi plato favorito, *okra* con tomates; mi habitación, donde Kathrine y yo nos hidratábamos el pelo con aceite de oliva, nos quedábamos dormidas con la cabeza envuelta en plástico y nos despertábamos con el intenso olor a aceite caliente. Pensé en las veces que habíamos comido en el patio, con toda la familia sentada alrededor de una alfombra en el suelo, tomando puñados de arroz cubierto de mantequilla entre tortas de pan recién hecho. Era una casa sencilla y a veces podía parecer demasiado abarrotada. Elias siempre amenazaba con mudarse a vivir con su familia para tener más espacio, pero nunca lo hacía.

Oí a nuestras ovejas, apiñadas en el patio. Tenían cada vez más lana y menos carne por el hambre que pasaban. No soportaba imaginar cómo morirían o serían sacrificadas por los militantes. Eran todo cuanto teníamos. Me habría gustado saber cómo memorizar todos esos detalles sobre mi hogar —los intensos colores de los cojines del salón, el olor a especias que perfumaba la cocina, incluso el sonido del agua cayendo en la ducha—, aunque ignoraba que estaba dejando mi casa para siempre. Me detuve en la cocina junto a una pila de tortas de pan. Lo habíamos sacado del horno para que los niños lo comieran con el pollo, pero nadie lo había tocado. Cogí unas cuantas tortas redondas, que se habían enfriado y se habían puesto un poco duras, y las metí en una bolsa de plástico para llevármelas. Me pareció lo correcto. A lo mejor nos daba hambre mientras esperábamos lo que tuviera que ser, o a lo mejor la comida sagrada nos protegería del EI.

—Que el Dios que ha creado este pan nos proteja —susurré, y seguí a Elias hasta la calle.

10

Por primera vez desde el 3 de agosto, las calles y callejones de Kocho estaban llenos de personas, pero eran la sombra de sí mismas. Nadie saludaba ni besaba a nadie en la mejilla ni en la coronilla, como de costumbre. Nadie sonreía. El hedor de nuestro cuerpo, sin lavar y empapado de sudor, hacía que me ardiese la nariz. Los únicos sonidos eran los quejidos de la gente por el calor y los gritos de los militantes del Estado Islámico que se habían colocado a lo largo de la ruta y en las azoteas de las casas. Nos vigilaban y nos forzaban a seguir en dirección a la escuela. Llevaban la cara tapada hasta los ojos, cuya mirada nos seguía durante nuestro lento y arduo recorrido.

Yo caminaba con Dimal y Elias. No iba agarrada a ellos, pero tenerlos cerca me hacía sentirme menos sola. Mientras estuviera con mi familia y fuéramos todos al mismo lugar, sabía que, como mínimo, correríamos el mismo destino, sin importar qué ocurriera. Con todo, dejar mi casa, solo por miedo, era lo más duro que había hecho en mi vida.

No hablábamos entre nosotros mientras caminábamos. En el callejón situado junto a nuestra casa, uno de los amigos de Elias, un hombre llamado Amr, corrió para alcanzarnos. Acababa de ser padre y tenía un ataque de pánico.

—¡He olvidado la leche de fórmula! —gritó—. ¡Tengo que volver a casa! —Estaba hecho un manojo de nervios, dispuesto a atravesar la marea humana a contracorriente.

Elias posó una mano sobre el hombro de Amr.

—Eso es imposible —le dijo—. Tu casa está demasiado lejos. Ve a la escuela y ya está. Habrá otras personas que tengan leche para el bebé.

Amr asintió en silencio y volvió a la fila con los demás que caminaban en dirección a la escuela.

Vimos a más militantes en el punto donde los callejones desembocaban en la calle principal. Nos vigilaban y tenían sus armas listas para disparar. El simple hecho de mirarlos nos aterrorizaba. Las mujeres se cubrían con los pañuelos, como si con ese gesto pudieran protegerse de la mirada de los militantes, y caminaban mirando al suelo, contemplando las pequeñas nubes de polvo que levantaban a cada paso. Yo me desplacé deprisa al otro lado de Elias, para dejar a mi hermano mayor entre el EI y yo. La gente caminaba como si no tuviera control sobre sus movimientos ni sobre su dirección. Parecían cuerpos sin alma.

Todas las casas del camino me resultaban familiares. La hija del médico del pueblo vivía en esa ruta, y también dos chicas de mi clase. A una de ellas se la habían llevado el 3 de agosto, cuando el EI llegó desde Sinyar y su familia intentó escapar. Me pregunté qué habría sido de ella.

Algunas de las casas eran alargadas y estaban construidas con ladrillos de barro, como la nuestra, mientras que otras eran de cemento, como la de Hezni. La mayoría estaban encaladas o las habían dejado de color gris, aunque algunas estaban pintadas de colores intensos y decoradas con ornamentadas baldosas. El pago y la construcción de esas casas habrían costado una o dos vidas de trabajo; sus dueños esperaban que sus hijos y nietos vivieran allí cuando ellos hubieran muerto, y que a su vez dejaran la vivienda a sus propios hijos y nietos. Las casas de Kocho siempre estaban llenas de gente, ruidosa, unida y feliz. En ese momento estaban vacías y tristes, y nos contemplaban mientras caminábamos. El ganado comía como ausente en los patios, y los perros pastores ladraban de impotencia desde detrás de las cancelas.

Cerca de nosotros, una pareja de ancianos avanzaba con gran dificultad y se detuvo a un lado del camino para descansar. Un militante les ladró enseguida:

—¡Seguid caminando! ¡No os paréis!

Pero el hombre parecía demasiado cansado para oír siquiera. Cayó al camino debajo de un árbol y su delgado cuerpo encajó en la pequeña sombra.

—No llegaré a la montaña —dijo a su mujer, que le rogaba que se levantara—. Déjame aquí, en esta sombra. Quiero morir aquí.

—No, debes seguir andando. —Su mujer lo sujetó por la axila, y él se apoyó en ella para continuar, usando su cuerpo como muleta—. Ya casi hemos llegado.

La visión de esa pareja de ancianos avanzando lentamente hacia la escuela me puso tan furiosa que de pronto se me pasó todo el miedo. Me separé de la multitud y corrí hacia una casa donde había un militante montando guardia en la azotea y eché la cabeza hacia atrás para escupirle con todas mis fuerzas. En la cultura yazidí, escupir a alguien es inaceptable y, en mi familia, era una de las peores cosas que podías hacer. Aunque estaba demasiado lejos del militante para darle con el escupitajo, quería que se enterase de lo mucho que lo odiaba.

—¡Zorra! —El militante se balanceó hacia atrás sobre los talones y empezó a gritarme. Puso cara de querer saltar de la azotea para echarme el guante—. ¡Estamos aquí para ayudaros!

Noté la mano de Elias en el codo, que tiraba de mí para que regresara a la fila.

—Sigue caminando —dijo Dimal con un susurro alto y aterrorizado—. ¿Por qué lo has hecho? Nos matarán.

Mi hermano y mi hermana estaban furiosos, y Elias me retuvo con fuerza a su lado, intentando ocultarme del militante, que todavía nos gritaba.

—Lo siento —susurré, pero estaba mintiendo. Lo único que lamentaba era que el militante hubiera estado demasiado lejos para que mi escupitajo le diera de lleno en la cara.

A lo lejos, se veía la montaña. Alargada, angosta y reseca en verano, era nuestra única fuente de esperanza. A mí me parecía algo divino la simple existencia del monte Sinyar. Todo Sinyar era plano, prácticamente un desierto durante gran parte del año, pero ahí en medio estaba el monte Sinyar, con sus estepas creadas por el hombre, verdes gracias a las plantaciones de tabaco; con sus mesetas ideales para los picnics, y unos picos lo bastante altos para estar entre las nubes y cubiertos de nieve durante el invierno. En la cima, construido sobre un peñasco aterrador, hay un pequeño templo blanco, que se alza más allá de las nubes. Si lográbamos llegar hasta allí, podríamos rezar en ese templo, ocultarnos en las aldeas de montaña y quizá incluso llevar a nuestras ovejas a pastar en ese lugar. A pesar del miedo que sentía, todavía esperaba que acabáramos en el monte Sinyar. Me parecía que la montaña existía en Irak solo para ayudar a los yazidíes. No se me ocurría que tuviera otro propósito.

Había muchas cosas que ignoraba mientras avanzaba junto a mi pueblo en dirección a la escuela. No sabía que habían evacuado a todo el mundo de Lalish salvo a nuestros religiosos más sagrados, y que estaban vigilándolo sirvientes del templo, hombres y muchachos que iban a fregar el suelo de rodillas y a encender las lámparas de aceite de oliva. En ese momento estaban defendiendo el templo con cualquier arma que encontraban. No sabía que, en Estambul, Naif Jasso estaba desesperado llamando a sus amigos árabes para averiguar qué estaba pasando y que, en Estados Unidos, los yazidíes seguían suplicando ayuda a los líderes de Washington y Bagdad. Personas de todo el mundo intentaban ayudarnos, pero no lo lograban.

Todavía no sabía que a unos doscientos cuarenta kilómetros, en Zajo, Hezni se había enterado de lo que estaba pasando en Kocho y había perdido la cabeza. Salió corriendo de casa de mi tía hacia un pozo donde los miembros de nuestra familia tuvieron que sujetarlo para que no se tirase. Después de eso, mi hermano estuvo dos días llamando sin parar al teléfono de Elias, dejándolo sonar y sonar, hasta que un día el móvil se apagó.

No sabía cuánto nos odiaba el Estado Islámico ni qué era capaz de hacer. Estábamos tan asustados que ninguno de nosotros, en ese recorrido, habría adivinado la maldad con la que nos iban a tratar. No obstante, mientras caminábamos ya habían empezado su genocidio. A la salida de uno de nuestros pueblos, en el norte de Sinyar, una mujer yazidí vivía en un pequeño refugio de ladrillos de barro junto a la carretera. No era muy mayor, pero tenía el aspecto de haber vivido cientos de años porque había pasado gran parte de su vida adulta sumida en la tristeza. Tenía la piel translúcida porque apenas salía al exterior y profundas arrugas en torno a los ojos, velados por décadas de llanto.

Años antes, sus hijos y su marido habían muerto luchando en la guerra entre Irak e Irán; después de aquello no vio sentido a intentar seguir viviendo su antigua vida. Se mudó desde su casa al refugio de ladrillos de barro y pasó mucho tiempo sin dejar entrar a nadie. Todos los días, algún aldeano pasaba por allí para dejarle comida y ropa. No podían acercarse a ella, pero la mujer debía de comer, porque seguía viva y las prendas también desaparecían. Estaba sola y aislada, se pasaba el día pensando en la familia que había perdido, aunque al menos seguía viva. Cuando los militantes del EI llegaron a Sinyar, la encontraron a la salida del pueblo y, como no quería moverse, entraron en su habitación y la quemaron viva.

Segunda parte

1

No me había dado cuenta de lo pequeño que era Kocho hasta que vi que todo el pueblo cabía en el patio del colegio. Estábamos apiñados, de pie sobre la hierba seca. Algunos hablaban entre susurros, preguntándose qué estaba ocurriendo. Otros permanecían en silencio, conmocionados. Nadie entendía todavía qué pasaba. A partir de ese momento, cada uno de mis pensamientos y de mis pasos era una plegaria a Dios. Los militantes nos apuntaban con sus armas.

—Las mujeres y los niños, al segundo piso —gritaron—. Los hombres, quedaos aquí.

Seguían intentando que mantuviéramos la calma.

—Si no queréis convertiros, os dejaremos marchar a la montaña —dijeron, así que subimos a la planta de arriba cuando nos lo ordenaron, sin despedirnos siquiera de los hombres que dejamos en el patio.

Creo que si hubiéramos sabido qué iba a ocurrirles, ninguna madre habría dejado atrás ni a su hijo ni a su marido.

Una vez arriba, las mujeres formamos grupos sentadas en el suelo de la sala común. En ese instante, la escuela donde había pasado tantos años aprendiendo y haciendo amigos parecía un lugar distinto. Los sollozos inundaban la sala, pero si alguna chillaba o preguntaba qué estaba pasando, un militante del Estado Islámico la hacía callar a gritos, y la sala volvía a sumirse en un silencio aterrador. Todos, salvo las mujeres muy mayores o los niños muy pequeños, se encontraban de pie. Hacía calor y costaba respirar.

Había una serie de ventanas con barrotes abiertas para que entrara el aire, y desde allí veíamos más allá de las murallas de la escuela. Corrimos hacia las ventanas para averiguar qué estaba sucediendo en el exterior; yo me esforcé por distinguir algo desde detrás de una hilera de mujeres. Nadie miraba en dirección al pueblo; todas intentaban localizar a sus hijos, hermanos o esposos entre la multitud del exterior y averiguar lo que les estaba ocurriendo. Algunos hombres estaban sentados con abatimiento, y nos lamentamos por ellos. Parecían muy indefensos. Cuando llegó a la verja de la escuela un convoy de camionetas, que se agrupó de cualquier modo con los motores todavía en marcha, nos entró el pánico, pero los militantes nos ordenaron silencio para que no gritáramos los nombres de los hombres ni chilláramos como queríamos hacer.

Unos cuantos militantes empezaron a caminar alrededor de la sala sujetando unas bolsas enormes y nos pidieron que entregáramos los móviles, las joyas y el dinero. La mayoría de las mujeres rebuscaron en las bolsas de viaje que habían preparado antes de salir de casa y echaron sus pertenencias a las bolsas abiertas, aterrorizadas. Ocultamos lo que pudimos. Vi a mujeres sacando identificaciones de sus bolsas y quitándose los pendientes de las orejas para ocultarlos bajo el vestido y dentro del sujetador. Otras lo guardaron en el fondo de sus bolsos cuando los militantes no miraban. Estábamos asustadas, pero no nos rendiríamos. Aunque nos llevaran a la montaña, sospechábamos que antes querrían robarnos, y había algunas cosas de las que no queríamos desprendernos.

Con todo, los militantes llenaron tres bolsas grandes con nuestro dinero y móviles, alianzas y relojes, identificaciones y cartillas de racionamiento emitidas por el Estado. Incluso cachearon a los niños pequeños en busca de objetos de valor. Un militante apuntó con su arma a una niña que llevaba unos pendientes.

—Quítatelos y ponlos en la bolsa —ordenó.

—Dáselos a este hombre —susurró su madre cuando la niña no se movió— para que podamos irnos a la montaña.

Y la niña se quitó los pendientes de las orejas y los echó a la bolsa abierta.

Mi madre renunció a su alianza, lo más valioso que poseía.

Por la ventana, vi a un hombre de treinta y pocos años sentado en el suelo de tierra reseca, apoyado contra el muro del jardín, junto a un árbol escuálido y frágil. Lo reconocí de haberlo visto por el pueblo, por supuesto —conocía a todo el mundo—, y sabía que, como todos los hombres yazidíes, se enorgullecía de su valentía y se consideraba un combatiente. No parecía una persona que se rindiera con facilidad. Pero cuando se le acercó un militante y le hizo un gesto para señalarle la muñeca, el hombre no dijo nada ni se resistió de ningún modo. Se limitó a alzar la mano y a mirar hacia otro lado mientras el militante le quitaba el reloj y lo echaba a la bolsa; luego soltó la mano del hombre y esta volvió a caer por el costado de su cuerpo. En ese momento entendí lo peligroso que era el EI. Había llevado a nuestros hombres al extremo de sentirse indefensos.

—Entrégales tus joyas, Nadia —me ordenó mi madre en voz baja. La encontré en el rincón con algunas de nuestras parientes, todas muy juntas, paralizadas por el miedo—. Si te registran y las encuentran, te matarán seguro.

—No puedo —susurré.

Sujetaba con fuerza la bolsa donde llevaba mis pertenencias ocultas en las compresas. Incluso había empujado el pan para colocarlo al fondo, por miedo a que los militantes me obligaran a entregarlo.

—¡Nadia! —Mi Madre intentó discutir, pero solo durante un segundo. No quería llamar la atención sobre nosotras.

Abajo, Ahmed Jasso estaba hablando por teléfono con su hermano Naif, que seguía en el hospital de Estambul con su esposa. Más adelante, Naif dio a Hezni todos los detalles sobre aquellas terribles llamadas.

—Están llevándose nuestros objetos de valor —contó Ahmed a su hermano—. Luego nos han dicho que nos llevarán a la montaña. Ya hay unas camionetas esperándonos en la verja.

—Quizá, Ahmed, quizá —dijo Naif. «Si esta es nuestra última conversación, al menos que sea lo más alegre posible», pensó.

Pero en cuanto colgó, Naif llamó a un amigo árabe de una aldea cercana.

—Si oyes disparos, llámame —le dijo, colgó y se quedó esperando.

Al final, los militantes exigieron que nuestro *mujtar* entregara el móvil.

—Tú representas al pueblo. ¿Qué has decidido? —le preguntaron—. ¿Os convertiréis?

Ahmed Jasso había pasado la vida trabajando al servicio de Kocho. Cuando se producía una disputa entre aldeanos, convocaba a los hombres en la *jevat* para intentar solucionarla. Cuando surgían tensiones entre nosotros y la aldea vecina, Ahmed Jasso era el responsable de calmar los ánimos. Su familia era el orgullo de Kocho, y nosotros confiábamos en él. En ese momento, le pedían que decidiera el destino de todo el pueblo.

—Llévennos a la montaña —dijo.

Se oyó un auténtico alboroto por las ventanas abiertas, y yo regresé como pude junto a ellas. En el exterior, los militantes habían obligado a los hombres a subir a las camionetas aparcadas a la salida de la escuela y los empujaban para que se pusieran en fila y subieran a los vehículos, amontonando a tantos hombres como podían en cada uno. Las mujeres susurraban entre ellas mientras contemplaban la escena, con miedo a levantar la voz por si un militante cerraba la ventana y no les dejaba ver. Los niños, algunos de apenas trece años, eran subidos a los vehículos con los hombres y parecían todos indefensos.

Recorrí con la mirada las camionetas y el jardín, en busca de mis hermanos. Vi a Massoud de pie en el segundo vehículo, mirando al frente con los demás hombres, evitando volverse hacia la ventana abarrotada o hacia el pueblo. Con su gemelo Saoud a salvo en el Kurdistán, Massoud apenas nos había dirigido diez palabras durante el asedio. Siempre había sido el más estoico de mis hermanos. Le gustaban el silencio y la soledad, y su trabajo de mecánico le iba que ni pintado. Uno de sus amigos íntimos había muerto asesinado cuando intentaba escapar de Kocho en dirección a la montaña con su familia, pero Massoud jamás dijo nada sobre él ni sobre Saoud, ni sobre ninguno de los demás. Había pasado el asedio viendo noticias sobre el monte Sinyar en la tele, como hacíamos todos, y, por la noche, subía a dormir en la azotea. Pero no comía ni hablaba y, a diferencia de Hezni y Khairy, que siempre fueron más sensibles, jamás lloraba.

A continuación, vi a Elias avanzando con lentitud en fila hacia el mismo vehículo. El hombre que había sido un padre para todos nosotros después de la muerte del nuestro parecía abatido por completo. Miré a las mujeres que me rodeaban y me sentí aliviada al ver que Kathrine no estaba junto a la ventana; no quería que viera así a su padre. Era incapaz de volverme. Todo cuanto tenía a mi alrededor desapareció: el ruido de las mujeres llorando, las sonoras pisadas de los militantes, el caluroso sol de la tarde; incluso el calor pareció disiparse mientras miraba cómo montaban a mis hermanos en las camionetas, Massoud en un rincón y Elias al fondo. Luego cerraron las puertas y los vehículos se alejaron hacia la parte posterior de la escuela. Un momento después, oímos disparos.

Caí desplomada desde la ventana cuando la sala entera estalló en gritos. «¡Los han matado!», gritaban las mujeres, mientras los militantes nos insultaban para que nos calláramos. Mi madre estaba sentada en el suelo, inmóvil y callada, y fui corriendo hacia ella. Toda mi vida, siempre que había estado asustada, había acudido a mi madre en busca de consuelo. «No pasa nada, Nadia —me decía, y me acariciaba el pelo después de haber tenido una pesadilla o de sentirme enfadada por alguna pelea con mis hermanos—. Todo irá bien.» Yo siempre la creía. Mi madre había pasado por muchas cosas en la vida y jamás se había quejado.

En ese momento, estaba sentada con la cabeza apoyada en las manos.

—Han matado a mis hijos —decía entre sollozos.

—Se acabaron los gritos —ordenó un militante, yendo de un lado para otro de la sala repleta—. Si oímos un solo ruido más, os mataremos.

Los sollozos se convirtieron en sonidos ahogados mientras las mujeres hacían todo lo posible por dejar de llorar. Recé por que mi madre no hubiera visto a sus hijos subidos en las camionetas como yo los había visto.

El amigo árabe de Naif lo llamó desde su pueblo.

—He oído disparos —dijo. Estaba llorando. Transcurrido un minuto, en la distancia, vio la silueta de un hombre—. Alguien viene corriendo hacia nuestro pueblo —dijo el hermano de nuestro *mujtar*—. Es tu primo.

Cuando el primo de Naif llegó al pueblo, se desplomó, jadeante.

—Han matado a todo el mundo —dijo—. Nos han puesto en fila y nos han hecho meternos en unas zanjas. —Eran los surcos poco profundos que, en los meses de lluvias, servían para almacenar el agua para el riego—. A los que parecían más jóvenes les decían que levantaran los brazos para ver si tenían vello en las axilas y, si no tenían, los llevaban de vuelta a las camionetas. A los demás nos han disparado.

Casi todos los hombres habían muerto al instante; sus cuerpos habían caído uno sobre otro como árboles impactados por un rayo al mismo tiempo.

Cientos de hombres fueron llevados detrás de la escuela ese día, y solo unos pocos sobrevivieron al pelotón de fusilamiento. Mi hermano Saeed recibió impactos en la pierna y el hombro, y, después de caer, cerró los ojos e intentó ralentizar sus pulsaciones y dejar de respirar para que no se lo oyera. Un cuerpo cayó sobre él. Era de un hombre corpulento y gordo que pesaba incluso más estando muerto. Saeed se mordió la lengua para no gruñir a pesar del peso aplastante. «Al menos este cadáver me ocultará de los militantes», pensó, y cerró los ojos. La zanja olía a sangre. Junto a él, otro hombre todavía no había muerto y rugía y lloraba de dolor, suplicando que lo ayudaran. Saeed oyó los pasos de los militantes que regresaban en su dirección. Uno de ellos dijo: «Ese perro sigue vivo» antes de que se oyera el ruido ensordecedor de otra ráfaga de arma automática.

Una de las balas hirió a Saeed en el cuello, y tuvo que reunir todas sus fuerzas para no gritar. Solo cuando los militantes estuvieron lejos —avanzando por la hilera de centenares de hombres—, se atrevió a mover una mano y a ponérsela en el cuello para intentar detener la hemorragia. Cerca de él, un profesor llamado Ali también estaba herido, aunque seguía vivo. Susurró algo a Saeed:

—Cerca de aquí hay un cobertizo para la paja. Creo que están lo bastante lejos para que lleguemos hasta allí sin que nos vean.

Mi hermano asintió con la cabeza haciendo una mueca de dolor.

Al cabo de unos minutos, Saeed y Ali empujaron los cuerpos de sus vecinos y salieron arrastrándose poco a poco de la zanja, mirando en ambas direcciones para asegurarse de que no había militantes cerca. Luego caminaron hasta el cobertizo tan rápido como pudieron. A mi hermano le habían disparado seis veces y la mayoría de las balas estaban alojadas en sus piernas; tuvo suerte de que ninguna le hubiera perforado los huesos o algún órgano. Ali estaba herido en la espalda y, aunque podía caminar, el miedo y la sangre que había perdido lo hacían delirar.

—Me he dejado las gafas —no paraba de decir a Saeed—. No veo nada sin ellas. Tenemos que volver a buscarlas.

—No, Ali, amigo mío, no podemos —le respondía Saeed—. Si lo hacemos, nos matarán.

—Vale —dijo Ali, suspirando y apoyándose contra la pared del hangar. Pasado un rato, se volvió hacia Saeed de nuevo y repitió—: Amigo mío, no veo nada.

Y así siguieron mientras esperaban: Ali suplicando volver a por sus gafas y Saeed diciéndole con amabilidad que era imposible.

Mi hermano escarbó algo de tierra del suelo del cobertizo y la usó para cubrir las heridas de ambos y tratar de detener las hemorragias. Le preocupaba que murieran desangrados. Mareado y temblando de miedo todavía, escuchaba con atención por si oía algún sonido procedente de la escuela y del campo que tenía detrás, mientras se preguntaba qué estaría ocurriendo a las mujeres y si el EI habría empezado a enterrar los cuerpos de los hombres. En un momento dado, un ruido parecido al de una excavadora pasó junto al cobertizo, y pensó que seguramente la estarían usando para llenar las zanjas de tierra.

A Khaled, mi hermanastro, lo llevaron al otro extremo del pueblo, donde también habían dispuesto los hombres en una hilera para fusilarlos. Al igual que Saeed, sobrevivió haciéndose el muerto y corriendo luego para ponerse a salvo. Llevaba el brazo colgando a un lado, destrozado por una bala en el codo, pero al menos podía usar las piernas, y escapó corriendo lo más deprisa que pudo. Al verlo marchar, un hombre tendido a su lado en el suelo gimoteó pidiendo ayuda.

—Tengo el coche aparcado en el pueblo —dijo el hombre a Khaled—. Me han disparado y no puedo moverme. Por favor, ve a buscar mi coche y regresa a por mí. Podemos ir a la montaña. Por favor.

Khaled se detuvo y miró al hombre. Tenía las piernas destrozadas por las balas. Era imposible moverlo sin llamar la atención sobre ambos, y moriría a menos que lo llevara a un hospital. Khaled quería decirle que regresaría, pero no se veía con ánimo de mentir. Así que se limitó a mirarlo un instante.

—Lo siento —dijo, y salió corriendo.

Los militantes del EI dispararon a Khaled desde la azotea de la escuela de Kocho cuando escapaba a toda prisa. Mi hermanastro vio a tres hombres de Kocho salir de la zanja en dirección a la montaña, con una camioneta del Estados Islámico a la zaga. Cuando los militantes del vehículo empezaron a disparar, Khaled se arrojó entre dos de las balas redondas de paja que estaban desperdigadas por la granja y se quedó allí hasta que se puso el sol. Estuvo temblando y a punto de desmayarse de dolor, sin parar de rezar para que una corriente fuerte de viento no desplazara las balas de paja y lo dejara al descubierto. Luego, cuando cayó la noche, caminó como pudo por las tierras de labranza hasta el monte Sinyar.

Saeed y Ali se quedaron en el cobertizo hasta la puesta de sol. Mientras esperaba, Saeed contemplaba la escuela por un ventanuco.

—¿Puedes ver qué está ocurriendo con las mujeres y los niños? —preguntó Ali desde el rincón donde estaba sentado.

—Todavía no —dijo mi hermano—. Todavía no está pasando nada.

—Si van a matarlos también, ¿por qué no lo han hecho ya? —se preguntaba Ali.

Saeed se quedó callado. No sabía qué iba a ocurrirnos.

Cuando ya era casi de noche, las camionetas regresaron al pueblo y aparcaron en la entrada de la escuela mientras las mujeres y los niños íbamos saliendo del edificio y los militantes nos empujaban para que nos dirigiéramos a los vehículos. Saeed estiró el cuello para intentar localizarnos entre la multitud. Cuando reconoció el pañuelo de Dimal avanzando en fila hacia uno de los vehículos, rompió a llorar.

—¿Qué está pasando? —preguntó Ali.

Saeed no lo sabía.

—Están subiendo a las mujeres a las camionetas —dijo—. No sé por qué.

Cuando los vehículos estuvieron llenos, se marcharon.

Saeed susurró para sí:

—Si sobrevivo, juro por Dios que me convertiré en combatiente y rescataré a mis hermanas y a mi madre.

Y cuando el sol se puso del todo, Ali y él empezaron a caminar tan rápido como pudieron, a pesar de sus heridas, en dirección a la montaña.

2

En la escuela, oímos los tiros que mataron a los hombres. Nos llegaron como fuertes ráfagas y duraron una hora. Algunas de las mujeres que permanecieron junto a la ventana dijeron que habían visto nubes de polvareda detrás de la escuela. Cuando se hizo el silencio, los militantes volcaron su atención en nosotros. Las mujeres y los niños éramos lo único que quedaba de Kocho. Estábamos aterrorizados, pero intentábamos no hacer ningún ruido, pues no queríamos enfadar a los militantes que nos vigilaban.

—El hogar de mi padre está destrozado —susurró mi madre desde donde estaba sentada.

Es un dicho que solo usamos en los momentos de máxima desesperación; quiere decir que lo hemos perdido todo. Parecía que mi madre hubiera perdido toda esperanza. Quizá sí que hubiera visto a Elias y a Massoud subir a las camionetas, pensé.

Un militante nos ordenó que bajáramos, y lo seguimos hasta la planta baja. Allí los únicos hombres que había eran miembros del Estado Islámico. Un niño de doce años llamado Nuri, un poco alto para su edad, había sido llevado a la zanja con Amin, su hermano mayor. A Amin lo fusilaron junto a los hombres, pero Nuri había regresado a la escuela después de que los militantes, tras pedirle que levantara los brazos por encima de la cabeza, descubrieron que no tenía vello en las axilas.

—Es un niño, volved a llevároslo —ordenó el comandante.

Una vez dentro, el niño se vio rodeado por sus preocupadas tías.

Cuando bajamos la escalera, vi a Kathrine agacharse y coger un fajo de billetes estadounidenses —parecían billetes de cien—, que debían de haberse caído de una de las bolsas. Se quedó mirándolos mientras los sujetaba.

—Quédatelo —le dije—. Escóndelo. Ya les hemos dado todo lo demás.

Pero a Kathrine le daba demasiado miedo quedarse con el dinero y pensó que, si veían lo sercivial que era, se apiadarían de ella y de su familia.

—A lo mejor, si les doy el dinero, no nos hacen nada —dijo, y entregó el fajo de billetes al primer militante que vio, que lo cogió sin decir palabra.

Cuando vimos que las camionetas habían regresado a las puertas de la escuela, dejamos de llorar por los hombres y rompimos a gritar por nosotras. Los militantes empezaron a obligarnos a formar grupos, pero se desató el caos. Nadie quería separarse de su hermana o de su madre, y no parábamos de preguntar: «¿Qué han hecho a nuestros hombres? ¿Adónde nos llevan?». Los militantes nos ignoraban y nos tiraban del brazo para que subiéramos a la trasera de las camionetas.

Intenté agarrarme a Kathrine, pero nos separaron. A Dimal y a mí, junto con otras dieciséis o diecisiete chicas, nos subieron al primer vehículo, una camioneta roja de plataforma abierta, como en las que me encantaba viajar. De alguna forma, otras chicas se interpusieron entre mi hermana y yo; permanecí en la parte de atrás, mientras que Dimal quedó arrinconada por delante, pegada a las demás mujeres y niños, mirando al suelo. Nos pusimos en marcha antes de que pudiera ver qué había ocurrido con los demás.

El conductor se alejó a toda velocidad de Kocho por la estrecha carretera llena de baches. Conducía como si estuviera enfadado y tuviera prisa, y cada movimiento brusco nos empujaba contra las demás y contra las barras metálicas con tanta violencia que pensé que se me partiría la espalda. Media hora después, todas suspiramos aliviadas cuando el conductor redujo la marcha y llegamos a las afueras de la ciudad de Sinyar.

Solo quedaban musulmanes suníes en la ciudad de Sinyar, así que me asombró que la vida siguiera su curso habitual. Las esposas compraban comida en los mercados mientras los maridos fumaban cigarrillos en las teterías. Los taxistas observaban con atención las aceras en busca de clientes, y los granjeros llevaban sus ovejas a pastar. Los coches de civiles ocupaban el tramo de vía que teníamos por delante y por detrás, y los conductores apenas se fijaban en las camionetas llenas de mujeres y niños. Era imposible que pareciéramos algo normal, apiñados en las traseras de los vehículos, llorando y aferrándonos unos a otros. Entonces ¿por qué no nos ayudaba nadie?

Intenté mantener la esperanza. La ciudad seguía resultándome familiar, y eso me tranquilizaba. Reconocía algunas de las calles, repletas de tiendas bien surtidas y restaurantes que vendían olorosos bocadillos, las entradas manchadas de grasa de los talleres mecánicos y los tenderetes llenos de coloridas frutas apiladas. A lo mejor, sí que nos dirigíamos a la montaña después de todo. A lo mejor, los militantes no nos habían mentido y solo querían deshacerse de nosotros, dejarnos en las faldas del monte Sinyar y permitirnos escapar de ellos hacia las terribles condiciones de la cumbre. Tal vez pensaran que eso equivalía a una sentencia de muerte. Esperé que así fuera. Nuestras casas estaban ocupadas, y nuestros hombres seguramente estaban muertos, pero al menos, en la cima de la montaña, estaríamos con otros yazidíes. Podríamos localizar a Hezni e iniciar el duelo por los seres queridos a los que habíamos perdido. Transcurrido un tiempo, empezaríamos a reconstruir lo que quedara de nuestra comunidad.

Vislumbré en el horizonte el contorno de la montaña, alta y plana en la cumbre, y deseé que nuestro conductor siguiera sin parar hacia ella. Pero el vehículo viró en dirección al este y empezó a alejarse del monte Sinyar. No dije nada, aunque el viento que se colaba entre las barras de sujeción de la camioneta penetraba con tanta fuerza y hacía tanto ruido que podría haber gritado y nadie me habría oído.

En cuanto quedó claro que no iban a llevarnos a la montaña, agarré mi bolsa para buscar el pan que había cogido en casa. Estaba furiosa. ¿Por qué no había acudido nadie en nuestra ayuda? ¿Qué había pasado con mis hermanos? A esas alturas, el pan estaba duro y correoso, cubierto de polvo y pelusa. Se suponía que debía protegernos a mi familia y a mí, pero no lo había hecho. Cuando la ciudad de Sinyar quedaba atrás, saqué el pan del bolso, lo lancé a lo lejos y me quedé mirando cómo rebotaba por la carretera hasta ir a parar a un montón de basura.

Llegamos a Solagh un poco antes de la puesta de sol y aparcamos delante del instituto, ubicado justo a las afueras de la ciudad. El enorme edificio estaba en silencio y a oscuras. Dimal y yo fuimos de las primeras en bajar y nos sentamos, agotadas, en el patio, mirando a las mujeres y los niños bajar a trompicones de los demás vehículos a medida que iban aparcando. Cuando se apearon nuestras familiares, entraron por la puerta y caminaron hacia nosotras, atontadas. Nisreen no podía parar de llorar.

—Tú espera —le dije—. No sabemos qué pasará.

Solagh era conocida en Kocho por sus escobas artesanales y, una vez al año, mi madre o algún otro miembro de la familia viajaba a la ciudad para comprar una. Yo fui en una ocasión, poco antes de que llegara el EI. En esa visita, la ciudad me había parecido bonita, frondosa y verde, y me sentí especial por el hecho de que me incluyeran en el viaje. En ese momento, me pareció otro país.

Mi madre iba en uno de los últimos vehículos. Jamás olvidaré qué aspecto tenía. El viento le había bajado el pañuelo blanco de la cabeza, y su pelo negro, que por lo general se peinaba con la raya en medio, estaba suelto y despeinado, pues el pañuelo solo le cubría la cara. Su ropa blanca estaba manchada de tierra, y tropezó cuando la hicieron bajar.

—¡No te pares! —le gritó un militante, y la empujó hacia el jardín, riéndose de ella y de las demás mujeres mayores que no podían avanzar con rapidez.

Cruzó la verja y caminó hacia nosotras en trance. Sin decir ni una sola palabra, se sentó y apoyó la cabeza en mi regazo. Mi madre jamás se tumbaba en presencia de los hombres.

Un militante sacudió la puerta del instituto hasta que esta se abrió de golpe y nos ordenó que entráramos.

—Primero quitaos los pañuelos de la cabeza —ordenó—. Dejadlos junto a la puerta.

Hicimos lo que dijo. Con el pelo al descubierto, los militantes nos miraron con más atención y luego nos mandaron al interior. A medida que iban llegando las mujeres en las camionetas a la verja del instituto —con los niños agarrados de sus faldas y las jóvenes esposas con los ojos enrojecidos de tanto llorar por la pérdida de sus maridos—, la pila de pañuelos fue creciendo; la gasa blanca tradicional se mezclaba con los pañuelos de colores que usaban las jóvenes yazidíes. Cuando ya casi se había puesto el sol y los vehículos dejaron de llegar, un militante, cuyo pelo largo estaba parcialmente cubierto por un pañuelo blanco, clavó la punta de su fusil en la pila de pañuelos y se rio.

—Os los vendo por doscientos cincuenta dinares —nos dijo, pues sabía que era una cantidad ridícula, en torno a cincuenta centavos de dólar, pero también que no teníamos dinero.

Como estábamos todas apiñadas en una sola habitación, el calor resultaba insoportable. Me pregunté si tendría fiebre. Las mujeres embarazadas gemían y estiraban las piernas por delante del cuerpo apoyando la espalda contra la pared y cerrando los ojos, como para abstraerse de la sala. Aparte de eso, el único ruido que se oía era el frufrú de los tejidos y los sollozos amortiguados. De pronto, una mujer un poco más joven que mi madre se puso a espetar a voz en grito.

—¡Habéis matado a nuestros hombres! —decía una y otra vez, y su rabia se contagió a todas las presentes.

Otras mujeres empezaron a llorar y a gritar, exigiendo respuestas o limitándose a aullar como si el estallido de aquella mujer hubiera desbloqueado su propio lamento.

El alboroto enfureció a los militantes.

—Deja de llorar o te mato ahora mismo —dijo uno apuntado a la mujer con su arma, al tiempo que le daba un manotazo en la frente.

Pero ella estaba como poseída; no podía parar. Algunas mujeres fueron a consolarla y se interpusieron entre ella y el militante, armado.

—No pienses en lo que les ha ocurrido a los hombres —le dijo una—. Ahora debemos ayudarnos a nosotras mismas.

Nos dieron algo de comida, patatas fritas y arroz, junto con una botella de agua. Aunque pocas de nosotras habíamos comido o bebido desde que dejamos nuestras casas por la mañana, no teníamos hambre y estábamos demasiado asustadas para ingerir lo que nos daban. Nos forzaron a coger los envases cuando los ignorábamos.

—Comed —nos ordenaban, como si se sintieran insultados por nuestro rechazo.

Luego entregaron a los niños más mayores bolsas de plástico y les dijeron que fueran por la sala recogiendo la basura.

Era tarde y estábamos agotados. Mi madre seguía con la cabeza apoyada en mi regazo. No había dicho nada desde que había llegado, pero tenía los ojos abiertos y no estaba durmiendo. Supuse que pasaríamos la noche apelotonados en el instituto y me pregunté si lograría pegar ojo. Quise preguntar a mi madre qué estaba pensando, pero era demasiado difícil hablar. Ojalá hubiera dicho algo. Después de comer, los militantes empezaron a dividirnos en grupos más pequeños y nos ordenaron que saliéramos de nuevo, hasta los lados opuestos del jardín.

—Las mujeres casadas, por aquí con vuestros hijos, pero solo los pequeños. —Señalaron un extremo de la sala—. Las mujeres mayores y las chicas, afuera.

Empezó a cundir el pánico, porque no sabíamos qué significaba aquello. Las madres se aferraron a sus hijos mayores, ya que se negaban a dejarlos. Por toda la sala, los militantes iban separando a las familias por la fuerza, empujando a las chicas jóvenes y solteras hacia la puerta. Ya en el jardín, Kathrine y yo nos agarramos con fuerza a mi madre, quien volvía a estar sentada en el suelo. Kathrine estaba incluso más paralizada que yo ante la idea de dejarla, y hundió la cabeza en un brazo de mi madre. Un militante se acercó a nosotras.

—¡Tú! —le espetó a mi madre, y le hizo un gesto para que se dirigiera al extremo sur del jardín—. Ve hacia ese lado.

Yo negué con la cabeza y me acurruqué más contra ella. El militante se acuclilló y tiró de mi jersey.

—Venga —dijo, pero yo no reaccioné.

Él tiró con más fuerza, y yo miré hacia otro lado. Me metió las manos por debajo de las axilas y me levantó del suelo, me arrancó de los brazos de mi madre y me empujó contra el muro del jardín. Grité. Luego hizo lo mismo con Kathrine, que se agarró a la mano de mi madre como si estuviera pegada con pegamento, y yo le supliqué que no las separase.

—¡Deje que me quede con ella! —le rogó Kathrine—. No está bien.

No la escucharon, separaron a Kathrine de mi madre mientras mi sobrina y yo gritábamos.

—No puedo moverme, siento que me voy a morir —oí que decía mi madre al militante.

—Vamos —le dijo él con impaciencia—. La llevaremos a un lugar con aire acondicionado.

Y mi madre se levantó como pudo del suelo y lo siguió con parsimonia, alejándose de nosotras.

Para salvarse, algunas de las solteras de mayor edad empezaron a mentir y dijeron a los militantes que estaban casadas, o cogían a niños a los que conocían y decían que eran suyos. No sabíamos qué iba a ocurrirnos, pero al menos los militantes parecían menos interesados en las madres y las mujeres casadas. Dimal y Adkee sujetaron con fuerza a dos de nuestros sobrinos.

—Son nuestros hijos —dijeron a los militantes, que se quedaron mirándolas un rato y luego pasaron de largo.

Dimal no había visto a sus hijos desde el divorcio, pero resultaba convincente como madre, e incluso Adkee, que jamás había estado casada y era menos maternal, interpretó bien el papel. Fue una decisión tomada en una milésima de segundo, una cuestión de supervivencia. Yo no conseguí despedirme de mis hermanas antes de que las forzaran a subir con los niños todavía pegados a ellas.

Tardaron una hora en separar a todas las mujeres. Yo estaba sentada en el patio con Kathrine, Rojian y Nisreen; esperábamos y nos apoyábamos las unas a las otras. De nuevo, los militantes nos ofrecieron patatas fritas y agua, y aunque estábamos demasiado asustadas para comer, bebí un poco y luego un poco más. No me había dado cuenta de la sed que tenía. Pensé en mi madre y mis hermanas allí arriba, y me pregunté si el EI se apiadaría de ellas, y qué supondría eso. Los rostros de las chicas que se agolpaban a mi alrededor estaban rojos de tanto llorar. Sus trenzas y coletas estaban deshechas y se agarraban con fuerza a la persona que tenían al lado. Yo estaba tan cansada que me daba la sensación de que la cabeza se me hundía en el cuerpo y que, en cualquier momento, el mundo se quedaría a oscuras. Pero no perdí toda la esperanza hasta que vi tres autobuses aparcar delante de la escuela. Eran enormes, como los que usan para llevar a turistas y peregrinos por Irak y a la Meca. Enseguida supimos que eran para nosotras.

—¿Adónde nos llevan? —preguntó Kathrine entre sollozos.

No lo dijo, pero a todas nos aterrorizaba que nos llevaran a Siria. Cualquier cosa parecía posible, y yo estaba segura de que moriríamos en Siria.

Me pegué la bolsa al cuerpo. Pesaba un poco menos sin el pan, y en ese momento me arrepentí de haberlo tirado. Desperdiciar el pan era un pecado. Dios no juzga a los yazidíes por la frecuencia con que rezamos o peregrinamos. No tenemos que construir complejas catedrales ni asistir durante años a escuelas religiosas para ser buenos yazidíes. Los ritos, como el bautismo, solo se realizan cuando la familia tiene dinero o tiempo suficiente para hacer el viaje.

Nuestra fe reside en nuestros actos. Acogemos a los extraños en nuestros hogares, damos dinero y comida a aquellos que no los tienen y velamos el cuerpo de un ser querido antes del funeral. Incluso ser buen estudiante o amable con tu cónyuge es un acto equiparable a la oración. Las cosas que nos mantienen vivos y permiten a los pobres ayudar a los demás, como el sencillo pan, son sagradas.

Sin embargo, cometer errores forma parte de la condición humana, razón por la que tenemos hermanos y hermanas del más allá: miembros de la casta yazidí de los jeques que escogemos para que nos enseñen nuestra religión y nos ayuden en la vida después de la muerte. Mi hermana del más allá era un poco mayor que yo, guapa y buena conocedora del yazidismo. Había estado casada, luego se había divorciado y, cuando regresó a vivir al hogar familiar, dedicó su vida a Dios y a su religión. Había logrado escapar antes de que el EI se acercara a su tierra, y en ese momento vivía a salvo en Alemania. La labor más importante de esos hermanos y hermanas era sentarse con Dios y Melek Taus y defenderte ante ellos cuando hubieras muerto. «Yo conocía a esta persona cuando estaba viva —diría tu hermana o hermano—. Merece que su alma regrese a la tierra. Es una buena persona.»

Cuando yo muriera, sabía que mi hermana del más allá tendría que defenderme por algunos de los pecados que había cometido en vida: por robar golosinas de la tienda de Kocho, por ejemplo, o por las veces que había sido demasiado perezosa para ir a trabajar a la granja con mis hermanos. Tal como estaban las cosas, tendría que defenderme por muchos pecados más, y esperaba que pudiera perdonarme antes: por desobedecer a mi madre al guardar las fotos de las novias, por perder la fe y tirar el pan, y por subir a ese autobús y enfrentarme a lo que fuera que iba a ocurrir.

3

Subieron a un montón de chicas como yo a dos autobuses. Los chicos, incluidos los adolescentes como Nuri y mi sobrino Malik, que se habían salvado en Kocho por ser demasiado jóvenes, viajaban en el tercero. Estaban tan aterrorizados como nosotras. Unos todoterrenos blindados de los militantes del Estado Islámico esperaban para escoltar los autobuses como si nos dirigiéramos a la guerra; tal vez fuera eso lo que estábamos haciendo.

Mientras esperaba entre la multitud, se me acercó un militante a pie. Era el mismo hombre que antes había hundido el arma en los pañuelos y seguía llevándola en las manos.

—¿Te convertirás? —me preguntó. Al igual que había hecho mientras jugueteaba con nuestros pañuelos, su tono era de burla y provocación.

Negué con la cabeza.

—Si te conviertes, puedes quedarte —dijo, e hizo un gesto señalando el instituto, que quedaba a su espalda, donde se encontraban mi madre y mis hermanas—. Puedes quedarte con tu madre y tus hermanas, y decirles que también se conviertan.

Volví a negar con la cabeza. Estaba demasiado asustada para decir nada.

—Vale. —Dejó de burlarse y me miró con el ceño fruncido—. Entonces sube al autobús con todas las demás.

El autobús era enorme, tenía al menos cuarenta filas de seis asientos separados en el centro por un pasillo iluminado y estaba lleno de ventanillas con las cortinas corridas. En cuanto todos los asientos estuvieron ocupados, el aire se enrareció, y costaba respirar, pero cuando intentamos abrir las ventanillas o al menos descorrer las cortinas para ver el exterior, un militante nos ordenó a gritos que estuviéramos quietas. Yo estaba cerca de la parte delantera y oía al conductor hablando por el móvil. Me pregunté si se le escaparía adónde nos llevaban. Pero hablaba en lengua turkmena, así que no lo entendía. Desde mi asiento, al lado del pasillo, miraba al conductor y la carretera a través de la luna delantera del vehículo. Cuando nos alejamos del instituto, ya estaba oscuro, así que lo único que observé cuando encendieron los faros fue un pequeño fragmento de asfalto negro y, de vez en cuando, algún árbol o arbusto. No veía qué teníamos detrás, por eso no vi alejarse el instituto de Solagh con mi madre y mis hermanas dentro.

Íbamos deprisa, los dos autobuses llenos de chicas delante y el que llevaba a los chicos detrás. Unos todoterrenos blancos encabezaban la marcha, y otros iban en la retaguardia de nuestra caravana. En mi autobús reinaba un silencio espeluznante. Lo único que oía eran las pisadas de un militante que recorría el pasillo y el rugido del motor. Empecé a sentirme mareada e intenté cerrar los ojos. El olor corporal impregnaba todo el autobús. Una chica situada al fondo vomitó en su mano, con mucha virulencia al principio y luego, cuando un militante le gritó diciéndole que parase, con la mayor discreción posible. Su vómito emanaba una peste agria que se propagó por todo el vehículo y resultaba casi insoportable, y algunas chicas sentadas a su lado también empezaron a vomitar. Nadie podía reconfortarlas. No se nos permitía tocarnos ni hablar entre nosotras.

El militante que recorría el pasillo de arriba abajo era un hombre alto de unos treinta y cinco años llamado Abu Batat. Parecía disfrutar de su trabajo; iba deteniéndose en determinadas hileras de asientos para echar un vistazo a las chicas, y seleccionaba a las que se acobardaban o fingían estar dormidas. Al final, fue obligando a levantarse de sus asientos a algunas chicas, a las que enviaba al fondo del autobús, donde las forzó a ponerse de pie contra la pared. «¡Sonríe!», les decía, antes de sacarles una foto con el móvil, riendo mientras lo hacía, como si le divirtiera el miedo que sobrecogía a cada una de las chicas que elegía. Cuando ellas miraban al suelo, aterrorizadas, les gritaba: «¡Levanta la cabeza!», e iba envalentonándose más con cada chica.

Cerré los ojos e intenté abstraerme de lo que estaba pasando. A pesar de lo aterrorizada que estaba, sentía tal agotamiento físico que no tardé en quedarme dormida. Sin embargo, no logré descansar, y cada vez que conseguía dormirme volvía a levantar la cabeza de golpe, abría los ojos, sobresaltada, y me quedaba mirando por la luna delantera. Al cabo de unos segundos, recordaba dónde estaba.

No podría asegurarlo, pero me daba la sensación de que íbamos por la carretera en dirección a Mosul, que se había convertido en la capital del Estado Islámico en Irak. La toma de la ciudad fue una tremenda victoria para el EI, y los vídeos subidos a internet mostraban las celebraciones posteriores a su ocupación de las calles y los edificios municipales, así como los bloqueos de las carreteras circundantes. Mientras tanto, las milicias kurdas y del centro de Irak juraron que recuperarían la ciudad de los militantes del Estados Islámico, aunque tardaran años en conseguirlo. «Nosotros no tenemos años», pensé, y volví a quedarme dormida.

De pronto, noté una mano sobre mi hombro izquierdo, abrí los ojos y vi a Abu Batat de pie junto a mí, con sus ojos verdes brillantes y la boca contraída en una sonrisa. Yo tenía la cara casi a la altura de la pistola que llevaba sujeta al costado, y me quedé de piedra; no podía moverme ni hablar. Volví a cerrar los ojos, rezando por que se marchara, pero noté cómo iba moviendo la mano, poco a poco, hacia mi hombro; luego me rozó el cuello y acabó bajando hacia la parte delantera de mi vestido hasta que se detuvo en el pecho izquierdo. Me abrasaba como el fuego. Nunca me habían tocado así. Abrí los ojos, pero no me giré; me quedé mirando hacia delante. Abu Batat me metió la mano por dentro del vestido y me estrujó el pecho, con fuerza, como si quisiera hacerme daño, y luego se alejó caminando.

Cada segundo pasado con el EI era parte de una muerte lenta y dolorosa —de cuerpo y alma—, y ese momento en el autobús con Abu Batat fue el instante en que empecé a morir. Yo era una chica de pueblo, criada en una familia decente. Siempre que salía de casa, sin importar adónde fuera, mi madre me escudriñaba. «Abróchate la camisa hasta arriba, Nadia —me decía—. Sé buena chica.»

En ese momento, había un desconocido tocándome de forma salvaje, y yo no podía hacer nada. Abu Batat siguió recorriendo el autobús de arriba abajo, sobando a las chicas que íbamos sentadas en el pasillo, pasándonos la mano por encima como si no fuéramos humanas, como si no temiera que pudiéramos movernos o enfadarnos. Cuando regresó a mí de nuevo, le agarré la mano e intenté impedir que me la metiera por debajo del vestido. Estaba demasiado asustada para hablar. Me eché a llorar, y las lágrimas le cayeron en la mano, pero no se detuvo. «Estas son las cosas que ocurren cuando las parejas se casan», pensé. Esa había sido mi inocente visión del mundo y del amor, desde el instante en que tuve edad suficiente para saber qué era el matrimonio, gracias a todos los noviazgos y celebraciones de Kocho. Eso era lo que creía hasta el preciso instante en que Abu Batat me tocó e hizo pedazos esa idea.

—Lo ha hecho con todas las chicas que van sentadas en el pasillo —me susurró la chica que se sentaba en el asiento central, a mi lado—. Ha estado tocándolas a todas.

—Por favor, cámbiame el sitio —le supliqué—. No quiero que vuelva a tocarme.

—No puedo —me respondió—. Estoy demasiado asustada.

Abu Batat siguió recorriendo el pasillo de arriba abajo, parando delante de las chicas que más le gustaban. Cuando cerraba los ojos, oía el frufrú de sus pantalones bombachos blancos y el golpeteo de sus sandalias contra las plantas de sus pies. Cada pocos minutos, se oía una voz en árabe por la radio que llevaba en la mano, pero la comunicación era demasiado entrecortada para entender qué decía.

Cada vez que pasaba junto a mí, me tocaba el hombro y el pecho izquierdo; luego se alejaba. Yo sudaba de tal manera que era como si estuviera en la ducha. Me di cuenta de que evitaba a las chicas que habían vomitado hacía un rato y me metí el dedo en la boca para intentar devolver, con la esperanza de cubrirme el vestido de vómito y así mantener alejada la mano del militante, aunque fue inútil. Me provoqué un par de arcadas dolorosas y no salió nada.

El autobús se detuvo en Tal Afar, una ciudad de mayoría turkmena a unos cincuenta kilómetros de la ciudad de Sinyar, y los militantes empezaron a hablar por sus móviles y sus radios, para intentar averiguar qué querían sus superiores.

—Han dicho que dejemos a los chicos aquí —comunicó el conductor a Abu Batat, y ambos bajaron del vehículo.

A través de la luna delantera, vi a Abu Batat charlando con otros militantes y me pregunté de qué hablarían. Tres cuartos de los residentes de Tal Afar eran turkmenos suníes, y meses antes de que el EI llegara a Sinyar, los chiíes habían huido de la ciudad, dejándola a merced de los militantes.

Me dolía el lado izquierdo del cuerpo, en el punto en que me había toqueteado Abu Batat. Recé por que no volviera a subir al autobús, pero, unos minutos después, lo hizo, y reemprendimos la marcha. A medida que nos alejábamos, vi, por la luna, que estábamos dejando atrás uno de los vehículos. Más adelante, supe que ese autobús era el de los niños, entre ellos mi sobrino, Malik, a quienes el EI intentaría lavar el cerebro para que engrosaran las filas del grupo terrorista. A medida que pasaban los años y la guerra continuaba, fueron usando a los niños como escudos humanos y terroristas suicidas.

En cuanto regresó al autobús, Abu Batat volvió a abusar de nosotras. Había escogido a sus favoritas y nos visitaba más a menudo; dejaba la mano sobre nosotras durante más tiempo y nos agarraba con tanta fuerza que era como si nos desgarrara el cuerpo. Más o menos unos diez minutos después de salir de Tal Afar, ya no pude aguantar más. Cuando volví a notar su mano sobre mi hombro, chillé. Rompí el silencio de golpe. No tardaron en emularme otras chicas, hasta que el interior del autobús sonaba como el escenario de una matanza. Abu Batat se quedó petrificado.

—¡Callaos todas! —gritó, pero no lo obedecimos.

«Si me mata, me da igual —pensé—. Quiero estar muerta.» El conductor turkmeno frenó, el autobús paró en seco y salí propulsada de mi asiento hacia delante. El chófer gritó algo por el móvil. Transcurrido un momento, uno de los todoterrenos blancos que iba por delante de nosotros se detuvo también, y un hombre se bajó desde el asiento del copiloto y echó a andar hacia nuestro autobús.

Reconocí al militante, un comandante llamado Nafah, de Solagh. En el instituto había sido especialmente duro y cruel; nos gritaba sin una pizca de humanidad. Pensé que era como una máquina. El conductor abrió la puerta para el comandante, y Nafah entró como una exhalación en el autobús.

—¿Quién ha empezado esto? —preguntó a Abu Batat, y mi torturador me señaló con el dedo.

—Ha sido ella —dijo, y Nafah se dirigió hacia mi asiento.

Antes de que pudiera hacer nada, empecé a hablar. Nafah era un terrorista, pero ¿el EI no tenía normas sobre cómo debían tratar a las mujeres? Seguro que si se consideraban buenos musulmanes, estarían en contra de cómo estaba abusando de nosotras Abu Batat.

—Ustedes nos han traído aquí, a este autobús. Nos han obligado a venir, no teníamos alternativa, y este hombre —dije señalando a Abu Batat con la mano temblorosa por el miedo— ha estado tocándonos los pechos. ¡Nos ha manoseado y no nos deja en paz!

Nafah se quedó callado cuando terminé de hablar. Durante un instante, tuve la esperanza de que castigara a Abu Batat, pero esa esperanza se desvaneció en cuanto nuestro abusador empezó a hablar.

—¿Para qué te crees que estáis aquí? —me preguntó en voz muy alta para que lo oyera todo el autobús—. En serio, ¿es que no lo sabes?

Abu Batat caminó hasta donde se encontraba Nafah y me agarró por el cuello, me empujó la cabeza contra el asiento y me apuntó con su pistola en la frente. Las chicas que estaban a mi lado chillaron, pero yo tenía demasiado miedo para hacer ruido.

—Si cierras los ojos, te disparo —dijo.

Nafah regresó a la puerta del autobús. Antes de marcharse, se volvió hacia nosotras.

—No sé por qué creéis que estáis aquí —dijo—, pero no tenéis alternativa. Estáis aquí para ser nuestras *sabaya*, y haréis exactamente lo que os digamos. Y, si alguna vuelve a gritar, creedme, será peor para vosotras.

Luego, mientras Abu Batat seguía apuntándome con su arma, Nafah bajó del autobús.

Fue la primera vez que oí la palabra árabe con la que me calificaron. Cuando el EI tomó Sinyar y empezó a secuestrar yazidíes, llamaron a su botín humano *sabaya* (*sabiyya* en singular), para referirse a las jóvenes que compraban y vendían como esclavas sexuales. Era parte de su plan para nosotras, inspirado en una interpretación del Corán que hacía tiempo había sido prohibida por las comunidades musulmanas de todo el mundo. El EI redactó esa interpretación en fatuas y panfletos que había hecho oficiales antes de atacar Sinyar. Las chicas yazidíes eran consideradas infieles y, según la interpretación del Corán de los militantes, violar a una esclava no es pecado. Nosotras atraeríamos a nuevos reclutas, que se unirían a las filas de los terroristas, y pasaríamos de mano en mano como recompensa a la lealtad y la buena conducta. Todas las que viajábamos en ese autobús compartíamos ese destino. Ya no éramos seres humanos; éramos *sabaya*.

Abu Batat me soltó el cuello y guardó la pistola, sin embargo, desde entonces hasta que llegamos a Mosul, más o menos una hora después, fui su principal objetivo. Seguía tocando a otras chicas, pero se centró en mí, y se detenía junto a mi asiento con más frecuencia y me tocaba el pecho con mucha más fuerza, tanta que estaba segura de que me dejaría moratones. Se me durmió todo el lado izquierdo del cuerpo y, aunque me quedé quieta, estaba convencida de que Abu Batat me mataría si volvía a rebelarme. No dejé de chillar ni un instante en mi mente.

Era una noche despejada, y a través de la luna delantera del autobús podía ver el cielo, que estaba plagado de estrellas. El firmamento me hizo pensar en una historia romántica árabe que mi madre nos contaba, titulada «Layla y Majnun». En el relato, un hombre llamado Qays se enamora perdidamente de una mujer llamada Layla y habla con tanta sinceridad sobre sus sentimientos —incluso le escribe un poema sobre su amor—, que la gente lo apoda Majnun, que significa «poseído» o «loco» en árabe. Cuando Majnun pide la mano de Layla, su padre se la deniega argumentando que el chico es demasiado inestable para ser un buen marido.

Es una historia trágica. Layla se ve obligada a casarse con otro hombre y muere de mal de amores. Majnun deja su pueblo y vaga en solitario por el desierto, hablando solo y escribiendo poemas en la arena, hasta que un día encuentra la lápida de Layla. Se queda junto a ella hasta que también muere. Me encantaba escuchar a mi madre contar esa historia, aunque acababa llorando de pena por los dos amantes. El cielo oscuro que por lo general me asustaba, me parecía romántico entonces. Layla significa «noche» en árabe, y mi madre solía terminar el relato señalando dos estrellas del firmamento. «Como no pudieron estar juntos en vida, rezaron para estar juntos después de la muerte —me decía—. Y por eso Dios los convirtió en estrellas.»

En el autobús, yo también empecé a rezar.

—Por favor, Dios, conviérteme en una estrella para subir al cielo por encima de este autobús —susurré—. Si lo hiciste una vez, podrás volver a hacerlo.

Pero el vehículo siguió avanzando hacia Mosul.

4

Abu Batat no dejó de manosearnos hasta que llegamos a Mosul. El reloj situado por encima de la luna delantera marcaba las dos de la madrugada cuando nos detuvimos delante de un edificio enorme, una casa que, pensé, debía de haber pertenecido a una familia rica. Los todoterrenos entraron en un garaje; los autobuses aparcaron delante de la vivienda y se abrieron las puertas para que saliéramos.

—¡Venga! ¡Salid! —gritó Abu Batat, y empezamos a levantar los cuerpos lentamente de los asientos.

Pocas de nosotras habíamos dormido, y estábamos todas contraídas y doloridas después de tanto rato sentadas. Me dolía el cuerpo donde me había tocado Abu Batat, aunque me equivoqué al pensar que, una vez que se detuviera el autobús, me dejaría en paz. Nos pusimos en fila para salir, sujetando con fuerza lo que habíamos llevado con nosotras; él esperaba junto a la puerta e iba toqueteando a las chicas a medida que descendían del vehículo. Me manoseó todo el cuerpo, de la cabeza a los pies.

Entramos por el garaje. Jamás había visto una casa tan bonita. Era enorme, con grandes salas de estar y mobiliario suficiente, pensé, para media docena de familias. En Kocho, nadie, ni siquiera Ahmed Jasso, vivía en una casa así. Las habitaciones seguían llenas de relojes y alfombras que supuse habían pertenecido a la familia que antes vivía allí, y me fijé en que uno de los militantes estaba bebiendo en una taza decorada con un retrato de familia. Me pregunté qué habría sido de ellos.

Había militantes del Estado Islámico por todas partes, vestidos de uniforme y con radios que no paraban de crepitar. Nos vigilaban mientras nos enviaban a tres salas, cada una de las cuales daba a un pequeño descansillo. Desde donde estaba sentada, con Kathrine y un par de chicas más, veía el interior de otras salas, donde había mujeres y niñas que se paseaban arrastrando los pies con expresión ausente, buscando a las chicas conocidas de las que habían sido separadas al subir a los autobuses. La habitación estaba abarrotada, y nos sentamos en el suelo, con las espaldas apoyadas las unas contra las otras. Era casi imposible no quedarse dormida.

Las dos pequeñas ventanas de la sala estaban cerradas, y las cortinas, echadas, pero, por suerte, alguien había encendido una torre de refrigeración —los ruidosos parientes pobres del aire acondicionado que son frecuentes en Irak—, que refrescaba el aire y lo hacía más respirable. En nuestra sala no había más muebles que algunos colchones apilados contra las paredes. Del baño del vestíbulo salía un hedor repugnante.

—Una chica llevaba un móvil y, cuando han venido a registrarla, ha intentado tirarlo por el retrete —dijo alguien entre susurros—. Los he oído comentarlo cuando hemos llegado.

En la entrada del baño, vi una pila de pañuelos como la que se habría formado cuando nos fuimos de Solagh, tirados en el suelo de baldosas, como si fueran pétalos de flores.

Cuando las salas estuvieron llenas, un militante señaló en dirección a donde yo estaba sentada.

—Ven conmigo —dijo, se volvió y caminó hacia la puerta.

—¡No te vayas! —Kathrine me envolvió con sus pequeños brazos, intentado evitar que me pusiera en pie.

No sabía qué quería ese hombre, pero no creía que pudiera negarme.

—Si no obedezco, me obligarán a hacerlo —dije a Kathrine, y seguí al militante.

Me llevó al garaje de la planta baja, donde Abu Batat y Nafah esperaban junto a otro miembro del grupo. El tercer militante habló en kurdo y me impactó reconocerlo; era Suhaib, el dueño de una tienda de la ciudad de Sinyar. Los yazidíes acudían a su establecimiento continuamente, y estoy segura de que muchos lo consideraban un amigo. Los tres hombres me miraban con furia. Todavía querían castigarme por mi arrebato en el autobús.

—¿Cómo te llamas? —preguntó Nafah y, cuando intenté alejarme, me tiró del pelo y me empujó contra la pared.

Le respondí.

—Nadia.

—¿Cuándo naciste? —me preguntó.

—En 1993 —dije.

—¿Estás aquí con alguien de tu familia? —preguntó a continuación.

Hice una pausa. No sabía si querrían castigar a Kathrine o a las demás solo por estar emparentadas conmigo, por eso mentí.

—Estoy aquí con las demás chicas —dije—. No sé qué le ha ocurrido a mi familia.

—¿Por qué has chillado? —Nafah me tiró del pelo con más fuerza.

Estaba aterrorizada. Sentí que mi cuerpo, que siempre había sido menudo y delgado, prácticamente desaparecía entre sus manos. Me dije que debía decir lo que hiciera falta con tal de que me dejaran volver arriba con Kathrine.

—Estaba asustada —respondí con sinceridad—. Ese tipo que tiene delante —hice un gesto hacia Abu Batat— me ha tocado. Ha estado manoseándonos durante todo el camino desde Solagh.

—¿Para qué te crees que estás aquí? —Nafah repitió la pregunta que me había hecho en el autobús—. Eres una infiel, una *sabiyya*, y ahora eres propiedad del Estado Islámico; será mejor que te acostumbres. —Entonces me escupió en la cara.

Abu Batat sacó un cigarrillo, lo encendió y se lo pasó a Nafah. Me sorprendió; creía que fumar era ilegal según la ley del

Estado Islámico. Pero no tenían intención de fumárselo. «Por favor, que no me lo apaguen en la cara», pensé, todavía preocupada por estar guapa. Nafah apoyó el cigarrillo encendido en mi hombro y lo presionó contra la tela del vestido y todas las camisas que me había puesto esa mañana, hasta que me llegó a la piel y se apagó. El olor a tela quemada y carne chamuscada era terrible, aunque intenté no gritar de dolor. Gritar solo empeoraría las cosas.

Cuando encendió otro cigarrillo y me lo apagó en el vientre, no pude resistirme y grité.

—Ahora grita, ¿gritará mañana? —preguntó Abu Batat a los demás. Quería que fueran aún más duros conmigo—. Tiene que entender lo que es y para qué está aquí.

—Déjenme en paz y no volveré a hacerlo —dije.

Nafah me abofeteó con fuerza en la cara, dos veces, y luego me soltó.

—Vuelve con las demás *sabaya* —dijo—. Y no se te ocurra hacer ningún ruido más.

De regreso arriba, la sala estaba oscura y abarrotada. Me puse el pelo sobre los hombros y me tapé el vientre con las manos para ocultar las quemaduras a mis sobrinas. Luego localicé a Kathrine, sentada junto a una mujer que aparentaba unos veintimuchos o treinta y pocos años. No era de Kocho; debía de haber llegado al centro antes que nosotras. Tenía dos hijos pequeños con ella, uno de ellos un bebé de pecho, y estaba embarazada. Sujetaba a la criatura contra su busto y la mecía para que estuviera callada. Me preguntó qué había ocurrido abajo. Me limité a negar con la cabeza.

—¿Te duele algo? —se interesó.

Aunque no la conocía, me apoyé en ella. Me sentía muy débil. Asentí con la cabeza.

Entonces se lo conté todo, que había salido de Kocho y que me habían separado de mi madre y de mis hermanas, que había visto cómo se llevaban a mis hermanos. Le conté lo del autobús y lo de Abu Batat.

—Me ha pegado —le dije, y le enseñé las quemaduras de cigarrillo del hombro y el vientre, en carne viva y dolorosas.

—Toma —me dijo, metió la mano en su bolsa y sacó un tubo—. Es crema para las irritaciones del pañal, pero quizá te alivie las quemaduras.

Le di las gracias y me llevé la loción al baño, donde me apliqué un poco en el hombro y otro poco en el vientre. Me alivió ligeramente las quemaduras. Luego me puse un poco más en las partes del cuerpo que me había tocado Abu Batat. Me di cuenta de que tenía el período y pedí a un militante unas compresas, que él me entregó sin mirarme.

Volví a sentarme en el suelo de la sala.

—¿Qué ha estado ocurriendo aquí? ¿Qué os han hecho? —pregunté a la mujer.

Ella suspiró.

—¿De verdad quieres saberlo? —me preguntó, y yo asentí con la cabeza—. El primer día, el 3 de agosto, trajeron a unos cuatrocientos hombres, mujeres y niños yazidíes a este lugar —empezó a decir—. Es un centro del Estado Islámico, donde viven y trabajan los militantes, por eso hay tantos aquí. —Hizo una pausa y se quedó mirándome—. Pero también es donde nos venden y nos regalan.

—¿Por qué no te han vendido? —pregunté.

—Como estoy casada, esperarán cuarenta días antes de entregarme a un militante para que sea su *sabiyya* —dijo—. Es una de sus normas. No sé cuándo vendrán a por ti. Si no te escogen hoy, te escogerán mañana. Cada vez que aparecen, se llevan a algunas mujeres. Las violan y luego vuelven a traerlas, o a veces se las quedan. Otras veces las violan aquí mismo, en una habitación de la casa, y las vuelven a traer cuando han terminado.

Me quedé sentada en silencio. El dolor de las heridas iba aumentando poco a poco, como el agua que empieza a hervir en un cazo, e hice una mueca.

—¿Quieres una pastilla para el dolor? —me preguntó, pero negué con la cabeza.

—No me gusta tomar pastillas —le dije.

—Entonces bebe un poco —dijo. Agradecí la botella que me ofreció y tomé un par de sorbos del agua tibia.

El bebé se había tranquilizado y estaba a punto de dormirse.

—No tardarán mucho —prosiguió en voz más baja—. Vendrán, te llevarán con ellos también y te violarán. Algunas chicas se ponen ceniza o tierra en la cara o se alborotan el pelo, pero da igual, porque les hacen ducharse y estar guapas otra vez. Algunas se han suicidado, o lo han intentado, cortándose las venas de las muñecas ahí. —Hizo un gesto señalando el baño—. Verás sangre en lo alto de las paredes, donde las limpiadoras no la ven.

No me dijo que no me preocupara ni que todo iba a salir bien. Cuando se calló, apoyé la cabeza en su hombro, cerca del lugar donde acababa de quedarse dormido su bebé.

Esa noche, cuando cerré los ojos, fue solo un momento. Estaba agotada, pero demasiado aterrorizada para dormir. Era verano, así que el sol salía pronto, y cuando entró la luz en la sala —brumosa y tenue por las gruesas cortinas—, vi que la mayoría de las chicas había pasado la noche en vela como yo. Estaban adormiladas, se frotaban los ojos y bostezaban tapándose la boca con las mangas de los vestidos. Los militantes entraron con un poco de arroz y sopa de tomate para desayunar, servido en platos de plástico que tirarían después, y yo tenía tanta hambre que lo comí en cuanto me lo pusieron delante.

Muchas de las chicas se habían pasado la noche llorando y otras empezaron de nuevo por la mañana. Una chica de Kocho que tenía más o menos la edad de Dimal pero que, a diferencia de ella, no había logrado hacer creer a los militantes que estaba casada se sentó a mi lado.

—¿Dónde estamos? —me preguntó. No había reconocido ninguno de los edificios ni carreteras cuando íbamos en el autobús.

—No lo sé con exactitud —le contesté—. En algún lugar de Mosul.

—Mosul —susurró.

Habíamos crecido todos muy cerca de la ciudad, pero pocos la habíamos visitado.

Un jeque entró en la sala, y dejamos de hablar. Era un hombre viejo de pelo canoso, vestido con los pantalones negros bombachos populares entre los militantes del EI y sandalias, y aunque sus pantalones eran más cortos de lo normal y no le quedaban muy bien, se paseó por la sala y nos miró con una arrogancia que me hizo pensar que debía de ser alguien muy importante.

—¿Cuántos años tiene esa? —Señaló a una niña de Kocho, hecha un ovillo en el rincón. Debía de tener unos trece años.

—Es muy joven —le dijo un militante con orgullo.

Supe por el acento del jeque que era de Mosul. Probablemente había ayudado a los terroristas a tomar la ciudad. Quizá fuera un hombre de negocios rico que contribuía al crecimiento del EI, un líder religioso o alguien importante durante el régimen de Sadam que había esperado el momento para recuperar la autoridad que le habían arrebatado los estadounidenses y chiíes. También era posible que creyera a pies juntillas toda la propaganda religiosa; eso es lo que argumentaban todos cuando les preguntábamos por qué formaban parte del EI, incluso los que no hablaban árabe y no sabían rezar. Nos decían que el EI tenía razón y que Dios estaba de su parte.

El jeque nos señaló como si ya poseyera a todas las chicas de la sala, y, transcurridos unos minutos, escogió a tres, todas de Kocho. Después de entregar a un militante un puñado de dólares estadounidenses, salió de la sala y las tres chicas fueron arrastradas escaleras abajo por detrás de él, al lugar en el que se registraron sus adquisiciones.

El ánimo que se respiraba en la sala cambió al pánico total. Entonces ya sabíamos qué había planeado el EI para nosotras, pero no teníamos ni idea de cuándo llegarían los demás compradores ni de cómo nos tratarían. Nos esperaba la tortura. Algunas chicas hablaban entre susurros de intentar escapar, pero era imposible. Aunque lográramos salir por la ventana, la casa, que era claramente una especie de centro del Estado Islámico, estaba repleta de militantes. Era impensable que consiguiéramos escabullirnos sin que nadie se diera cuenta. Además, Mosul era una ciudad desconocida y en crecimiento ràpido. Si lográbamos escapar de algún modo colándonos entre la multitud de militantes que había en la planta baja, no teníamos forma de saber en qué dirección salir corriendo. Nos habían trasladado hasta allí de noche, con las ventanillas tapadas. Harían cualquier cosa con tal de asegurarse de que no salíamos vivas.

El tema de conversación pronto pasó al suicidio. Reconozco que, al principio, se me pasó por la cabeza. Cualquier cosa sería mejor que lo que me había explicado aquella mujer por la noche. Kathrine y yo hicimos un pacto con algunas chicas. «Preferimos morir a ser compradas y utilizadas por el Daesh», dijimos. Suicidarnos nos parecía más honroso que someternos a los militantes, nuestra única forma de contraatacar. Con todo, seríamos incapaces de soportar ver cómo la chica que teníamos al lado se quitaba la vida. Una de ellas se enrolló el pañuelo al cuello y dijo que iba a ahorcarse, pero las demás se lo arrancaron de las manos. Alguien dijo: «No podemos escapar, pero si llegamos a la azotea, podemos saltar». Yo no paraba de pensar en mi madre. Para ella, no había nada tan malo en la vida que justificase el suicidio. «Debes creer que Dios velará por ti», me decía siempre que me ocurría algo malo. Después del accidente en la granja, había estado sentada junto a mi cama del hospital rezando para que sobreviviera y gastó muchísimo dinero en las joyas que me regaló cuando desperté. Ella había deseado que siguiera con vida con todas sus fuerzas, así que yo era incapaz de quitármela.

Enseguida nos retractamos de nuestro pacto. No nos suicidaríamos; nos ayudaríamos tanto como pudiéramos y aprovecharíamos la primera oportunidad que se presentara para escapar. Mientras esperábamos en esa casa, empezó a quedar clara la gran dimensión del negocio de venta de esclavas que tenía lugar en el Mosul dominado por el EI. Habían raptado a miles de chicas yazidíes de sus casas para venderlas y comprarlas, o entregarlas como obsequio a militantes de alto rango y jeques, y trasladarlas a las ciudades de todo Irak y Siria. No importaba si una chica se suicidaba, o si lo hacía un centenar de ellas. Al EI no le importaban nuestras muertes y no iba a cambiar lo que estaban haciendo. Además, a esas alturas, ya habían perdido a un par de esclavas, así que los militantes nos vigilaban para asegurarse de que, aunque nos hubiéramos cortado las venas o hubiéramos intentado ahorcarnos con los pañuelos, no muriéramos a causa de las lesiones.

Un militante entró en la sala pidiendo que entregáramos toda la documentación que todavía lleváramos encima.

—Entregadnos cualquier documento donde diga que sois yazidíes —dijo, y fue metiéndolos en una bolsa.

Los apilaron todos en la planta baja —carnets de identidad, cartillas de racionamiento, certificados de nacimiento— y los quemaron, tras lo que quedó un montón de ceniza. Era como si creyeran que, destruyendo nuestra documentación, podrían borrar la existencia de los yazidíes en Irak. Yo lo entregué todo, salvo la cartilla de racionamiento de mi madre, que llevaba guardada en el sujetador. Era lo único que me quedaba de ella.

Ya dentro del baño, me eché agua en la cara y en los brazos. Había un espejo sobre el lavamanos, pero mantuve la cabeza gacha todo el rato. Era incapaz de mirarme. Sospechaba que no reconocería a la chica que me devolvería la mirada. En la parte alta de la pared de la ducha, vi la sangre de la que me había hablado la mujer por la noche. Las manchitas marrones rojizas en las baldosas más altas eran lo único que quedaba de algunas chicas yazidíes que habían estado allí antes que yo.

Después de aquello, volvieron a separarnos, esta vez en dos grupos. Logré seguir con Kathrine, y nos pusieron en fila para volver a subir a los autobuses. Otras —todas las chicas a las que conocía de Kocho— se quedaron atrás. No tuvimos oportunidad de despedirnos de ellas, y más adelante supimos que les habían hecho cruzar la frontera hasta Raqqa, la capital del EI en Siria. Me sentía muy aliviada de estar en Irak. Con independencia de lo que ocurriera, tenía la sensación de que lograría sobrevivir mientras siguiera en mi país.

Me apresuré para situarme al fondo del autobús y así sentarme junto a una ventanilla, donde creía que a Abu Batat o a cualquier otro militante les sería más difícil alcanzarme. Resultaba raro estar bajo el intenso sol de verano después de haber pasado unos días en el interior con las cortinas echadas o de haber sido trasladada de ciudad en ciudad de noche. Eché un vistazo entre las cortinas cuando el bus se puso en movimiento y contemplé las calles de Mosul. Al principio me parecieron completamente normales, al igual que me había ocurrido en Sinyar; la gente hacía la compra y llevaba a sus hijos al colegio. Pero, a diferencia de Sinyar, Mosul estaba repleto de militantes del Estado Islámico. Los hombres se encontraban apostados en los puestos de control, patrullando las calles, apiñados en las traseras de las camionetas o viviendo su nueva vida en la ciudad tomada, comprando verduras y conversando con los vecinos. Todas las mujeres iban completamente cubiertas con abayas y nicabs negros; el EI había declarado ilegal que una mujer saliera de casa descubierta o sola, así que iban por las calles como flotando, de forma casi invisible.

Viajábamos en silencio, petrificadas y aterrorizadas. Di gracias a Dios de estar con Kathrine, Nisreen, Jilan y Rojian. Su presencia me proporcionaba esa pequeña dosis de fuerza que necesitaba para no volverme completamente loca. No todas habían tenido la misma suerte. Una chica había sido separada de toda la gente a la que conocía en Kocho, y rompió a llorar de forma descontrolada.

—Todas tenéis a alguien, pero yo no tengo a nadie —se lamentó, retorciendo las manos sobre el regazo.

Aunque queríamos consolarla, nadie tuvo la valentía de intentarlo.

Cuando eran casi las diez de la mañana, aparcamos delante de una casa verde de dos plantas, algo más pequeña que la primera, y nos obligaron a entrar. En la planta de arriba, ya habían despejado una habitación, retirando las pertenencias de la familia que había vivido allí, aunque una Biblia sobre la estantería y un pequeño crucifijo en la pared dejaban claro que eran cristianos. Ya había unas cuantas chicas allí cuando llegamos. Eran de Tel Ezeir, y estaban sentadas muy juntas. Había más colchonetas pegadas a la pared y habían cubierto las pequeñas ventanas con gruesas mantas, lo que atenuaba el sol del mediodía y hacía que la luz resultara deprimente. Todo olía a producto de limpieza, esa misma pasta azul fluorescente que usaban las mujeres de Kocho para desinfectar las cocinas y los baños.

Mientras esperábamos allí sentadas, un militante entró en la sala para asegurarse de que las ventanas estaban cubiertas del todo y nadie nos veía desde fuera ni nosotras veíamos el exterior. Cuando se percató de la Biblia y el crucifijo, gruñó para sí, cogió una caja de plástico, los tiró dentro y sacó la caja de la habitación.

Al salir, nos ordenó a gritos que nos ducháramos.

—¿Es que todas las yazidíes apestáis siempre? —preguntó con una expresión de asco exagerada.

Me acordé de Saoud cuando regresó del Kurdistán y nos contó que allí la gente se burlaba de los yazidíes y decía que olíamos mal, y eso me ponía furiosa. Pero, en el caso del EI, esperaba apestar de verdad. La suciedad era una coraza, nos protegía de las manos de hombres como Abu Batat. Deseaba que los militantes se sintieran tan asqueados por nuestro mal olor —tras viajar en autobuses sofocantes y, en muchos casos, después de haber vomitado de miedo— que no quisieran tocarnos. En lugar de eso, nos obligaron a ir al baño en grupos.

—¡Limpiaos toda esa porquería! —nos ordenaron—. No queremos oleros más.

Los obedecimos, nos echamos agua en los brazos y la cara

en el lavamanos, pero no queríamos desnudarnos estando tan cerca de los hombres.

Cuando el militante se fue, algunas chicas empezaron a susurrar entre ellas señalando una mesa de escritorio. Había un portátil de color negro cerrado encima.

—Me pregunto si funciona —dijo una de las chicas—. ¡A lo mejor tiene conexión a internet! Podemos entrar en Facebook y enviar algún mensaje para decir a alguien que estamos en Mosul.

Yo no tenía ni idea de cómo funcionaba un portátil ni ningún otro ordenador —era el primero que veía en mi vida—, así que me quedé mirando mientras algunas de ellas se acercaban a la mesa con sigilo. La idea de entrar en Facebook nos había dado cierta esperanza, que se propagó por la sala. Algunas de las chicas dejaron de llorar. Otras se levantaron por primera vez desde que habíamos salido de Solagh. Se me aceleró un poco el pulso. Tenía tantas ganas de que esa máquina funcionara...

Una chica abrió el portátil, y se encendió la pantalla. Dimos un grito ahogado, emocionadas, y vigilamos la puerta por si aparecían los militantes. La chica empezó a teclear y luego aporreó el teclado con más fuerza, impaciente. Poco después, cerró el portátil y se volvió hacia nosotras, cabizbaja.

—No funciona —dijo con voz llorosa—. Lo siento.

Sus amigas la rodearon para consolarla. Estábamos todas muy decepcionadas.

—Al menos lo has intentando —le susurraron—. Además, si funcionara, el Daesh no lo habría dejado aquí.

Miré hacia la pared junto a la que estaban sentadas las chicas de Tel Ezeir. No se habían movido ni dicho nada desde que habíamos llegado. Se abrazaban entre ellas con tanta fuerza que costaba distinguir dónde acababa un cuerpo y empezaba otro. Cuando me miraron y les vi la cara, me parecieron máscaras hechas de auténtica tristeza, e imaginé que yo debía de tener el mismo aspecto.

5

El mercado de compraventa de esclavas se abría por las noche. Oímos el alboroto en la planta baja, donde los militantes llevaban el registro y lo organizaban todo. Cuando el primer hombre entró en la habitación, las chicas empezaron a gritar. Era como la escena de una explosión. Gimoteábamos como si estuviéramos heridas, nos doblábamos sobre nosotras mismas y vomitábamos en el suelo, pero nada detenía a los militantes. Se paseaban por la sala, mirándonos, mientras nosotras chillábamos y suplicábamos. Las que sabíamos árabe pedíamos clemencia en esa lengua, y las que solo sabían kurdo gritaban tan alto como podían, pero los hombres reaccionaban ante nuestro pánico como si fuéramos niñas lloronas: se molestaban, aunque no lo tenían en cuenta.

Se paseaban despreocupados en trono a las chicas más guapas primero. «¿Cuántos años tienen?», preguntaban, y les examinaban el pelo y la boca. «Son vírgenes, ¿verdad?», preguntaban a un guardia, que asentía y decía: «¡Claro que sí!», como si fuera un tendero orgulloso de su género. Algunas chicas me contaron que habían sido examinadas por un médico para garantizar que no mentían sobre su virginidad, mientras que a otras, como a mí, se limitaban a preguntárnoslo. Algunas insistían en que no eran vírgenes, que estaban mancilladas, porque creían que eso las haría menos deseables, pero los militantes sabían que estaban mintiendo. «Son muy jóvenes y yazidíes

—decían—. Ninguna chica yazidí tendría relaciones sexuales sin estar casada.» En ese momento, los militantes nos tocaban cualquier parte del cuerpo que deseaban, nos manoseaban el pecho y las piernas, como si fuéramos animales.

Se desataba un caos absoluto cuando los militantes se paseaban por la sala, ojeando a las chicas y haciéndoles preguntas en árabe o en turkmeno. Nafah, que había llegado cuando se abrió el mercado, escogió a una chica muy joven, lo que hizo reír a los otros militantes.

—Sabíamos que la elegirías —le dijeron burlones.

—Avísame cuando acabes con ella, pásamela a mí —añadió otro.

—¡Tranquilizaos! —nos gritaban los militantes sin parar—. ¡Callaos!

Pero sus órdenes nos hacían chillar más alto. En el vano de la puerta, apareció un militante mayor, un hombre gordo con un barrigón enorme llamado Hajji Shakir, que resultó ser uno de los líderes en Mosul. Hajji es tanto un nombre común como un título para hombres respetables. Llevaba a una chica a rastras. Ella vestía el nicab y la abaya que llevaban todas las mujeres en las ciudades del Estado Islámico.

—Esta es mi *sabiyya* —dijo, y la empujó para alejarla—. Ahora os contará lo feliz que es siendo musulmana.

La chica se levantó el nicab. Aunque parecía débil, era guapísima, tenía la piel tersa y morena y, cuando abrió la boca, le brilló un diente de oro bajo la luz. Me pareció que no tendría más de dieciséis años.

—Ha sido mi *sabiyya* desde el 3 de agosto, cuando liberamos Hardan de los infieles —dijo Hajji Shakir—. Cuéntales lo tranquila que te sientes ahora que estás conmigo y ya no eres *kafir* —ordenó a la chica, que seguía callada—. ¡Cuéntaselo!

Ella miraba a la alfombra, pero no decía nada. Parecía físicamente incapaz de hablar. El alboroto del mercado no tardó en cobrar protagonismo, y cuando volví a mirar hacia la puerta, transcurrido un rato, la chica había desaparecido. Hajji Shakir, mientras tanto, se había acercado a otra *sabiyya*, una chica joven a la que yo conocía de Kocho.

Perdí los nervios. Si era inevitable que un militante me llevara con él, no se lo pondría fácil. Grité y chillé, di manotazos a los brazos que intentaban sujetarme. Otras chicas hacían lo mismo; se aovillaban en el suelo o se lanzaban sobre sus amigas o hermanas para intentar protegerlas. Ya no teníamos miedo de que nos pegaran, y muchas de nosotras nos preguntábamos si podríamos conseguir que nos mataran. Cuando un militante me abofeteó y dijo: «Esta es la que provocó todo aquel alboroto ayer», me sorprendió el poco daño que me hizo su mano. Fue mucho más doloroso que, un rato después, me tocara el pecho. Cuando se marchó, me desplomé en el suelo, donde Nisreen y Kathrine intentaron consolarme.

Mientras estaba allí tirada, otro militante se detuvo ante nosotras. Yo tenía las rodillas pegadas a la frente, y lo único que veía eran unas botas y unos tobillos, gruesos como troncos, saliendo de ellas. Era un militante de alto rango llamado Salwan que había llegado con otra chica, otra joven yazidí de Hardan, a la que pensaba dejar en la casa para comprar a su sustituta. Levanté la cabeza para mirarlo. Era el hombre más corpulento que había visto jamás, como un gigante con una *dishdasha* enorme, como una tienda de campaña, con el ceño fruncido sobre su barba pelirroja. Nisreen, Rojian y Kathrine me cubrieron con sus cuerpos para ocultarme, pero él no se alejó.

—Levanta —dijo. Como no lo hice, me dio una patada—. ¡Tú! ¡La chica de la chaqueta rosa! ¡He dicho que te levantes!

Gritamos y nos abrazamos con más fuerza, aunque eso no hizo más que soliviantar a Salwan. Se agachó e intentó separarnos tirándonos de los hombros y los brazos. Pero nosotras seguimos aferradas las unas a las otras, como si fuéramos una sola persona. Nuestra resistencia lo puso furioso y nos gritó que nos levantáramos pateándonos los hombros y las manos. Al final, la refriega llamó la atención de un guardia, que se acercó a ayudar a su compañero y nos golpeó las manos con una porra hasta que el dolor fue tan intenso que tuvimos que soltarnos. Cuando nos separamos, Salwan se abalanzó sobre mí sonriendo con suficiencia, y vi su cara con claridad por primera vez. Tenía los ojos muy hundidos en su ancha cara pálida, cubierta casi por completo de vello. No parecía un hombre, parecía un monstruo.

Ya no podíamos resistirnos más.

—Iré con usted —dije—. Pero tendrá que llevarse también a Kathrine, a Rojian y a Nisreen.

Nafah se acercó para ver qué ocurría. Cuando me vio, se puso rojo de ira.

—¿Otra vez tú? —gritó, y nos abofeteó a todas.

—¡No me iré sin ellas! —le grité, y Nafah empezó a pegarnos más deprisa y con más fuerza; nos abofeteó sin parar hasta que se nos entumeció la cara, y Rojian comenzó a sangrar por la boca.

Después Salwan y él nos agarraron a Rojian y a mí, nos separaron de Kathrine y de Nisreen, y nos arrastraron escaleras abajo. Las pisadas de Salwan resonaban con fuerza sobre los peldaños. Cuando me sacaron de allí, no pude despedirme de Kathrine ni de Nisreen, ni siquiera mirar atrás.

Atacar Sinyar y llevarse a las chicas para usarlas como esclavas sexuales no fue una decisión espontánea tomada en el campo de batalla por algún soldado codicioso. El EI lo tenía todo planeado: cómo entrarían en nuestras casas, qué hacía que una chica tuviera más o menos valor, qué militantes merecían una *sabiyya* como incentivo y cuáles debían pagar por ella. Hablaban de las *sabaya* incluso en su revista de propaganda, *Dabiq*, en un intento de atraer nuevos reclutas. Desde sus centros en Siria y sus células durmientes en Irak, planeaban durante meses el comercio de esclavas, determinaban qué consideraban legal o no según la ley islámica y lo escribían para que todos los miembros del EI siguieran sus brutales normas. Cualquiera podía leerlo: los detalles del plan para las *sabaya* están recogidos en un panfleto publicado por el Departamento de Investigación y Fatuas del Estado Islámico. Y es enfermizo, en parte por lo que dice y en parte por cómo lo dice el EI, dándolo por sentado, como la ley de cualquier Estado, con la convicción de que todo está ratificado por el Corán.

Las *sabaya* pueden ser entregadas como presente y vendidas cuando así lo decida su dueño, «porque no son más que una propiedad», reza el panfleto del Estado Islámico. Las mujeres no debían ser separadas de sus niños pequeños —que es la razón por la que Dimal y Adkee se quedaron en Solagh—, pero a sus hijos mayores, como Malik, podían apartarlos de sus madres. Hay normas que establecen qué hacer si una *sabiyya* se queda embarazada (no puede ser vendida) o si muere su dueño (se reparte como una más de «sus posesiones»). Un dueño puede tener relaciones sexuales con una esclava prepúber, dice el texto, si ella es «apta para el coito», y si no lo es, «puede gozar de ella sin penetrarla».

Justifican gran parte de esas normas con versos del Corán y leyes islámicas medievales, que el EI usa de forma selectiva y espera que sus seguidores las cumplan al pie de la letra. Es un documento horrible e impactante. Pero el EI no es tan original como creen sus miembros. La violación se ha usado como arma de guerra a lo largo de toda la historia. Jamás imaginé que fuera a tener algo en común con mujeres de Ruanda. Antes de que ocurriera todo aquello, ni siquiera conocía la existencia del país, y ahora estoy vinculada con ellas de la peor forma posible, como víctima de un crimen de guerra del que es tan difícil hablar que ningún habitante del planeta había sido juzgado por cometerlo hasta dieciséis años antes de que el EI llegara a Sinyar.

En la planta baja, un militante tomaba nota de las transacciones en un libro, apuntaba nuestros nombres y los de los militantes que se quedaban con nosotras. Comparado con el piso de arriba, la planta baja parecía ordenada y tranquila. Me senté en un sofá junto a algunas chicas más, pero Rojian y yo estábamos demasiado asustadas para hablar con ellas. Pensé en la posibilidad de irme con Salwan, en lo fuerte que parecía ese hombre y la facilidad con la que podría aplastarme solo con las manos. No importaba qué hiciera él, ni tampoco cuánto me resistiera yo, jamás sería capaz de defenderme. Olía a huevos podridos y a colonia.

Yo estaba mirando el suelo, los pies y tobillos de los militantes y las chicas que pasaban por delante. En la multitud, vi un par de sandalias de hombre y sus tobillos delgados, casi femeninos, y antes de poder pensar en lo que iba a hacer, me arrojé a sus pies.

—Por favor, lléveme con usted —empecé a suplicar—. Haga lo que quiera conmigo, pero no puedo irme con este gigante.

Todavía me asombra el tipo de decisiones que tomamos creyendo que una nos llevaría a la tortura y otra nos salvaría; no nos dábamos cuenta de que, en ese momento, nos encontrábamos en un mundo en el que todos los caminos llevaban al mismo lugar terrible.

No sé por qué el tipo delgado accedió. Me echó un vistazo y se volvió hacia Salwan.

—Es mía —sentenció.

Salwan no se lo discutió. El tipo delgado era un juez de Mosul, y nadie lo contradecía. Levanté la cabeza y estuve a punto de sonreír a Salwan, porque creía que había ganado, pero entonces me agarró del pelo y me echó la cabeza hacia atrás con violencia.

—Ahora serás suya —me dijo—. En unos días estarás conmigo. —Y me soltó la cabeza.

Seguí al hombre delgado hasta la mesa.

—¿Cómo te llamas? —me preguntó. Hablaba con un tono suave, pero no amable.

—Nadia —dije, y él se volvió hacia el encargado del registro.

El hombre pareció reconocer al militante enseguida y empezó a tomar nota de nuestra información.

—Nadia, Hajji Salman.

Dijo nuestros nombres en voz alta y los escribió. Cuando pronunció el nombre de mi captor, creí percibir cierto temblor en su voz, como si tuviera miedo, y me pregunté si habría cometido un tremendo error.

6

Salwan se llevó a Rojian, tan pequeña e inocente, y años después todavía me hierve la sangre al pensar en él. Sueño con llevar ante la justicia a todos los militantes algún día, no solo a los líderes como Abu Bakr al Bagdadi, sino a todos los guardias y dueños de esclavas; a todos los hombres que apretaron un gatillo y lanzaron los cuerpos de mis hermanos a las fosas comunes; a todos los combatientes que intentaron lavar el cerebro de los niños para que odiaran a sus madres por ser yazidíes; a todos los iraquíes que dieron la bienvenida a los terroristas en sus ciudades y los ayudaron, mientras pensaban: «Por fin podemos deshacernos de esos infieles». Todos deberían ser juzgados ante el mundo, como los líderes nazis tras la Segunda Guerra Mundial, sin darles la oportunidad de ocultarse.

En mi fantasía, Salwan es el primero en ser juzgado, y todas las chicas de la segunda casa de Mosul están en la sala del tribunal, testificando contra él. «Es él —digo en mi fantasía, y señalo al monstruo—. Este es el hombre gigantesco que nos aterrorizaba a todas. Vio cómo me golpeaban.» Luego Rojian, si quiere, puede contar al tribunal lo que le hizo. Si está demasiado asustada o traumatizada, yo hablaré por ella. «Salwan no solo la compró y abusó de ella una y otra vez, sino que la pegaba siempre que podía —diría al tribunal—. Incluso esa primera noche, cuando Rojian estaba demasiado asustada y agotada para pensar siquiera en resistirse, Salwan la pegó al descubrir que llevaba varias capas de ropa y también la pegó porque la culpaba de que yo me hubiera ido con otro. Cuando Rojian logró escapar, Salwan compró a su madre y la esclavizó para vengarse. Su madre tenía un bebé de dieciséis días, que Salwan le quitó, aunque sus propias reglas dicen que no pueden separar a una madre de sus hijos. Le dijo que no volvería a ver jamás al pequeño.» (Como aprendería, muchas normas del EI estaban hechas para saltárselas.) Contaría al tribunal hasta el último detalle de lo que le hizo a Rojian, y rezo a Dios para que, cuando el EI sea derrotado, Salwan sea capturado con vida.

Esa noche, cuando la justicia era un sueño lejano y no había posibilidad de que nos rescataran, Rojian y Salwan nos siguieron a mí y a Hajji Salman al exterior de la casa y luego al jardín. Los gritos procedentes del mercado de esclavas llegaban hasta nosotros, a un volumen tan alto que su eco se oía por toda la ciudad. Pensé en las familias que habitaban las casas de aquellas calles. ¿Estaban sentadas a la mesa cenando? ¿Acostando a sus hijos? Era imposible que no oyeran lo que estaba ocurriendo en la casa. La música y la televisión, que en otras circunstancias habrían acallado nuestros gritos, estaban prohibidas por el EI. Tal vez les gustara ser testigos de nuestro sufrimiento; la prueba del poder del nuevo mandato del Estado Islámico. ¿Qué creían que ocurriría con ellos al final, cuando las milicias iraquíes y kurdas atacaran para recuperar Mosul? ¿Creían que el EI iba a protegerlos? Me estremecí al pensarlo.

Subimos a un coche, Rojian y yo íbamos en la parte trasera, y los hombres, delante, y nos alejamos de la casa.

—Iremos a mi casa —dijo Hajji Salman hablando por el móvil—. Ahora hay ocho chicas allí. Deshaceos de ellas.

Aparcamos delante de un gran pabellón, una especie de sala para celebraciones nupciales, con una entrada con puerta de doble hoja, decorada con columnas de cemento, que al parecer utilizaban como mezquita. Dentro estaba lleno de militantes del Estado Islámico; debían de ser casi trescientos, todos rezando. Ninguno nos prestó atención cuando entramos, y yo me quedé cerca de la puerta mientras Hajji Salman agarraba dos pares de sandalias de un gran montón y nos los pasaba. Eran sandalias de hombre, de cuero, demasiado grandes y de suela muy dura para caminar con ellas, pero los militantes del Estado Islámico nos habían quitado los zapatos y estábamos descalzas. Intentamos no tropezar al pasar junto a los hombres que rezaban y volvimos al exterior.

Salwan esperaba junto a otro coche, y entonces quedó claro que a Rojian y a mí iban a separarnos. Nos agarramos de las manos y suplicamos que no nos separasen. «Por favor, no nos obliguen a irnos solas», dijimos, pero ni Salwan ni Hajji Salman nos escucharon. Salwan agarró a Rojian por los hombros y la arrancó de mi lado. Parecía muy menuda y muy niña. Nos llamamos a gritos, pero no sirvió de nada. Rojian desapareció en el interior de un coche con Salwan; me dejó a solas con Hajji Salman y con ganas de morirme allí mismo de pena.

Hajji Salman y yo subimos en un pequeño coche blanco, en el que nos esperaban un conductor y un joven guardia llamado Morteja. Morteja se quedó mirándome cuando tomé asiento a su lado, y pensé que, de no haber estado allí Hajji Salman, ese chico habría intentado tocarme como los hombres del mercado de esclavas. Me acurruqué contra la ventanilla, sentada lo más lejos posible de él.

Para entonces, las angostas calles estaban casi desiertas y negras como boca de lobo, iluminadas solo por las luces de unas pocas casas que contaban con electricidad gracias a ruidosos generadores. Viajamos unos veinte minutos en silencio; estaba tan oscuro que era casi como conducir por el mar, y luego nos detuvimos.

—Baja del coche, Nadia —me ordenó Hajji Salman.

Tiró de mí agarrándome por el brazo con brusquedad y me hizo entrar en un jardín por una cancela. Me costó un rato darme cuenta de que habíamos regresado a la primera casa: el centro del Estado Islámico donde los militantes habían separado a un grupo de chicas destinadas a cruzar la frontera.

—¿Van a llevarme a Siria? —pregunté en voz baja, pero Hajji Salman no respondió.

Desde el jardín, se oía a las chicas gritando en el interior de la casa y, al cabo de unos minutos, los militantes sacaron al exterior a ocho jóvenes vestidas con abayas y nicabs. Al pasar por mi lado, se volvieron hacia mí y me miraron. A lo mejor me conocían. A lo mejor eran Nisreen y Kathrine, y estaban demasiado asustadas para decir nada, igual que yo. Fueran quienes fuesen, sus rostros quedaban ocultos bajo el nicab, y, unos segundos después, las obligaron a montar en un minibús. Se cerraron las puertas del vehículo y se marcharon.

Un guardia me obligó a subir a una habitación vacía. No veía ni oía a otras chicas, pero, igual que en las demás casas, el EI había dejado montones de pañuelos y ropas yazidíes en el suelo como prueba de todas las chicas que habían estado allí antes. El pequeño montón de cenizas era todo cuanto quedaba de los documentos que nos habían sustraído. Solo el carné de identidad de una chica de Kocho se conservaba semiintacto; sobresalía de entre el montón de cenizas como una planta diminuta.

Dado que el EI no se había molestado en retirar los objetos personales de la familia que vivía allí, los restos de su vida se veían por todas partes. En una habitación, antes destinada a hacer ejercicio, las paredes estaban llenas de fotos enmarcadas de un chico, que supuse era el hijo mayor, levantando unas pesas enormes. Había otra habitación destinada únicamente a juegos, como el billar; pero lo más triste eran los dormitorios de los niños, todavía llenos de juguetes y mantas de vivos colores, como si estuvieran esperando el regreso de los pequeños.

—¿De quién era esta casa? —pregunté a Hajji Salman cuando se reunió conmigo.

—De un chií —me dijo—. Un juez.

—¿Qué fue de la familia? —Esperaba que hubieran logrado escapar y estuvieran en ese momento en las zonas seguras kurdas. Aunque no fueran yazidíes, se me partía el corazón al pensar en ellos. Al igual que en Kocho, el EI había despojado de todo a aquella familia.

—Ese hombre se ha ido al infierno —contestó Hajji Salman, y dejé de hacer preguntas.

Hajji Salman fue a darse una ducha. Cuando volvió, iba vestido con la misma ropa que antes, y me llegó su tenue tufo de sudor y colonia por encima del jabón. Cerró la puerta al entrar y se sentó en el colchón junto a mí.

—Tengo el período —aduje enseguida, tartamudeando, y miré hacia otro lado, pero él no respondió.

—¿De dónde eres? —preguntó, tumbándose a mi lado.

—De Kocho —respondí.

Por el miedo que sentía, casi no había pensando ni en mi casa ni en mi familia, solo en lo que iba a ocurrirme, segundo a segundo. Pronunciar el nombre de mi aldea fue doloroso. Me recordó a mi casa y a mis seres queridos, sobre todo a mi madre, tumbada en mi regazo, con la cabeza al descubierto y callada mientras esperábamos en Solagh.

—Los yazidíes son infieles, ¿sabes? —dijo Hajji Salman. Hablaba en voz baja, casi en susurros, pero no había ni una pizca de amabilidad en su voz—. Dios quiere que os convirtamos y, si no podemos hacerlo, tenemos derecho a haceros lo que queramos.

Hizo una pausa.

—¿Qué ha pasado con tu familia? —preguntó.

—Casi todos nosotros conseguimos escapar —mentí—. Solo nos han capturado a tres.

—Fui a Sinyar el 3 de agosto, cuando empezó todo —dijo, tendido relajadamente en la cama, como si estuviera contando algo alegre—. Por la carretera vi a tres hombres yazidíes con uniforme de policía. Intentaron escapar, pero logré alcanzarlos y los maté.

Me quedé cabizbaja, incapaz de hablar.

—Fuimos a Sinyar a matar a todos los hombres —prosiguió mi captor— y para llevarnos a las mujeres y a los niños, a todos. Por desgracia, algunos consiguieron llegar a la montaña.

Hajji Salman habló de la misma forma durante casi una hora, mientras yo estaba sentada en el borde del colchón intentando no escuchar lo que decía. Insultó a mi tierra natal, a mi familia y a mi religión. Me dijo que había pasado siete años en la cárcel de Badush, en Mosul, y quería vengarse de los infieles de Irak. Lo que había ocurrido en Sinyar era positivo, según él, y yo debería alegrarme de que el EI planeara erradicar el yazidismo de Irak. Intentó convencerme de que me convirtiera, pero yo me negué. No podía ni mirarlo. Sus palabras dejaron de tener sentido. Hizo una pausa en su monólogo cuando recibió una llamada telefónica de su esposa, a la que llamó Umm Sara.

Aunque lo que decía era para ofenderme, yo deseaba que no dejara de hablar jamás. Pensé que mientras lo hiciera no me tocaría. Las normas yazidíes para los momentos en que chicos y chicas están juntos eran tan estrictas como en otras comunidades de Irak, y en Kocho había dado paseos en coche con amigos y había ido caminando a la escuela con compañeros de clase sin preocuparme por lo que diría la gente. Pero esos chicos jamás me habrían tocado ni hecho daño, y antes de estar con Hajji Salman, jamás había estado a solas con un hombre de esa forma.

—Eres mi cuarta *sabiyya* —dijo—. Las otras tres ahora son musulmanas. Fue lo que hice por ellas. Los yazidíes sois infieles; por eso lo hacemos. Es para ayudaros.

Cuando dejó de hablar, me ordenó que me desnudara.

Empecé a llorar.

—Tengo el período —le repetí.

—Demuéstralo —dijo, y empezó a quitarse la ropa—. Eso es lo que decían mis otras *sabaya* también.

Me desvestí. Como era verdad que tenía el período, no me violó. El manual del Estado Islámico no prohíbe mantener relaciones sexuales con las sabaya que estén menstruando, pero sí dice que el captor debería esperar a que su esclava finalice el ciclo menstrual antes de tener relaciones sexuales con ella, para asegurarse de que no está embarazada. Quizá fue eso lo que impidió que Hajji Salman me violara esa noche.

Con todo, no me dejó en paz. Pasamos la noche tumbados sobre el colchón, desnudos, y no dejó de tocarme ni un segundo. Me sentí igual que en el autobús cuando Abu Batat me metía la mano por debajo del vestido y me manoseaba el pecho; me dolía el cuerpo y se me entumecía en las partes por las que pasaban los dedos de Hajji Salman. Estaba demasiado asustada para intentar defenderme, y tampoco tenía mucho sentido. Yo era menuda, delgada y débil. Llevaba sin comer en condiciones varios días, que quizá fueran más de los que creía si contaba los que había pasado atrapada en Kocho, y nada disuadiría a mi captor de hacerme lo que quisiera.

Cuando abrí los ojos por la mañana, Hajji Salman ya se había levantado. Empecé a ponerme la ropa, pero él me lo impidió.

—Ve a ducharte, Nadia —dijo—. Tenemos un gran día por delante.

Después de ducharme, me entregó una abaya y un nicab negros, que me puse encima del vestido. Era la primera vez que usaba el atuendo de la mujer musulmana conservadora, y aunque la tela era ligera, me costaba respirar. Ya en el exterior, oculta bajo el nicab, por fin vi el barrio a la luz del día. Resultaba evidente que el juez chií había sido rico; vivía en la zona de la clase alta de Mosul, donde había casas resguardadas del camino tras jardines y rodeadas por muros. La propaganda religiosa del EI tenía un poderoso atractivo para los yihadistas en potencia, pero a los militantes de todo el mundo también se los embaucaba con la promesa del dinero. Cuando llegaban a Mosul, ocupaban primero las casas más bonitas y saqueaban las demás para llevarse cuanto quisieran. A los residentes que no abandonaron la ciudad les dijeron que les devolverían la autoridad que habían perdido después de 2003, cuando Estados Unidos desmanteló las instituciones baazistas y restituyó el poder a los chiíes de Irak. Sin embargo, también tenían que pagar elevados impuestos al EI, por eso a mí me parecía un grupo terrorista que se guiaba por la codicia.

El EI parecía revolucionario por la forma en que tomó los edificios más importantes de la ciudad y porque ondeaba su bandera negra y blanca allí donde iba. El aeropuerto local, así como todo el extenso campus de la universidad de Mosul, uno de los mejores centros de enseñanza de Irak en el pasado, se convirtieron en bases militares. Los militantes irrumpieron en el museo de Mosul, el segundo más grande de Irak, destruyeron algunos objetos de arte que calificaron de antiislámicos y vendieron otros en un mercado negro ideado para financiar su guerra. Incluso el Nineveh Oberoi Hotel, un hotel de cinco estrellas con una curiosa fachada inclinada y construido en la década de 1980 durante el gobierno de Sadam, fue ocupado por los principales miembros del grupo terrorista. Según decían, las habitaciones más bonitas se reservaban para los terroristas suicidas.

Cuando llegó el EI en 2014, cientos de miles de personas abandonaron Mosul y tuvieron que esperar durante horas en los puestos de control del GRK para entrar en el Kurdistán. Los restos de su huida seguían intactos en las carreteras por las que Hajji Salman y yo íbamos en coche. Automóviles abandonados y calcinados hasta verse reducidos a carcasas negras; vigas de acero que sobresalían entre los escombros de casas semiderruidas. Uniformes de la policía iraquí hechos jirones plagaban la carretera, abandonados por los agentes que creyeron que tendrían más oportunidades de escapar vivos si se deshacían de su vestimenta oficial. Consulados, juzgados, colegios, comisarías y bases militares estaban en ese momento bajo el control del EI, cuyos militantes dejaban su huella por todas partes, colgando banderas, dando discursos desde los altavoces de las mezquitas, incluso cubriendo con pintura negra las caras de los niños de un mural que decoraba el exterior de una escuela infantil, porque decían que los retratos eran *haram*, o pecaminosos.

Habían liberado a los prisioneros de la cárcel de Badush a

De izquierda a derecha: mi hermana Adkee, mi hermano Jalo y mi hermana Dimal.

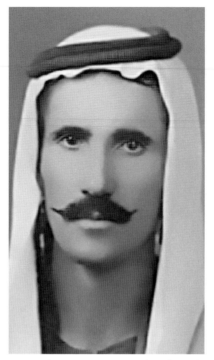

Mi padre, Basee Murad Taha, de joven.

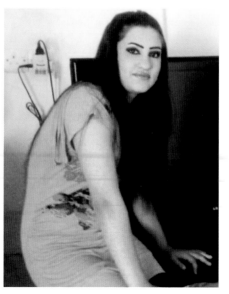

Mi sobrina Kathrine en una boda, en 2013.

De izquierda a derecha: mi cuñada Sester, mi hermana Adkee, mi hermano Khairy, mi sobrina Baso, mi hermana Dimal, mi sobrina Maisa y yo, en 2011.

Detrás y desde la izquierda: mi cuñada Jilan, mi cuñada Mona, mi madre, mi sobrina Baso y mi hermana Adkee. Delante, yo con mis sobrinas Maisa, Kathrine y Nazo, en nuestra casa de Kocho, en 2014.

Mi hermano Hezni conduciendo el tractor de mi familia conmigo y mi sobrina Kathrine (a la izquierda), en la parte trasera.

Mis hermanos y hermanastros en 2014. Al fondo, de izquierda a derecha: mi hermano Hezni, un vecino, mi hermanastro Khaled, mi hermano Saeed. En primera fila: mi hermanastro Walid, mi hermano Saoud y yo.

Jilan y Hezni el día de su boda en 2014.

Mi madre en la boda de su nieto.

De izquierda a derecha: mis hermanos Massoud, Saoud y Hezni.

Mi hermanastro Hajji.

En el colegio con una compañera de clase, en 2011.

Mi madre, Shami.

cambio de que jurasen lealtad al Estado Islámico. Tras unirse a los militantes, estos hicieron saltar por los aires los templos cristianos, sufíes y chiíes, y todos los lugares sagrados, algunos de los cuales formaban parte de Irak del mismo modo que las montañas. Al menos la gran mezquita de Mosul seguía en pie en la ciudad antigua, aunque se convirtió en un lugar horrible cuando Baghdadi se situó tras su púlpito y declaró que la segunda ciudad más importante de Irak era la capital del Estado Islámico. En 2017, quedaría destruida, como gran parte de la ciudad.

Al final paramos delante de los juzgados de Mosul, un edificio enorme de color arena situado en la ribera occidental del Tigris, con finas agujas que me recordaban a una mezquita. Una bandera gigantesca del Estado Islámico decoraba lo alto. El edificio era crucial para el plan del grupo terrorista de instaurar un nuevo orden en Mosul; un orden no regido por las leyes del gobierno central iraquí, sino por las creencias fundamentalistas del Estado Islámico. Los carnets de identidad del Estado Islámico sustituyeron a los iraquíes, y los coches ya llevaban las nuevas matrículas del EI. En un Mosul controlado por el EI, las mujeres debían ir tapadas todo el tiempo —con nicabs y abayas— y escoltadas por hombres si querían salir de casa. El EI prohibió la televisión, la radio e incluso los cigarrillos. Los civiles que no se unían al grupo terrorista debían pagar una cuota si querían salir de Mosul, entonces se les permitía estar fuera de la ciudad solo un período determinado. Si se ausentaban durante demasiados días, un miembro de su familia podía ser castigado, y su casa y sus propiedades, confiscadas por «abandono del califato». Muchos de los juicios se celebraban en esos juzgados.

En el interior, había numerosas personas esperando una cita con los jueces y funcionarios. Una cola de militantes con mujeres cubiertas de negro, que supuse que también eran *sabaya*, aguardaba delante de una sala particular. Allí rellenamos los documentos donde se reconocía de forma oficial qué chicas yazidíes pertenecían a qué militantes. Nos obligaban a convertirnos al islam, y esa conversión también se registraba. Luego un juez nos declaraba propiedad del hombre que nos había llevado hasta allí. Era un contrato para violarnos, que los militantes, incluido Hajji Salman, llamaban «matrimonio».

Cuando los militantes que trabajaban allí vieron a Hajji Salman, nos hicieron un gesto con la mano para que nos situáramos al principio de la cola. Al escuchar las conversaciones, entendí mejor las funciones desempeñadas por mi captor para el EI. Hajji Salman era juez, y su labor consistía en determinar si un encausado que había sido declarado culpable debía ser ejecutado.

Accedimos a una sala vacía salvo por un juez de barba canosa, sentado ante un escritorio alargado y rodeado de papeles. A su espalda, el aire acondicionado agitaba una enorme bandera del Estado Islámico y otras dos banderas más pequeñas ornamentaban las hombreras de su uniforme. Cuando entramos, recé a Dios con todas mis fuerzas para que me perdonara por lo que estaba a punto de ocurrir. «Siempre creeré en ti —juré—. Siempre seré yazidí.»

El juez, Husayn, era estricto y eficiente.

—Levántate el nicab —me ordenó, y lo hice para enseñarle la cara—. ¿Te sabes la *shahada*? —me preguntó.

—Sí —respondí.

Todo el mundo conocía esa sencilla oración islámica, que demuestra el compromiso de un converso con el islam y que los musulmanes recitan al rezar. Cuando terminé, la expresión del juez Husayn se iluminó.

—Dios te bendiga —me dijo—. Lo que haces es muy bueno. —Entonces cogió una cámara de su mesa y me sacó una foto del rostro al descubierto. Después se volvió hacia Hajji Salman y afirmó—: Ahora es tu *sabiyya*. Haz con ella lo que te plazca.

Y salimos de los juzgados.

Con esos «matrimonios», el EI proseguía con su lento exterminio de chicas yazidíes. Primero nos sacaban de nuestros hogares y mataban a nuestros hombres. Luego nos separaban de nuestras madres y hermanas. Fuéramos a donde fuésemos, nos recordaban que no éramos más que propiedades, podían toquetearnos y violarnos, como Abu Batat me había sobado el pecho, como si quisiera rompérmelo, o como Nafah me había apagado los cigarrillos en el cuerpo. Todas esas violaciones eran pasos hacia la aniquilación de nuestras almas.

Despojarnos de nuestra religión era lo más cruel. Al salir de los juzgados, me sentía vacía. ¿Quién era yo si no era yazidí? Esperaba que Dios supiera que, aunque hubiera recitado la *shahada*, lo había hecho sin sentir lo que decía. Mientras mi alma, aniquilada por el EI, pudiera estar con Dios y Melek Taus en el más allá, el EI podía quedarse con mi cuerpo.

—¿La foto era para un carnet de identidad? —pregunté a Hajji Salman.

—No —respondió—. Usarán la foto para hacer un seguimiento de dónde estás y con quién. —Me sujetó con más fuerza por el brazo—. Y, si intentas escapar, imprimirán cientos de copias con mi nombre y mi número de teléfono en ellas, y las colgarán en todos los puestos de control para garantizar que me seas devuelta. Me serás devuelta.

Por supuesto, lo creí.

7

Salimos de los juzgados y fuimos en coche a una nueva casa, donde Morteja, el guardia, vivía con su familia. En comparación con la residencia de Hajji Salman, se trataba de un hogar modesto de una sola planta, pero aun así más espacioso que la vivienda donde yo me había criado. Puesto que acababa de convertirme, pensé que quizá Hajji Salman se apiadaría de mí y me contaría qué le había ocurrido a mi familia, así que se lo pregunté.

—Por favor, lléveme a ver a Kathrine, Nisreen y Rojian —le supliqué—. Solo quiero asegurarme de que están bien.

Para mi sorpresa, dijo que lo intentaría.

—Sé dónde están —afirmó—. Haré una llamada telefónica. A lo mejor puedes verlas un rato, pero por el momento tendremos que esperar aquí.

Entramos a través de la cocina, donde nos recibió una mujer mayor que se presentó como la madre de Morteja.

—Nadia era una infiel, pero acaba de convertirse —contó Morteja a su madre, y ella levantó los gruesos brazos con entusiasmo para felicitar a Hajji Salman.

—Tú no tienes la culpa de haber nacido yazidí —me dijo la señora—. Es culpa de tus padres. Ahora serás feliz.

No había estado en la misma habitación que una mujer no yazidí desde mi llegada a Mosul, y me quedé mirando a la madre de Morteja, en busca de algún gesto de compasión. Al fin y al cabo, era madre, y se me ocurrió que eso podía ser más importante para ella que el hecho de que ella fuera suní, y yo, yazidí. ¿Sabía qué me había hecho Hajji Salman por la noche y lo que pensaba hacerme en cuanto se me retirase el período? Aunque no lo supiera, sí que sabía que yo estaba allí a la fuerza, que me habían separado de mi familia y que habían asesinado a los hombres de Kocho. No demostró ningún afecto ni compasión por mí, solo alegría al saber que me habían obligado a convertirme al islam, porque así había un yazidí menos en Irak.

La odiaba, no solo porque hubiera permitido que el EI tomara Mosul, sino porque había aceptado que lo tomaran hombres. Bajo el mandato del EI, las mujeres eran eliminadas de la vida pública. Los hombres se unieron a su causa por motivos evidentes: querían dinero, poder y sexo. Yo creía que eran demasiado débiles para saber cómo conseguir todo eso sin usar la violencia. En cualquier caso, los militantes del Estado Islámico a los que había conocido hasta entonces parecían disfrutar haciendo sufrir a la gente. Esos hombres se regían según las leyes adoptadas por el EI, que les daban autoridad total sobre sus mujeres e hijas.

Sin embargo, no podía entender por qué una mujer se unía a los yihadistas y celebraba abiertamente la esclavización de las chicas como lo hacía la madre de Morteja. Cualquier mujer de Irak, sin importar su religión, tenía que luchar por todo. Por los escaños en el parlamento, por sus derechos reproductivos, por los puestos en la universidad... Todo ello había sido resultado de largas batallas. Los hombres estaban satisfechos con ocupar el poder, de modo que el poder debía ser reclamado por mujeres fuertes. Incluso la insistencia de Adkee en conducir nuestro tractor fue un gesto de igualdad y un desafío a esos hombres.

Con todo, cuando el EI llegó a Mosul, las mujeres como la madre de Morteja le dieron la bienvenida y celebraron sus malvadas políticas, que ocultaban a mujeres como ella y explotaban a mujeres como yo. De la misma forma, había permanecido impasible mientras los terroristas mataban o echaban de la ciudad a los cristianos y chiíes, con los que los suníes habían convivido durante más de mil años. Esa mujer había decidido quedarse allí mirando y vivir bajo el mandato del EI.

Yo, si alguna vez hubiera visto a unos yazidíes de Sinyar atacar a los musulmanes de la forma en que el EI nos atacaba a nosotros, de ningún modo podría haber permanecido impasible. Ninguna familia, hombre o mujer lo habría hecho. Todo el mundo piensa que las mujeres yazidíes son débiles, porque somos pobres y vivimos fuera de las ciudades, y he oído decir que las mujeres combatientes en las filas del EI están demostrando, a su manera y entre hombres, lo fuertes que son. Pero ninguna de ellas —ni la madre de Morteja ni las terroristas suicidas siquiera— era ni la mitad de fuerte que mi madre, que superó numerosas batallas y jamás habría permitido que convirtieran a otra mujer en esclava, con independencia de su religión.

Ahora sé que el hecho de que existan mujeres terroristas no es ninguna novedad. En todo el mundo y a lo largo de toda la historia, las mujeres se han unido a organizaciones terroristas, a veces incluso han desempeñado papeles protagonistas en ellas, pero, aun así, sus acciones siguen sorprendiendo a los ajenos a las causas. La gente supone que las mujeres son demasiado dóciles, sobre todo en Oriente Medio, para llegar a mostrarse violentas. Sin embargo, hay muchas mujeres en las filas del EI y, al igual que los hombres, rechazan toda fe salvo el islam y creen que, al unirse a los terroristas, contribuyen a la causa más importarte de constituir su califato suní. Como ellos, se consideran víctimas de la opresión sectaria y de la invasión estadounidense. Esas mujeres creyeron al EI cuando les dijeron que, si los apoyaban, sus familias tendrían más dinero, sus maridos conseguirían mejores empleos y sus hijos recibirían el estatus que merecían en su país. Les dijeron que era su deber religioso apoyar a los hombres, y ellas lo aceptaron.

He oído historias acerca de mujeres del Estado Islámico que ayudaban a las yazidíes. Una chica de Kocho recibió un móvil de manos de la esposa de su captor, un combatiente extranjero que había llevado a toda su familia consigo en un largo viaje desde su casa en el oeste hasta Siria. Al principio, la mujer se había dejado embaucar por la propaganda del Estado Islámico, pero no tardó en horrorizarse ante la esclavización de las yazidíes. Gracias a esa mujer, las chicas yazidíes que se encontraban en su casa pudieron planear salir de Siria para llegar a un lugar seguro mediante la red de tráfico de personas.

Sin embargo, con más frecuencia oigo relatos sobre mujeres que son incluso más crueles que los hombres. Pegan y matan de hambre a las *sabaya* de su esposo, por celos o por rabia o porque son víctimas fáciles. A lo mejor se consideran revolucionarias —incluso feministas— y se dicen a sí mismas, como muchas personas a lo largo de la historia, que la violencia ejercida para alcanzar un fin más elevado es aceptable. He oído todo esto y, cuando pienso en llevar al EI ante la justicia por genocidio, siento cierta lástima por las mujeres. Ahora entiendo mejor por qué la gente las considera víctimas. Pero no comprendo cómo alguien puede quedarse impasible mientras miles de yazidíes son vendidas como esclavas sexuales y violadas hasta que sus cuerpos se rompen. No existe justificación para esa clase de crueldad, y de ella no puede derivarse ningún fin más elevado.

La madre de Morteja siguió hablando a Hajji Salman para intentar impresionarlo.

—Además de Morteja, tengo una hija de doce años —dijo—. Y un hijo en Siria, luchando con el Dawla. —Era una abreviatura árabe para referirse al EI. Sonrió al pensar en su hijo—. ¡Es tan guapo! —exclamó, emocionada—. Que Dios lo bendiga.

Cuando finalizó la bienvenida, la madre de Morteja me llevó a un cuarto pequeño.

—Espera aquí a Hajji Salman —me dijo—. No intentes ir a ninguna parte y no toques nada. —Cerró la puerta al salir.

Me senté en el borde de un sofá y me rodeé el cuerpo con los brazos. Me pregunté si Hajji Salman estaría intentando localizar a mis sobrinas y si podría verlas pronto. No era raro que las *sabaya* tuvieran contacto entre ellas —los hombres solían llevarlas de viaje—, así que tal vez Hajji Salman me concedería lo que quería para mantenerme tranquila y de paso conseguir que opusiera menos resistencia. Siempre que pudiera comprobar que Kathrine y las demás seguían vivas, no me importaba lo que ocurriera después.

De pronto se abrió la puerta y entró Morteja. Me di cuenta por primera vez de lo joven que era, no debía de ser más de un año mayor que yo, y llevaba una barba corta y desaliñada. Era evidente que su rango era bajo entre los militantes, ni siquiera estaba segura de si tendría una *sabiyya* propia; de ser así, no veía señales de que viviera con ella. Sin la presencia de Hajji Salman, se acercó a mí con más autoridad, pero parecía torpe, como un niño que se ha puesto los zapatos de su padre.

Cerró la puerta al entrar y se sentó en la cama, cerca de mí. De forma instintiva, doblé las piernas, las pegué al pecho y apoyé la frente en las rodillas, para no tener que mirarlo. No obstante, él empezó a hablar.

—¿Te alegras de estar aquí? —me preguntó—. ¿O preferirías haber escapado y estar con tu familia? —Estaba burlándose de mí; sabía perfectamente lo que cualquier ser humano respondería a esa pregunta.

—No tengo ni idea de lo que ha pasado con mi familia —dije. Rogué a Dios para que se fuera.

—¿Qué me darías si te ayudo a escapar? —me preguntó.

—No tengo nada que darte —respondí con sinceridad, aunque sabía lo que estaba insinuando—. Pero, si me ayudas, llamaré a mi hermano y él te dará lo que quieras.

Rio y siguió hablando.

—¿Estás asustada? —preguntó, y fue acercándose cada vez más a mí.

—Sí, estoy asustada —contesté—. Claro que estoy asustada.

—Déjame ver —dijo, y alargó una mano para ponérmela en el pecho—. Déjame ve si tu corazón late más deprisa por el miedo.

En cuanto vi que acercaba su mano hacia mí, dejé de hablarle y grité tan fuerte como pude. Deseé que mi grito derribara las paredes que nos rodeaban y que el techo se hundiera y nos matara a todos.

La puerta se abrió y apareció la madre de Morteja. Fulminó a su hijo con la mirada.

—Déjala en paz —ordenó a Morteja—. Ella no te pertenece. —Y el chico salió del cuarto, cabizbajo y avergonzado, como un niño—. Es una *kafir* —le dijo cuando se iba, y me lanzó una mirada de desprecio—. Y es propiedad de Hajji Salman.

Durante un instante, me pregunté cómo habría actuado esa mujer si hubiéramos estado las dos solas. Si, a pesar de ser quien era, y a pesar de lo que había consentido, se hubiera sentado a mi lado y hubiera admitido lo que me estaban haciendo, creo que la habría perdonado. Rodaba la edad de mi madre, y su cuerpo era rechoncho y blando, como el de ella. Si se hubiera limitado a decirme: «Sé que te han traído aquí a la fuerza» y me hubiera preguntado:«¿Dónde están tu madre y tus hermanas?», no habría cambiado nada, pero me habría sentido muy aliviada. Fantaseé con la idea de que esperaría a que Morteja se hubiera ido para sentarse a mi lado en la cama, tomarme de la mano, llamarme «hija» y susurrarme: «No te preocupes, te ayudaré a escapar. Soy madre y me preocupo por ti». Esas palabras habrían sido como un pedazo de pan después de semanas sin comer. Pero no dijo nada. Se marchó, y yo volví a quedarme sola en esa pequeña habitación.

Unos minutos después, entró Hajji Salman.

—Ya podemos ir a ver a Kathrine —me dijo, y yo sentí el

corazón rebosante de alegría y vacío al mismo tiempo. Mi sobrina me preocupaba más que ninguna otra persona.

Kathrine nació en 1998, era la hija mayor de Elias y, desde el momento de su nacimiento, fue especial para mi familia. Fueron las llorosas protestas de Kathrine las que impidieron que Elias se marchara de nuestro hogar para mudarse con su familia. Ella quería a mi madre casi tanto como yo, y me quería a mí. Lo compartíamos todo, incluso la ropa, y nos vestíamos de forma parecida a veces. En la boda de mi primo, ambas íbamos de rojo, y en una de las bodas de mis hermanos, las dos nos vestimos de verde.

A pesar de que yo era mayor, llevaba algunos cursos de retraso en la escuela, así que íbamos a las mismas clases. Kathrine era inteligente, pero también era muy práctica y trabajadora para su edad, así que dejó la escuela después de sexto curso para trabajar en la granja. Le gustaba más estar al aire libre con su familia que estudiar, y le gustaba sentirse útil. Aunque era joven, menuda y callada, sabía hacer todas las tareas del hogar y de la granja. Kathrine ordeñaba las ovejas y cocinaba con tanta habilidad como Dimal. Cuando alguien enfermaba, lloraba por esa persona y decía que sentía su enfermedad en el cuerpo hasta que se curaba. Por las noches nos dormíamos hablando de nuestros planes de futuro. «Me casaré a los veinticinco —me contaba—. Quiero tener muchos hijos y una gran familia.»

Durante el asedio, Kathrine apenas se movió del salón, donde permanecía sentada delante del televisor y lloraba por las personas de la montaña. Se negó a comer después de saber que habían capturado a Baso, su hermana.

—Tenemos que ser optimistas —le dije mientras le acariciaba la cara, que tenía amarillenta por la falta de comida y sueño.

—A lo mejor sobrevivimos —añadió mi madre—. Mira a tu padre, tienes que ser fuerte por él.

Pero Kathrine perdió la esperanza y no la recuperó jamás.

A Kathrine y a mí nos subieron a camionetas distintas al salir de Kocho, y no volví a verla hasta que llegamos a Solagh, cuando se agarró a mi madre con todas sus fuerzas para intentar evitar que el EI se la llevara.

—Yo voy con mi madre —dijo al militante del Estado Islámico—. No puede caminar sin ayuda.

Aunque él ordenó que se sentara a gritos, y ella lo hizo.

En Mosul, era Kathrine la que estaba más preocupada por mí. «No vuelvas a gritar —dijo—. Sé lo que te estaba haciendo Abu Batat. A mí me hizo lo mismo.» Sabía que lo pasaba mal intentando controlar mi mal humor, me conocía mejor que nadie, y quería ayudarme a evitar un castigo. «No hables árabe, Nadia —me aconsejó mientras estábamos esperando en la casa de Mosul a que nos separaran—. No te conviene que te lleven a Siria.» La última vez que la vi, Salwan me había arrancado de sus brazos y me arrastraba escaleras abajo.

Hajji Salman y yo nos fuimos de casa de Morteja. Cuando nos dirigíamos hacia la puerta, vi a la madre de Morteja en la cocina, donde se afanaba en aplicar vasos calientes de cristal en la espalda de un hombre: es un tipo de masaje que deja enormes marcas rojas en forma de círculos en la piel y se supone que ayuda a mejorar la circulación. Como era de buena educación dar gracias a la señora de la casa —y porque, a pesar de todo, los buenos modales que te enseñan se convierten en algo instintivo—, la miré y dije:

—Salman ha llegado, ya me voy, gracias.

—Ve con Dios —contestó, y retomó lo que estaba haciendo.

Hajji Salman y yo regresamos en coche al edificio donde se había organizado el mercado de esclavas la noche anterior.

—Están arriba —me indicó, y me dejó allí.

Subí corriendo las escaleras y encontré a Kathrine y a Nisreen, solas en esa habitación grande con las ventanas tapadas. Era obvio que estaban agotadas; Kathrine se hallaba tirada sobre una colchoneta fina, con los ojos semicerrados, y Nisreen estaba sentada a su lado. Cuando abrí la puerta, se quedaron mirándome, inexpresivas. Había olvidado levantarme el nicab.

—¿Has venido para recitarnos el Corán? —preguntó Kathrine en voz baja.

—Soy yo, Nadia —dije, y cuando me vieron la cara corrieron hacia mí.

Lloramos con tanta intensidad que creíamos que íbamos a morir de tanto llorar. Nos dolían los músculos y casi no podíamos respirar.

—Nos han dicho que esperásemos a una mujer que vendría para asegurarse de que éramos vírgenes —me contaron—. ¡Creíamos que eras tú!

Kathrine tenía los ojos hinchados y amoratados.

—No veo muy bien —me dijo cuando me senté a su lado.

—Pareces muy débil —contesté tomándola de la mano.

—Estoy ayunando para que Dios nos ayude —me explicó.

Me preocupaba que pudiera caer enferma por el ayuno, pero no se lo dije. Los yazidíes realizamos dos ayunos oficiales al año, y podemos escoger ayunar en otras ocasiones, para reforzar nuestro compromiso con Dios y abrir nuestro canal de comunicación con Melek Taus. El ayuno puede darnos fuerzas en lugar de quitárnoslas.

—¿Qué os ha pasado? —pregunté a Kathrine.

—Un hombre llamado Abu Abdullah me compró y me llevó a otra casa en Mosul —me contó—. Le dije que tengo cáncer y que no debía tocarme, así que me pegó y me devolvió al mercado. Por eso tengo los ojos amoratados.

—Yo intenté escapar —dijo Nisreen—. Me pillaron y me pegaron, y me volvieron a traer a este lugar.

—¿Por qué llevas eso puesto? —me preguntó Kathrine. Ella todavía llevaba dos vestidos yazidíes, uno encima del otro.

—Me quitaron mi ropa y me obligaron a ponerme esto —dije—. He perdido mi bolsa. No tengo otra cosa.

—¡Yo tengo tu bolsa! —dijo Kathrine, y me la pasó. Luego se quitó el vestido que llevaba puesto encima y también me lo entregó. Era rosa y marrón, uno de sus vestidos nuevos. A día de hoy, Dimal y yo nos turnamos para llevarlo, porque es bonito y porque nos recuerda a nuestra sobrina—. Ponte esto debajo de la abaya —me dijo, y me dio un beso en la mejilla.

Uno de los guardias apareció en la puerta.

—Tienes cinco minutos —anunció—. Luego Hajji Salman te quiere abajo.

Cuando el guardia se fue, Kathrine se metió la mano en el bolsillo del vestido y me entregó un par de pendientes.

—Quédatelos. Puede que no volvamos a vernos.

»Si tienes la oportunidad de huir, hazlo —me susurró, me tomó de la mano y me acompañó escaleras abajo—. Yo también lo intentaré.

Estuvimos cogidas de las manos hasta que llegamos a la cocina y Hajji Salman me sacó de allí tirando de mí.

Regresamos en coche y en silencio a la casa de Hajji Salman. Yo lloraba sin hacer ruido por Kathrine y Nisreen, mientras rogaba a Dios que sobrevivieran les pasara lo que les pasase. Cuando llegamos, Hajji Salman me ordenó que entrara con uno de los guardias y lo esperara.

—No tardaré —dijo, y yo empecé a rezar en silencio por mí misma.

Antes de que entrara, Hajji Salman se quedó mirándome un buen rato.

—Cuando vuelva, me da igual si tienes el período —me dijo al cabo de unos instantes—. Te prometo que iré a por ti.

Así es como lo expresó: «Iré a por ti».

8

En los últimos tres años, he escuchado muchas historias sobre mujeres yazidíes que fueron capturadas y esclavizadas por el EI. En buena medida, todas fuimos víctimas de la misma clase de violencia. Nos compraban en el mercado, o nos entregaban como obsequio a un nuevo recluta o a un comandante de alto rango, y luego íbamos a sus casas, donde nos violaban y nos humillaban; a la mayoría nos pegaban también. Luego nos vendían o nos regalaban de nuevo, y de nuevo nos violaban y pegaban; nos vendían o nos regalaban a otro militante, y este nos violaba y nos golpeaba a su vez. Esa rueda seguía mientras fuéramos lo bastante deseables y no estuviéramos muertas. Si intentábamos escapar, nos castigaban duramente. Tal como Hajji Salman me había advertido, el EI colgaba nuestras fotos en los puestos de control, y los habitantes de Mosul tenían instrucciones de devolver a las esclavas al centro del Estado Islámico más cercano. Les decían que a cambio recibirían una recompensa de cinco mil dólares.

La violación era la peor parte. Nos despojaba de nuestra humanidad y hacía que pensar en el futuro —en regresar a la sociedad yazidí, casarnos, tener hijos y ser felices— nos resultara imposible. Deseábamos que nos mataran.

El EI sabía lo devastador que era para una chica yazidí soltera convertirse al islam y perder la virginidad, y usaban nuestros peores miedos —que nuestra comunidad y nuestros líderes religiosos nos rechazaran— contra nosotras. «Intenta escapar, da igual —me decía Hajji Salman—. Aunque logres llegar a casa, tu padre o tu tío te matarán. ¡Ya no eres virgen y eres musulmana!»

Las mujeres contaban historias sobre cómo se habían resistido a sus atacantes, cómo habían intentado apartar a golpes a hombres mucho más fuertes que ellas. Aunque no habrían vencido jamás a los militantes decididos a violarlas, su resistencia las hacía sentir mejor con lo que ocurría.

«Jamás permitimos que lo hagan con tranquilidad —decía una de esas mujeres—. Yo me resisto, le pego, le escupo en la cara, hago cualquier cosa.» Oí la historia de una chica que se penetró a sí misma con una botella para dejar de ser virgen antes de que el militante la tomara, y que otras habían intentado prenderse fuego. Cuando eran libres, se enorgullecían de poder decir que habían arañado el brazo de su captor con tanta fuerza que le habían hecho sangrar, o que le habían dejado la mejilla amoratada mientras las violaba. «Al menos no le dejaba hacerme todo lo que quería», contaban, y cada gesto, no importaba lo insignificante que resultara, era un mensaje para el EI de que en realidad no les pertenecíamos. Por supuesto, las voces de las mujeres que ya no estaban, las que se habían suicidado antes de ser violadas, eran las que se oían con más fuerza.

Jamás lo he reconocido ante nadie, pero yo no me resistí cuando Hajji Salman o cualquier otro venía a por mí para violarme. Cerraba los ojos y deseaba que acabara pronto. La gente no para de decirme: «Oh, eres tan valiente y tan fuerte...», y me muerdo la lengua, pero tengo ganas de corregirlos y decirles que, mientras las otras chicas pegaban y mordían a sus atacantes, yo solo lloraba. «No soy valiente como ellas», tengo ganas de decir, pero me preocupa lo que los demás puedan pensar de mí. A veces, puede parecer que lo único que les interesa en lo relativo al genocidio son los abusos sexuales sufridos por las chicas yazidíes, y quieren oír relatos de lucha. Yo quiero contarlo todo —el asesinato de mis hermanos, la desaparición de mi madre, el lavado de cerebro de los niños—, no solo la violación. O a lo mejor todavía me da miedo el qué dirán. Tardé mucho en aceptar que, solo porque no me resistiera como hicieron algunas chicas, no significa que aprobara lo que me estaban haciendo esos hombres.

Antes de la llegada del EI, me consideraba una persona valiente y honesta. Tuviera los problemas que tuviese o hubiera cometido el error que hubiese cometido, siempre lo confesaba a mi familia. Les decía: «Yo soy así», y estaba dispuesta a aceptar sus reacciones. Siempre que estuviera con ellos, era capaz de enfrentarme a cualquier cosa. Pero, sin mi familia, cautiva en Mosul, me sentía tan sola que apenas me sentía humana. Algo murió en mi interior.

La casa de Hajji Salman estaba repleta de guardias, así que subí la escalera de inmediato. Alrededor de media hora después, uno de los guardias, Hossam, entró con un vestido, algo de maquillaje y crema depilatoria.

—Salman ha dicho que te duches y te prepares antes de que venga —dijo, y volvió a bajar después de dejar todo sobre la cama.

Me duché e hice lo que me había dicho Hossam. Usé la crema para quitarme todo el vello de los pies a las axilas. Era de una marca que mi madre nos compraba a menudo, y yo siempre la odié, porque prefería depilarme con la cera azucarada popular en Oriente Medio. La crema tenía un fuerte olor a producto químico que me mareaba. En el baño me di cuenta de que, de hecho, mi período se había interrumpido.

A continuación, me puse el vestido que me había dejado Hossam. Era negro y azul, con una falda corta por encima de las rodillas y solo unos finos tirantes en los hombros. Llevaba unos aros en los senos así que no tenía que ponerme sujetador. Era como los vestidos de fiesta que había visto en la televisión; no lo bastante recatado para Kocho, ni, en realidad, para Mosul. Era la clase de prenda que una mujer usaba solo para su marido.

Me coloqué delante del espejo del baño. Sabía que, si no me maquillaba, me castigarían, por eso eché un vistazo al montón de cosméticos que había dejado Hossam para mí. En circunstancias normales, Kathrine y yo nos habríamos emocionado con el maquillaje nuevo, de una marca que reconocí y que muy rara vez podía permitirme. Nos pasábamos las horas delante del espejo de la habitación, pintándonos los ojos con diferentes sombras, perfilándolos con gruesas rayas de kohl y tapándonos las pecas con bases de maquillaje. En casa de Hajji Salman, apenas soportaba tener que mirarme en el espejo. Me puse un poco de pintalabios rosa y sombra de ojos; lo justo, esperaba, para evitar que me pegaran.

Me miré en el espejo por primera vez desde que había dejado Kocho. Antes, una vez que maquillaba, siempre sentía que era otra persona y me encantaba la posibilidad de transformarme; pero ese día, en casa de Hajji Salman, no sentía que tuviera otro aspecto. No importaba cuánto pintalabios me pusiera, la cara que veía en el espejo reflejaba exactamente aquello en lo que me había convertido: una esclava que, en cualquier momento, sería el premio de un terrorista. Me senté en la cama y esperé a que se abriera la puerta.

Transcurridos cuarenta minutos, oí a los guardias saludando a mi captor en el exterior, y entonces Hajji Salman entró en la habitación. No estaba solo, pero los hombres que lo acompañaban se quedaron en el pasillo. En cuanto lo vi, caí al suelo e intenté hacerme un ovillo para que no pudiera tocarme, como una niña.

—*Salam aleikum* —me dijo Hajji Salman, y me miró de arriba abajo. Parecía sorprendido de que me hubiera vestido como me había pedido—. Tuve otras *sabaya* a las que vendí después de un par de días. No hacían lo que les pedía. Has hecho un buen trabajo —afirmó con tono de aprobación. Se marchó y cerró la puerta al salir; me dejó sintiéndome expuesta y avergonzada.

Era última hora de la tarde cuando volvió a abrirse la puerta. Esta vez Hossam se asomó a la habitación.

—Hajji Salman quiere que sirvas té a los invitados —dijo.

—¿Cuántos son? ¿Quiénes son? —No quería salir de la habitación tal como iba vestida, pero Hossam se negó a responder.

—Acaban de llegar —aclaró—. Date prisa, los hombres están esperando.

Durante un rato, había abrigado la esperanza de que la violación no fuera a producirse esa noche. «Va a entregarme a uno de esos hombres», me dije a mí misma, y bajé hasta la cocina.

Uno de los guardias había preparado el té, servía el intenso líquido marrón rojizo en vasitos de cristal y los disponía alrededor de un platillo de azúcar blanco, que dejó sobre una bandeja en la escalera. Recogí la bandeja y la llevé al salón, donde había un grupo de militantes sentados en mullidos sofás.

—*Salam aleikum* —dije al entrar.

Luego recorrí la sala y fui colocando los vasitos en pequeñas mesas situadas a la altura de las rodillas de los hombres. Los oía reír y hablar en un claro árabe de Siria, pero no podía prestar atención a lo que decían. Me temblaba la mano mientras servía el té. Los percibía mirándome las piernas y los hombros desnudos. Ese acento en particular me asustaba. Todavía estaba segura de que, en algún momento, me sacarían de Irak.

—Los soldados sirios son terribles —aseguró uno de ellos, y los demás se rieron—. Se rinden enseguida. ¡Qué miedo tienen!

—Lo recuerdo —dijo Hajji Salman—. Entregaron su país con mucha facilidad. ¡Casi tanta como Sinyar!

Ese último comentario iba dirigido a mí; yo esperaba que no se notara cuánto me había dolido. Levanté un vasito de té en dirección a Hajji Salman.

—Déjalo en la mesa —ordenó sin mirarme.

Regresé al pasillo, donde me senté en un rincón y me quedé a la espera. Unos veinte minutos después, los hombres se levantaron y, cuando se hubieron marchado todos, Hajji Salman vino a verme con una abaya en la mano.

—Es hora de rezar —dijo—. Cúbrete para que podamos rezar juntos.

Yo no podía recitar las palabras, pero conocía los movimientos rituales de la oración islámica, así que me quedé de pie junto a él, intentando imitar con exactitud lo que hacía para satisfacerle y que no me pegara. De regreso en la habitación, puse unas canciones religiosas y se fue al baño. Cuando regresó, apagó la música y el dormitorio volvió a quedar en silencio.

—Quítate el vestido —me ordenó, como la noche anterior, y él se quitó la ropa. Luego vino a por mí, tal como había dicho que haría.

Cada segundo fue aterrador. Si me alejaba, él me atraía hacia sí con brusquedad. Gritó suficiente para que lo oyeran los guardias —gritaba para que todo Mosul supiera que por fin estaba violando a su *sabiyya*—, y nadie intervino. Me tocaba de forma exagerada, con violencia, con la intención de dañarme. Ningún marido toca así a su esposa. Hajji Salman era grande como una casa, grande como la casa en la que estábamos. Y yo era como una niña, llamando a mi madre entre sollozos.

9

Estuve con Hajji Salman cuatro o cinco noches antes de que se deshiciera de mí. Me sentía constantemente dolorida. A diario, siempre que tenía tiempo, me violaba, y todas las mañanas se marchaba dándome órdenes: «Limpia la casa», «Prepara esta comida», «Ponte este vestido». Aparte de eso, lo único que me decía era *salam aleikum*. Me ordenaba que me comportara como una esposa, y yo tenía tanto miedo que hacía cuanto me exigía. Si alguien nos hubiera observado desde la suficiente distancia para no ver cómo lloraba yo o cómo se estremecía mi cuerpo cada vez que él me tocaba, podría haber creído que de verdad estábamos casados. Pero jamás se refirió a mí como esposa, siempre me llamaba *sabiyya*.

Un guardia llamado Yahya llevaba comida y té a la habitación que yo compartía con Salman. Era joven, de unos veintitrés años, y ni siquiera me miraba cuando dejaba la bandeja en la puerta. No me privaban de comida ni de agua —era demasiado valiosa como *sabiyya* para que se arriesgaran a matarme—, pero yo comía solo un par de puñados del arroz y la sopa que me servían, lo justo para no desfallecer. Limpiaba la casa como me ordenaba Hajji Salman, de arriba abajo, fregaba el suelo de los baños, que estaban asquerosos porque los usaban seis guardias y Salman, y barría la escalera. Recogía la ropa que dejaban tirada por toda la casa —pantalones negros del Estado Islámico y *dishdashas* blancas— y la metía en la lavadora.

Tiraba el arroz sobrante a la basura y limpiaba las marcas de labios de los vasitos de té. Su casa estaba llena de guardias, así que no temían que descubriera algo o me escapara, y tenía permitido entrar en cualquier habitación, salvo en el garaje, donde creo que guardaban las armas.

A través de las ventanas, contemplaba el ajetreo de la ciudad. Hajji Salman vivía en una zona muy animada de Mosul, cerca de una autovía que solía tener mucho tráfico. Las ventanas de la escalera daban a una rampa de acceso circular a la autovía, y yo me imaginaba intentando huir para ponerme a salvo. Hajji Salman estaba disuadiéndome constantemente de escapar. «Si lo intentas, Nadia, te arrepentirás, te lo prometo —me decía—. El castigo no será bueno.» Sus constantes recordatorios me daban cierta esperanza. No habría estado tan preocupado a menos que algunas chicas hubieran logrado huir de sus captores.

El EI era muy calculador en lo referente a la esclavización de chicas yazidíes, pero cometía errores, y estos nos daban oportunidades de escapar. Su mayor error era vestirnos como todas las demás mujeres de Mosul, con el anónimo atuendo de abaya y nicab negros. Ataviadas así, nos confundíamos entre la multitud y, con el EI en el gobierno, los hombres eran menos proclives a hablar con mujeres desconocidas en la calle y, por tanto, había menos probabilidad de localizarnos. Mientras barría la escalera, observaba a las mujeres caminando por la ciudad, todas vestidas iguales. Era imposible distinguir si se trataba de una mujer suní que iba al mercado o una chica yazidí que huía de su captor.

Muchos de los centros del Estado Islámico se encontraban en barrios muy poblados como el de Hajji Salman, lo que sería útil si lograba salir al exterior sola. Me imaginaba saltando por la ventana grande de la cocina, poniéndome la abaya y confundiéndome entre la multitud. De alguna forma, lograría llegar a la parada de taxis y encontrar un hueco en un coche con destino a Kirkuk, un puesto de control frecuente para el acceso al Kurdistán iraquí. Si alguien trataba de hablarme, yo diría que era una musulmana de Kirkuk que intentaba visitar a mi familia. O a lo mejor podía contestar que había huido de la guerra de Siria. Memoricé el breve verso inicial del Corán por si algún militante me ponía a prueba, y mi árabe era perfecto. Además, ya me sabía la *shahada*. Incluso me había aprendido de memoria dos canciones populares del Estado Islámico, una de las cuales ensalzaba las victorias militares del grupo: «Hemos tomado Badush y hemos tomado Tal Afar, ahora todo va bien». Odiaba cómo sonaban, pero no paraba de canturrearlas mentalmente mientras limpiaba. La otra decía: «Entregad vuestras vidas a Dios y a la religión». Pasara lo que pasase, jamás reconocería ser yazidí.

Sin embargo, sabía que era un plan imposible para mí. El centro de Salman estaba lleno de militantes del Estado Islámico, y era imposible salir por la ventana y saltar la valla del jardín sin que me vieran. Además, Hajji Salman solo me dejaba llevar la abaya y el nicab cuando salía a la calle con él o con un guardia que me vigilaba. En casa, llevaba los vestidos que había conservado de Kocho o lo que Hajji Salman hubiera escogido para mí. Tumbada en la cama por las noches, antes del crujido de la puerta que anunciaba que Hajji Salman iba a acostarse conmigo, repasaba mis sueños de fuga y reconocía que nunca se harían realidad. Luego me sumía en una tristeza tan profunda que rezaba para caer muerta.

Una tarde, después de violarme, Hajji Salman me dijo que me preparase para unos invitados que vendrían a visitarnos esa noche.

—A lo mejor conoces a la *sabiyya* —me dijo—. Ella ha pedido verte.

Mi corazón se aceleró, expectante. ¿Quién sería? A pesar de lo mucho que anhelaba ver una cara familiar, no estaba segura de poder soportar ver a Kathrine o a una de mis hermanas llevando ropa como la que a Hajji Salman le gustaba que yo me pusiera. Por lo general, cuando Salman me pedía que me vistiera para las visitas, quería que me pusiera prendas como el vestido azul y negro corto, y me mortificaba la idea de que otra chica yazidí me viera así. Por suerte, encontré un vestido negro que, aunque de tirantes finos, me cubría las piernas por debajo de las rodillas. Me peiné hacia atrás y me pinté un poco los labios, pero no los ojos. Cuando Hajji Salman quedó satisfecho, fuimos abajo.

El militante que nos visitaba resultó ser Nafah, el hombre del primer centro que me había castigado por haber gritado en el autobús. Me miró con el ceño fruncido, pero se dirigió solo a Hajji Salman.

—Mi *sabiyya* no paraba de pedir ver a la tuya —dijo—, pero tendremos que quedarnos con ellas para escuchar lo que dicen, porque no me fío de Nadia.

La *sabiyya* de Nafah era Lamia, la hermana de mi amiga Walaa; corrimos a abrazarnos y nos besamos en la mejilla, muy aliviadas al ver una cara conocida. Luego nos sentamos los cuatro juntos, y cuando Salman y Nafah empezaron a hablar, ignorándonos, Lamia y yo pasamos del árabe al kurdo.

Lamia llevaba un vestido largo y un hiyab para cubrirse el pelo. No sabíamos cuánto tiempo estaríamos juntas, así que hablamos deprisa, intentando conseguir la máxima información posible.

—¿Te ha tocado? —me preguntó.

—¿Y a ti? —le pregunté de vuelta, y ella asintió en silencio.

—Me obligó a convertirme y luego nos casamos en los juzgados —me confesó, y le conté que me había pasado lo mismo.

—Pero no debes considerarlo un matrimonio —le dije—. No es como casarse en Kocho.

—Quiero escaparme —dijo—. Pero Nafah recibe muchas visitas, y es imposible marcharse.

—Me ocurre lo mismo con Salman —le dije—. Hay guardias por todas partes y me ha dicho que, si intento escapar, me castigará.

—¿Qué crees que te haría? —preguntó ella en voz baja, mirando a nuestros captores. Estaban hablando entre ellos, ajenos a nosotras.

—No lo sé. Algo malo —respondí.

—¡Os hemos dicho que habléis en árabe! —nos gritó Salman.

Nos habían oído y estaban enfadados porque no nos entendían.

—¿Qué ha sido de Walaa? —pregunté a Lamia en árabe. No había visto a mi amiga desde que nos fuimos de Kocho.

—La misma noche que me llevaron a mí, distribuyeron a las demás —me contó Lamia—. No sé qué ha sido de Walaa. He pedido muchas veces a Nafah que la localice, pero no lo hace. ¿Qué hay de Dimal y Adkee?

—Se quedaron en Solagh —le expliqué—, con mi madre.

Guardamos silencio durante un rato, dejando que el peso de las ausencias recayera sobre nosotras.

Treinta y cinco minutos después, Nafah se levantó para marcharse. Lamia y yo nos dimos un beso de despedida.

—Cuídate y no te disgustes —le dije cuando se cubrió el rostro con el nicab—. Estamos todas pasando por lo mismo.

Luego se fueron, y yo volví a quedarme a solas con Salman. Subimos a la habitación.

—Es la primera vez que veo un cambio en tu expresión —me dijo cuando llegamos a la puerta.

Me volví hacia él. No oculté mi enfado.

—¿Qué cara voy a tener si me encierra y me hace cosas que no quiero? —respondí.

—Ya te acostumbrarás —repuso—. Entra.

Abrió la puerta y se quedó en el dormitorio conmigo hasta la mañana siguiente.

Hajji Salman no paraba de decirme: «Te castigaré si intentas escapar», pero jamás me explicaba qué iba a hacerme con exactitud. Seguro que me pegaría, aunque no sería la primera vez.

Salman me pegaba a todas horas. Me pegaba cuando no le gustaba cómo había limpiado la casa, cuando estaba enfadado por alguna cuestión del trabajo, si lloraba o cerraba los ojos mientras me violaba. Quizá si intentaba escapar me pegaría con tanta violencia que me dejaría una cicatriz o me desfiguraría, pero me daba igual. Si una herida o una cicatriz evitaba que él o cualquier otro me violara, la luciría como una joya.

A veces, después de violarme, me decía que no tenía sentido que intentara escapar. «Ya no eres virgen —me decía—, y eres musulmana. Tu familia te matará. Estás mancillada.» Aunque hubiera sido forzada, lo creía. Me sentía mancillada.

Ya había pensado en formas de volverme fea —en el centro, las chicas se habían manchado la cara con ceniza y tierra, se enredaban el pelo haciéndose nudos y evitaban ducharse para apestar y repeler a los compradores—, pero a mí solo se me ocurría rajarme la cara o cortarme todo el pelo, lo que supuse que provocaría que Salman me pegara. Si intentaba desfigurarme, ¿me mataría? No lo creía. Viva era más valiosa, y él sabía que la muerte sería un alivio para mí. Imaginaba lo que Salman me haría si intentaba huir. Un día llegó la oportunidad de ponerlo a prueba.

Por la noche, Salman llegó a casa con dos hombres, unos militantes a los que no había visto antes y que viajaban con sus *sabaya*.

—¿Has terminado de limpiar la casa? —me preguntó, y cuando dije que sí, me ordenó que pasara el resto de la noche sola en nuestro cuarto.

—Hay comida en la cocina. Si tienes hambre, díselo a Hossam, y él te la traerá

Yo debía quitarme de en medio y esperarlo.

Antes, no obstante, me dijo que sirviera té a todos. Quería presumir de su *sabiyya*. Hice lo que me ordenó, me puse uno de los vestidos que le gustaban y llevé el té de la cocina para servirlo en el salón. Como de costumbre, los militantes estaban hablando de las victorias del Estado Islámico en Siria e Irak.

Escuché con atención por si mencionaban Kocho por cualquier motivo, pero no oí que dijeran nada sobre mi hogar.

La sala estaba repleta de hombres y solo dos de ellos eran visitantes. Todos los guardias del centro se presentaron para reunirse con Salman y sus invitados para cenar, y dejaron sus puestos sin vigilancia por primera vez desde que yo había llegado allí. Me pregunté si sería esa la razón por la que había insistido en que lo esperase en el dormitorio hasta que los invitados se marcharan. Si todos los guardias estaban reunidos con mi captor, significaba que nadie estaba patrullando por el jardín ni vigilando que yo cerrara la puerta del baño para intentar saltar por la ventana. No habría nadie del otro lado de mi puerta escuchando lo que hacía en el interior.

Cuando terminé de servir el té, Hajji Salman me dio la orden de retirarme, y volví a subir. Ya había empezado a idear un plan y actué a toda prisa, sabiendo que, si me paraba a pensar, podía acobardarme, y una oportunidad así podía no volver a repetirse jamás. En lugar de ir a mi cuarto, entré en el comedor, donde sabía que los armarios seguían llenos de la ropa dejada por las chicas yazidíes y la familia a la que había pertenecido la casa. Buscaba una abaya y un nicab. Encontré la abaya enseguida y me la puse sobre el vestido. Para cubrirme el pelo y la cara, me coloqué un largo pañuelo negro como si fuera un nicab, con la esperanza de estar a salvo antes de que alguien pudiera apreciar la diferencia. Luego me dirigí hacia la ventana.

Estábamos en la segunda planta, aunque no había mucha altura, y el muro de debajo tenía unos ladrillos de color arena que sobresalían unos centímetros. Era un diseño muy popular en Mosul, puramente decorativo, y pensé que esos ladrillos me servirían como escalones para descender hasta el jardín. Asomé la cabeza por la ventana para localizar a los guardias que se paseaban por el jardín con frecuencia, pero estaba vacío. Había un bidón de gasolina apoyado contra la valla; sería un punto de apoyo perfecto.

Al otro lado del muro del jardín, la autovía bullía de actividad con el ruido de los motores de los coches, pero las calles empezaban a vaciarse a medida que la gente regresaba a casa para cenar. Pensé que en la oscuridad habría menos probabilidades de que alguien se diera cuenta de que el pañuelo negro no era un nicab. Con suerte, encontraría a alguien que me ayudara antes de que me descubrieran. A excepción de mis joyas y la cartilla de racionamiento de mi madre, que me metí en el sujetador, lo dejé todo en el cuarto.

Con cuidado, saqué una pierna por la ventana y luego la otra. Cuando tenía medio cuerpo fuera y el tronco todavía dentro, moví los pies en busca de uno de los ladrillos que sobresalían del muro. Me temblaban los brazos, sujetos al alféizar, pero enseguida conseguí estabilizarme. Intuí que no sería difícil descender. Estaba empezando a echar un vistazo en busca de otros puntos de apoyo situados más abajo cuando oí el ruido de una pistola amartillada justo por debajo de mí. Me quedé petrificada, con el cuerpo doblado sobre el alféizar.

—¡Entra! —me gritó un hombre y, sin mirar abajo, me di impulso para volver a entrar por la ventana y caí al suelo con el corazón palpitante por el miedo.

No sabía quién me había pillado. Todos los guardias de Hajji Salman estaban en el salón con él. Me hice un ovillo en el suelo bajo la ventana hasta que oí unas pisadas que se dirigían hacia mí y, al levantar la vista, vi a Hajji Salman de pie a mi lado. Salí corriendo a toda prisa hacia mi dormitorio.

La puerta se abrió y Hajji Salman entró con un látigo en las manos. Gritando, me tiré sobre la cama y me tapé con una colcha gruesa el cuerpo y la cabeza, para esconderme como lo haría una niña. Salman se quedó de pie junto a la cama y, sin decir una palabra, empezó a pegarme. El látigo restallaba con fuerza, una y otra vez, y tan deprisa y con tanta rabia que la manta apenas me protegía.

—¡Sal de ahí abajo! —gritaba Hajji Salman, más alto de lo que lo había oído gritar jamás—. ¡Sal de debajo de esa manta y desnúdate!

No tenía escapatoria. Retiré la manta y, con Salman todavía amenazándome con el látigo en alto, fui desnudándome poco a poco. Cuando estuve completamente desnuda, me quedé quieta, a la espera de lo que fuera a hacerme, gimoteando. Supuse que iba a violarme, pero, en lugar de eso, se dirigió hacia la puerta.

—Nadia, te dije que si intentabas huir te pasaría algo muy malo. Volvía a hablar en voz baja. Entonces abrió la puerta y salió.

Al cabo de un rato, entraron Morteja, Yahya, Hossam y otros tres guardias, que se quedaron mirándome. Se encontraban en el lugar que unos minutos antes ocupaba Salman. En cuanto los vi, entendí cuál sería mi castigo. Morteja fue el primero en meterse en la cama. Intenté resistirme, pero era demasiado fuerte. Me empujó contra el colchón, y no hubo nada que pudiera hacer.

Después de Morteja, me violó otro guardia. Grité llamando a mi madre y a Khairy, mi hermano. En Kocho, ellos acudían siempre que los necesitaba. Aunque solo me hubiera quemado un poco el dedo, si se lo pedía, acudían a ayudarme. En Mosul estaba sola, y sus nombres eran todo cuanto me quedaba de ellos. Nada de lo que hiciera o dijera evitaría que esos hombres me atacaran. Lo último que recuerdo de esa noche es la cara de uno de los guardias al acercarse a mí. Recuerdo que antes de que le tocara violarme, se quitó las gafas y las dejó con delicadeza sobre la mesilla. Supongo que le preocupaba que se rompieran.

Cuando me desperté a la mañana siguiente, estaba sola y desnuda. No podía moverme. Alguien, supuse que uno de los hombres, me había tapado con una manta. La cabeza me daba vueltas cuando intenté levantarme, y me dolía el cuerpo cuando alargué los brazos para coger mi ropa. Tenía la sensación de que iba a desmayarme, como si tuviera una cortina negra corrida a medias delante de los ojos o el mundo entero se hubiera convertido en una sombra de sí mismo.

Fui al baño para darme una ducha. Tenía el cuerpo cubierto de la mugre de los hombres; abrí el grifo y permanecí bajo el agua durante largo rato, llorando. Luego me lavé a fondo, me froté el cuerpo, los dientes, la cara, el pelo, y no paraba de suplicar a Dios que me ayudara, que me perdonara.

Después regresé a mi cuarto y me tumbé en el sofá. La cama seguía oliendo a los hombres que me habían violado. Nadie vino a verme, aunque los oía hablar fuera de mi cuarto. Pasado un rato, logré quedarme dormida. No soñé con nada. Cuando volví a abrir los ojos, el chófer de Salman estaba de pie a mi lado, dándome empujoncitos en el hombro.

—Despierta, Nadia. Levántate y vístete —dijo—. Tienes que irte.

—¿Adónde voy? —pregunté mientras metía mis cosas en mi bolsa negra.

—No lo sé. Lejos de aquí —respondió—. Hajji Salman te ha vendido.

10

Cuando me capturaron y supe qué les pasaba a las chicas yazidíes, recé para que me lo hiciera un solo hombre. Que te compraran una vez, que te despojaran de tu humanidad y dignidad, ya era bastante malo, y no soportaba la idea de que me pasaran de un militante a otro, que me trasladaran de casa en casa, y que hasta llegaran, quizá, a transportarme para cruzar la frontera y pasar a la zona de Siria controlada por el EI, como una mercancía, como un saco de harina en la trasera de una camioneta.

Por aquel entonces, no entendía lo cruel que podía ser un hombre. Hajji Salman era el peor hombre al que había conocido y, después de que permitiera que sus hombres me violaran, recé para que me vendiera. No me importaba con quién ni adónde me llevaran. Incluso la posibilidad de ir a Siria, donde era mucho más difícil escapar y que antes consideraba como una sentencia de muerte, me parecía mejor que quedarme con Salman. Cuando fantaseo con llevar al EI a juicio por genocidio, quiero ver a Hajji Salman, al igual que a Salwan, capturados con vida. Quiero visitarlo en la cárcel, donde estará rodeado por agentes y guardias iraquíes con armas. Quiero ver qué aspecto tiene y oír cómo habla sin el respaldo del poder del EI. Y quiero que me mire y recuerde lo que me hizo, y entienda que es el motivo por el que jamás volverá a ser libre.

Recogí mi bolsa y seguí al chófer hasta el exterior. Hajji Salman se encontraba en algún lugar de la casa, pero no lo vi al marcharme. Me obligué a no mirar a Morteja ni a los demás guardias cuando pasé por su lado. Estaba haciéndose de noche cuando nos fuimos de casa de Hajji Salman, pero el ambiente seguía siendo caluroso, solo soplaba una ligera brisa que me lanzaba arena a la cara, que nadie me había pedido que me cubriera. Aunque me encontraba en el exterior, no tenía ninguna sensación de libertad. Saber que no había ni una sola persona en todo Mosul que me ayudara me hacía sentir impotente.

Un nuevo guardia, un hombre al que no reconocí, iba sentado junto al conductor de un pequeño coche blanco.

—¿Tienes hambre? —me preguntó cuando nos pusimos en marcha.

Negué con la cabeza, pero aparcaron delante de un restaurante de todas formas.

El conductor entró, volvió con unos bocadillos envueltos en papel de aluminio y me lanzó uno al asiento trasero con una botella de agua. Por fuera del coche pasaba gente, compraba comida, se sentaba a comer y hablaba por el móvil. Deseé poder una botella abrir la puerta para que me vieran. Deseé que, en cuanto supieran qué me ocurría, me ayudaran. Aunque en realidad sabía que no lo harían. Un fuerte olor a carne y cebolla emanaba del envoltorio de aluminio, y cerré los ojos cuando reemprendimos la marcha para contener las náuseas.

Pronto llegamos al primer puesto de control a las afueras de Mosul. Lo controlaban militantes del Estado Islámico, portadores de armas automáticas y pistolas. Miré por la ventanilla y me pregunté si de verdad colgarían las fotos de las *sabaya* fugadas como me había dicho Hajji Salman que hacían, pero estaba demasiado oscuro para ver nada.

—¿Por qué su mujer no lleva el nicab? —preguntó un militante.

—No es mi mujer, *hajji* —dijo el conductor—. Es una *sabiyya*.

—Entonces le felicito —respondió el militante, y nos hizo un gesto con la mano para que pasáramos.

A esas alturas, ya era noche cerrada. Íbamos por la autovía este para salir de Mosul y adelantamos un par de coches y camiones a lo largo del recorrido. En la oscuridad, el llano paisaje iraquí parecía no tener fin. Cuando huían, ¿adónde irían las fugitivas? ¿Cómo pasaban por los puestos de control de Mosul? Si lo conseguían, ¿cómo sabían hacia dónde dirigirse por los campos, quién podría ayudarlas y quién podría delatarlas, cuánto tiempo podrían viajar sin morir de sed? Eran muy valientes solo por intentarlo.

—¡Mira! —exclamó el conductor, y señaló una caja un poco más adelante, en el arcén, resplandeciente a la luz de los faros—. ¿Qué será eso?

—No pares —le advirtió el guardia—. Podría ser un IED. Ya sabes que esta carretera está llena.

—No creo —dijo el conductor. Frenó y se detuvo a unos tres metros de la caja. Había unas imágenes y unas letras en el lateral, pero desde el coche era imposible distinguir de qué se trataba—. Apuesto a que es algo robado y que se ha caído de una camioneta. —Estaba emocionado: por su condición de conductor de bajo rango, no debía de tener la oportunidad de conseguir tantas cosas nuevas como los altos cargos del EI.

Pero el guardia seguía protestando.

—¡Nadie dejaría nada de valor en medio de la carretera! —exclamó—. Si explota, ¡moriremos todos!

El conductor salió del coche y caminó hacia la caja. Se acuclilló y la examinó sin tocarla.

—Sea lo que sea, no vale la pena —masculló el guardia para sí.

Imaginé al conductor abriendo la tapa con codicia y una bomba tremenda que estallaba, lo despedazaba y lanzaba nuestro coche por los aires en medio del desierto. Si yo moría me daba igual, siempre que los dos hombres también murieran. «Que sea una bomba», supliqué.

Un minuto después, el conductor levantó la caja y regresó con ella al coche con gesto triunfal.

—¡Ventiladores! —exclamó, y los puso en el maletero—. Son dos, y van con pilas.

El guardia suspiró y lo ayudó a cargar la caja en el coche. Yo volví a hundirme en el asiento, desilusionada. Después de pasar por el segundo puesto de control, pregunté al conductor:

—*Hajji*, ¿adónde vamos?

—A Hamdaniya —me dijo.

Al parecer, Hamdaniya, un distrito al norte de Nínive, había sido tomado por el EI. Mi hermanastro Khaled había estado destinado allí con el ejército, y no me había contado mucho de ese lugar, pero yo sabía que había una numerosa población cristiana, cuyos miembros estarían todos muertos o se habrían marchado. Por el camino, vimos los restos calcinados y vueltos boca arriba de un coche del Estado Islámico, prueba del enfrentamiento que se había producido en la zona para conquistarla.

En Kocho, durante el asedio, seguíamos de cerca los ataques del Estado Islámico a las aldeas cristianas. Al igual que nosotros, esos aldeanos habían perdido todas sus pertenencias y las casas en cuya construcción habían invertido las ganancias de toda una vida. Los cristianos iraquíes también se veían obligados a abandonar sus hogares solo por su religión. A menudo, en Irak, los cristianos eran objeto de ataques y, al igual que los yazidíes, luchaban por quedarse en su tierra natal. Con los años, su número ha disminuido cada vez más y se han marchado a países donde se sienten mejor recibidos. Tras la llegada del EI, muchos cristianos dijeron que pronto no quedaría ni uno de ellos en todo Irak. Sin embargo, cuando el EI llegó a Kocho, yo sentí envidia de los cristianos. Sus aldeas habían sido advertidas de la llegada del EI. Según el grupo terrorista, ellos eran un «pueblo del libro» y no *kuffar*, como nosotros, habían podido llevar a sus hijos e hijas hasta la seguridad del Kurdistán y, en Siria, algunos habían logrado hasta pagar una multa en lugar de convertirse. Incluso los que habían sido expulsados de Mosul sin nada se habían salvado al menos de la esclavitud. A los yazidíes no nos habían concedido la misma oportunidad.

Pronto llegamos a una ciudad del distrito de Hamdaniya. Todo estaba a oscuras, sin electricidad, y apestaba a carne en descomposición. Las calles se hallaban en silencio y las casas ya no albergaban a sus habitantes de siempre. Solo quedaban los terroristas, y el cuartel general del Estado Islámico estaba iluminado, con electricidad producida por un generador enorme que hacía un ruido tremendo en la quietud de la noche.

Cuando el EI llegó a Irak, prometió que restablecería los servicios en las ciudades y pueblos que no los tenían. Su propaganda, cuando no se dedicaba a celebrar su violencia, se hacía eco de esas promesas —electricidad, mejor recolección de basuras y mejores carreteras—, como si fuera un partido político como cualquier otro. Nos contaron que la gente se lo creía y pensaban que les serviría mejor que el gobierno iraquí, pero yo no veía nada en Mosul que me hiciera pensar que la vida era mejor para el ciudadano medio. Esa ciudad era como una concha, vacía y oscura, apestaba a muerte y estaba habitada únicamente por los terroristas que habían hecho esas vanas promesas.

Paramos en el cuartel general del Estado Islámico y entramos. Como en Mosul, estaba lleno de militantes. Me quedé sentada en silencio y esperé que me indicaran qué hacer; estaba agotada y desesperada por dormir. Entró un militante. Era bajito y tan viejo que tenía la espalda encorvada, y los dientes que le quedaban se le estaban pudriendo.

—Ve al piso de arriba —me ordenó.

Yo me sentía aterrorizada, segura de que Hajji Salman estaba prolongando su castigo vendiéndome al viejo y que este estaba enviándome a la habitación donde pensaba violarme. Sin embargo, cuando abrí la puerta del cuarto, vi que había otras chicas dentro. Tardé en reconocerlas.

—¡Jilan! ¡Nisreen! —Eran mi cuñada y mi sobrina.

Jamás en mi vida me había sentido tan feliz de ver a alguien, y todas corrimos a abrazarnos, nos besábamos y llorábamos. Iban vestidas igual que yo y parecía que llevaran semanas sin dormir. Nisreen era realmente pequeña —no me explicaba cómo aguantaba ser una *sabiyya*— y, para Jilan, separada de su marido, al que tanto amaba, pensé que la violación debía de ser aún peor que para mí. Como sabíamos que podían separarnos en cualquier momento, nos sentamos a toda prisa en el suelo y empezamos a compartir nuestras respectivas historias.

—¿Cómo habéis llegado hasta aquí? —les pregunté.

—Nos han vendido a las dos —dijo Nisreen—. A mí me vendieron dos veces en Mosul y luego me trajeron aquí.

—¿Sabes qué ha sido de Kathrine? —me preguntó Nisreen.

—También está en el centro, en Mosul —dije.

Les conté lo que me había contado Lamia sobre Walaa, y algunas de las cosas que me habían pasado.

—Me tenía retenida una persona terrible —dije—. Intenté escapar, pero me pilló. —No se lo conté todo. Había partes que no estaba preparada para compartir. Nos abrazamos tan fuerte como pudimos—. El viejo asqueroso de ahí abajo... creo que es el que me ha comprado —dije.

—No. —Nisreen se quedó cabizbaja—. Es mi dueño.

—¿Cómo puedes soportar que ese viejo asqueroso se te acerque por las noches? —le pregunté a Nisreen.

Nisreen negó con la cabeza.

—No pienso en mí —dijo—. ¿Qué pasó con Rojian, que se la llevó ese tipo enorme? Cuando se marchó, nos volvimos todas locas. Gritamos con todas nuestras fuerzas. Por una vez no estábamos pensando en lo que había ocurrido en Kocho; solo pensábamos en Rojian con ese monstruo.

—¿Qué pasó en Kocho? —Me daba miedo preguntar—. ¿Lo sabéis con certeza?

—Vi en la tele que todos los hombres fueron asesinados —dijo Nisreen—. Los mataron a todos, a todos los hombres. Salió en las noticias.

Aunque había oído los tiros procedentes de detrás de la escuela, hasta ese momento había mantenido la esperanza de que los hombres hubieran sobrevivido. Escuchar a mi sobrina confirmarlo fue como oír de nuevo las balas: una ráfaga tras otra hasta que no pude oír otra cosa en la cabeza. Intentamos consolarnos entre nosotras.

—No lloréis por su muerte —les dije—. Ojalá nos hubieran matado con ellos.

Estar muerta era mejor que ser vendida como mercancía y violada hasta tener el cuerpo hecho pedazos. Entre nuestros hombres había estudiantes, médicos, jóvenes y viejos. En Kocho, mis hermanos y hermanastros habían estado juntos en el pelotón de fusilamiento mientras el EI los ejecutaba a casi todos. Pero sus muertes sucedieron en un instante. Cuando eres *sabiyya*, mueres cada segundo de cada día, y, del mismo modo que los hombres, no volveríamos a ver jamás a nuestras familias ni nuestros hogares. Nisreen y Jilan estuvieron de acuerdo.

—Ojalá nos hubieran matado cuando los mataron a ellos —dijeron.

El militante de la dentadura podrida, el captor de Nisreen, apareció por la puerta y me señaló.

—Hora de irse —me dijo, y todas empezamos a suplicar.

—¡Háganos lo que quiera, pero manténganos juntas, por favor! —dijimos gritando, sujetándonos las unas a las otras como esa noche en Mosul.

Y, al igual que esa noche, nos separaron a la fuerza y me arrastraron escaleras abajo antes de que pudiera despedirme.

En Hamdaniya, perdí toda esperanza. Estaba controlado por el Estado Islámico, así que no había forma de escapar, ni cabría imaginar que alguien de la calle se sintiera impelido a ayudar al ver a una chica yazidí en peligro. No había más que casas vacías y el hedor de la guerra.

Un cuarto de hora después, llegamos al segundo centro de Hamdaniya. Tenía el presentimiento demoledor de que allí conocería a mi nuevo dueño, y avancé con parsimonia desde el coche, con el cuerpo como si fuera de cemento. Ese centro estaba compuesto por dos casas y, cuando el coche se detuvo, un hombre de mediana edad salió caminando de la más pequeña. Tenía una larga barba negra y llevaba los pantalones negros del Estado Islámico. El conductor me indicó que debía seguirlo hasta el interior.

—Ese es Abu Muawaya —me dijo—. Haz lo que te diga.

La casa era de una sola planta, pero estaba muy ordenada y era muy bonita; había pertenecido a una familia cristiana y rica. No me recibió ninguna otra chica, pero había ropa yazidí tirada por todas partes, prendas más coloridas y elegantes que el típico vestido de la mujer iraquí musulmana conservadora, además de lo que quedaba de la familia que había huido de la casa. Fue como entrar en una tumba. Abu Muawaya se reunió con otro hombre más joven en la cocina, donde comieron pan y yogur, y bebieron té negro.

—¿Cuántos días estaré aquí? —pregunté a los hombres—. Tengo familiares en el otro centro. ¿Puedo estar con ellas?

Apenas me miraron, y Abu Muawaya fue quien respondió.

—Eres una *sabiyya* —dijo con tranquilidad—, tú no das órdenes, tú las obedeces.

—Nadia, ¿te has convertido? —me preguntó el otro hombre.

—Sí —dije. Me pregunté cómo habría averiguado mi nombre y qué más sabría de mí.

No me hicieron ninguna pregunta sobre mi lugar de origen ni sobre lo que le había ocurrido a mi familia, aunque quizá esos detalles no les interesaran. Lo único importante era que estaba allí y les pertenecía.

—Ve a ducharte —dijo Abu Muawaya.

Me pregunté por cuánto me habría vendido Hajji Salman. Las *sabaya* que ya no eran vírgenes eran más baratas, lo sabía, y quizá yo tenía fama de problemática por el incidente del autobús y por haber intentado escapar. ¿Eso era una parte más del castigo por ese intento? Quizá Salman estaba tan ansioso por deshacerse de mí que me había regalado, o quizá hubiera encontrado al hombre más brutal que conocía y me había puesto en sus manos. Sabía que esas cosas ocurrían. Las chicas yazidíes pasaban de un terrorista a otro totalmente gratis.

—Me he duchado esta mañana —dije.

—Entonces ve a esperarme en esa habitación. —Abu Muawaya señaló un dormitorio, y yo obedecí y crucé la puerta.

Era un cuarto pequeño con una cama angosta y marrón, cubierta con una manta de rayas azules y blancas. Había dos baldas en la pared llenas de zapatos y una librería enorme repleta de libros. Encima había un escritorio y un ordenador apagado, con la pantalla negra. La habitación debió de pertenecer a un estudiante, pensé, un chico de mi edad; los zapatos eran el tipo de mocasín que llevaban los universitarios, y no eran muy grandes. Me senté en la cama a esperar. Evité mirarme en el espejo enorme de la pared, y no me planteé si sería lo bastante menuda para caber por la salida de ventilación que había en lugar de ventana. No quería abrir el armario ni rebuscar entre las cosas de ese chico, ni saber nada más sobre él. Ni siquiera hojeé los libros que estaban en la estantería. Seguramente el chico seguía vivo en alguna parte, y no me parecía correcto que una persona muerta anduviera toqueteando las cosas de los vivos.

11

Todos los miembros del Estado Islámico me trataron con crueldad, y la violación era siempre igual, aunque sí recuerdo algunas pequeñas diferencias entre los hombres que abusaron de
mí. Hajji Salman fue el peor, en parte porque fue el primero en
violarme y en parte porque actuaba como si me odiara. Me pegaba si intentaba cerrar los ojos. Para él no bastaba con violarme, me humillaba tanto como podía; se ponía miel en los
dedos de los pies para que yo se la quitara a lametazos o me
obligaba a vestirme con elegancia para él. Cuando me violó,
Morteja actuó como un niño al que hubieran permitido comer
una chuchería por la que había estado lloriqueando. Y jamás
olvidaré las gafas del otro guardia, la delicadeza con que las
trató y lo perverso que fue conmigo, un ser humano.

Abu Muawaya, cuando entró en la habitación a eso de las
ocho de la tarde, me agarró por la mandíbula y me empujó
contra la pared.

—¿Por qué no te resistes? —me preguntó. Parecía que eso
le enfadaba.

Por la cantidad de ropa yazidí que había en su casa, supuse
que había estado con muchas *sabaya* y quizá todas se habían
resistido menos yo. A lo mejor le gustaba demostrar que podía
poseerlas aunque ellas se opusieran. Era pequeño, pero muy
fuerte.

—¿Qué sentido tiene? —le pregunté—. No se trata de un

hombre, ni de dos ni de tres, todos hacen lo mismo. ¿Cuánto tiempo quiere que me resista?

Recuerdo que rio cuando se lo dije.

Cuando Abu Muawaya se marchó, me quedé dormida a solas y me desperté esa misma noche al notar un cuerpo que se colocó por detrás de mí en la cama. Era el hombre que había estado comiendo pan y yogur con Abu Muawaya en la cocina; no recuerdo su nombre. Recuerdo que me dolía la garganta de la sed y, cuando me levanté para ir a por agua, él me sujetó por el brazo.

—Solo quiero beber algo —dije.

Me impactó mi propia impotencia. Tras lo ocurrido con los guardias en la casa de Hajji Salman, perdí todo el miedo al EI y a la violación. Solo estaba entumecida. No le pregunté a ese nuevo hombre qué iba a hacerme, ni intenté convencerlo de que no me tocara, ni le dirigí la palabra.

En un momento dado, solo había violaciones y nada más. Eso se convierte en tu día a día. No sabes quién va a abrir la puerta a continuación para atacarte, solo sabes que ocurrirá y que mañana podría ser incluso peor. Dejas de pensar en huir o en volver a ver a tu familia. Tu vida pasada se convierte en un recuerdo lejano, como un sueño. Tu cuerpo no te pertenece, y no te queda energía para hablar ni para luchar ni para pensar en el mundo exterior. Solo hay violación, y el entumecimiento que va ligado a la aceptación de que tu vida es así.

El miedo era mejor. Con el miedo, existe el supuesto de que lo que está ocurriendo no es normal. Sin duda, sientes que el corazón va a explotarte y vas a vomitar, te aferras con desesperación a tu familia y amigos, y te humillas delante de los terroristas, lloras hasta quedarte ciega, pero al menos haces algo. La impotencia es parecida a la muerte.

Recuerdo que el amigo de Abu Muawaya se hizo el ofendido cuando me aparté de él por la mañana después de abrir los ojos y ver, horrorizada, que mi pierna reposaba sobre la suya. Desde niña, siempre que dormía con alguien a quien quería, como mi hermana, mi madre o mi hermano, les ponía una pierna encima, para sentirme cerca de ellos. Cuando vi que lo había hecho con el terrorista, me alejé sobresaltada.

—¿Por qué te apartas? —me preguntó tras reírse.

Me odié a mí misma. Me preocupaba que pudiera pensar que me gustaba.

—No estoy acostumbrada a dormir con nadie —dije—. Quiero descansar un poco.

Miró la hora en su móvil y se fue al baño.

Abu Muawaya sirvió el desayuno en una alfombrilla del suelo y me dijo que fuera a comer. Aunque eso suponía sentarme en la cocina y compartir una comida con dos hombres que me habían violado, me abalancé sobre ella. No había comido desde que me había marchado de casa de Salman, y tenía mucha hambre. La comida me resultaba familiar y era buena: miel oscura, pan, huevos y yogur. Comí en silencio mientras los hombres hablaban de los asuntos mundanos que ocupaban su día a día: dónde conseguir combustible para los generadores, quién llegaría a qué centro... Yo no los miraba. Cuando terminamos, Abu Muawaya me dijo que me duchara y que me pusiera una abaya.

—Nos iremos pronto —anunció.

De vuelta en la habitación, después de la ducha, me miré en el espejo por primera vez. Tenía la cara pálida y amarillenta, y el pelo, que me llegaba casi a la cintura, estaba sin brillo y enredado. Mi melena me había hecho sentir muy feliz, pero en ese momento no era más que un recordatorio de lo guapa que deseaba ser antes. Busqué un par de tijeras en los cajones para cortármela, pero no encontré ninguna. Hacía tanto calor en la habitación que me ardía la cabeza. De pronto se abrió la puerta y entró un segundo hombre. Traía un vestido azul y me dijo que me lo pusiera.

—¿Puedo ponerme este en su lugar? —pregunté, y le mostré uno de mis vestidos yazidíes. Me habría reconfortado llevarlo puesto, pero él dijo que no.

Me miraba mientras me vestía y se acercó para manosearme todo el cuerpo.

—Apestas —dijo al tiempo que se tapaba la nariz—. ¿No te habías duchado? ¿Todas las yazidíes apestan como tú?

—Este es mi olor —le dije—. Me da igual si no le gusta.

Al salir, me fijé en un pequeño disco de plástico —la tarjeta de memoria de un móvil— que estaba sobre la mesa, junto al teléfono de Abu Muawaya. Me pregunté qué contendría. ¿Fotos de las *sabaya*? ¿Fotos mías? ¿Planes para Irak? En Kocho me encantaba coger las tarjetas de memoria de la gente y meterlas en el móvil de Khairy para ver lo que contenían. Cada una de ellas era un pequeño misterio pendiente de resolver y, por lo general, me decía mucho sobre sus dueños. Durante un instante, fantaseé con la idea de robar la tarjeta de memoria del terrorista. Quizá hubiera secretos en ella que podrían ayudar a Hezni a encontrarme o al Ejército iraquí a recuperar Mosul. Quizá contuviera pruebas de los crímenes que estaba cometiendo el Estado Islámico. No obstante, la dejé; me sentía tan impotente que no podía imaginar ningún cambio hiciera lo que hiciese. Me conformé con seguir a los hombres afuera.

Había una furgoneta, más o menos del tamaño de una ambulancia, aparcada en la calle, y un conductor de pie junto a la puerta de la casa, esperando. Había llegado de los alrededores —de Mosul o Tal Afar— y, mientras seguíamos allí plantados, puso al día a Abu Muawaya sobre cómo se manejaban los militantes en esas ciudades.

—Tenemos muchos apoyos en ambas partes —dijo.

Abu Muawaya asintió con la cabeza para expresar su aprobación. Dejaron de hablar en cuanto se abrió la puerta de la furgoneta y bajaron de ella tres mujeres.

Al igual que yo, iban cubiertas de los pies a la cabeza con abayas y nicabs. Se juntaron mucho una vez fuera de la furgoneta. Una de las siluetas parecía mucho más alta que las otras dos, y las más menudas se agarraban a la abaya de la más corpulenta y a sus manos enguantadas, como si esperasen que los pliegues de la tela se las tragaran. Se detuvieron a los pies de la furgoneta, volviendo la cabeza de derecha a izquierda, mirando a su alrededor, asimilando la visión del complejo de Hamdaniya. Sus ojos, que miraban a través de la ranura del nicab, reflejaban puro miedo cuando llegaron hasta Abu Muawaya, que las observó de cerca.

La mujer alta tenía la mano posada sobre la más bajita, a quien aferraba contra su cuerpo rechoncho. Era posible que la pequeña no tuviera más que diez años. Pensé que debían de ser una madre y sus dos hijas, y que habían sido vendidas en conjunto. «No está permitido separar a una madre de sus hijas prepúberes por la venta, compra o regalo [de una esclava]», reza el panfleto del Estado Islámico sobre las *sabaya*. Las madres permanecen con sus hijas hasta que ellas «están desarrolladas y han alcanzado la madurez». Entonces el EI puede hacer con ellas lo que se le antoje.

Siempre muy juntas, las tres se alejaron con parsimonia de la furgoneta hacia la pequeña casa donde yo había pasado la noche. Las dos niñas se movían alrededor de su madre como los pollitos con la gallina, aferradas a la tela resbaladiza de sus guantes. ¿Me habrían intercambiado por ellas? Cuando pasamos junto al trío, hubiera deseado que tuviéramos contacto visual, pero ellas miraban hacia delante. Una por una, desaparecieron en la oscuridad de la casa, y la puerta se cerró tras ellas. Debe de ser terrible tener que ver a tus hijas, madre o hermanas pasar por lo que nosotras estábamos pasando. Con todo, las envidiaba. Tenían suerte; el EI a menudo incumplía sus propias normas y separaba a las madres de sus hijas. Era mucho peor estar sola.

Abu Muawaya dio al conductor unos dinares iraquíes y emprendimos el viaje para salir de Hamdaniya. No pregunté adónde íbamos. Mi impotencia era como una capa: más pesada, oscura y cegadora que cualquier abaya. En el coche, el conductor puso la típica música religiosa que era tan popular en el Mosul gobernado por el Estado Islámico, y el ruido y el movimiento del coche me marearon.

—Por favor, paren el coche —dije a Abu Muawaya—. Tengo que vomitar.

La furgoneta paró en la autopista, yo abrí la puerta de golpe y corrí unos metros arena adentro, donde me levanté el nicab y vomité el desayuno. Los coches pasaban zumbando, y el olor a gasolina y polvo me hizo vomitar otra vez. Abu Muawaya salió y se situó a cierta distancia de mí para asegurarse de que no intentaba salir corriendo, o bien hacia el campo o bien hacia el tráfico.

En la carretera que conecta Hamdaniya y Mosul, hay un puesto de control de grandes dimensiones. Antes de que el Estado Islámico llegara a Irak, lo controlaba el Ejército iraquí, que quería hacer un seguimiento de los movimientos de los insurgentes vinculados a Al Qaeda. En ese momento, el puesto era parte del plan del Estado Islámico para controlar las carreteras; de esa forma controlaban el país. Se puede decir que Irak es un país de puestos de control, y el que conecta Hamdaniya y Mosul es solo uno más donde ondea la bandera negra y blanca de los terroristas.

En el Kurdistán, los puestos de control están decorados con la llamativa bandera amarilla, roja y verde de los kurdos, y gestionados por los *peshmerga*. En el resto de Irak, los puestos que tengan la bandera negra, roja, blanca y verde iraquí indican que son gestionados por el gobierno central. En las montañas del norte de Irak que nos conectan con Irán, y, en la actualidad, en parte de Sinyar, las YPG ponen sus banderas en sus puestos de control. ¿Cómo puede Bagdad o Estados Unidos afirmar que Irak es un país unificado? Para creer que Irak no está roto en cientos de pedazos no tendrías que haber viajado nunca por nuestras carreteras, ni esperado en la cola de nuestros puestos de control, ni haber sido interrogado solo por el nombre de la ciudad impreso en la matrícula de tu vehículo.

A eso de las once y media de la mañana, nos detuvimos en el puesto de control.

—Baja, Nadia —me ordenó Abu Muawaya—. Entra ahí.

Entré lentamente en una pequeña edificación de hormigón que hacía las veces de despacho y sala de descanso de los guardias; me sentía mareada y débil por el vómito. Suponía que tendrían que realizar comprobaciones más exhaustivas mientras esperaba, por eso me sorprendió ver cómo la furgoneta se ponía en marcha, cruzaba el puesto de control por la carretera hacia Mosul y me dejaba allí.

La construcción tenía tres pequeñas habitaciones: la principal, donde había un militante sentado detrás de una mesa de escritorio cubierta de papeleo, y dos habitaciones más pequeñas que parecían salas. Una de las puertas estaba entreabierta, y vi la estructura de hierro de una cama individual. Una chica estaba sentada sobre el colchón hablando con otra en árabe.

—*Salam aleikum* —me dijo el militante, levantando la vista del papeleo. Empecé a caminar hacia la habitación donde estaban las chicas, pero él me detuvo—. No, tú irás a la otra habitación.

Se me cayó el alma a los pies; allí estaría sola.

La sala pequeña parecía recién limpiada y pintada. Había un televisor apagado en un rincón y una alfombrilla de rezos enrollada junto a ella. Habían dejado algo de fruta en una bandeja cerca de la tele, y el tenue y dulce aroma de las manzanas calientes me hizo sentir arcadas. Bebí del chorro que salía borboteando de una fuente refrigerada pegada a la pared y luego me senté en un colchón que había en el suelo. Estaba mareada, me parecía que la habitación daba vueltas.

Otro militante apareció por la puerta. Era joven y muy delgado.

—*Sabiyya*, ¿cómo te llamas? —Se quedó quieto mirándome.

—Nadia —dije, haciendo un mohín por el dolor de cabeza.

—¿Te gusta este sitio? —me preguntó.

—¿Por qué? —pregunté—, ¿voy a quedarme aquí? —¿Iban

a dejarme retenida en ese puesto de control, un punto en el camino que ni siquiera era un lugar propiamente dicho?

—No te quedarás mucho tiempo —dijo, y se marchó.

La habitación comenzó a dar vueltas más deprisa, empecé a tener arcadas y a toser e intenté no vomitar el agua. Me daba miedo hacerlo y meterme en líos por ello.

Llamaron a la puerta.

—¿Te encuentras bien? —me preguntó el hombre delgado del otro lado.

—Quiero vomitar —dije—. ¿Puedo vomitar?

—No, no, ahí dentro no —contestó—. Es mi cuarto, es donde rezo.

—Entonces déjeme ir al baño —dije—. Quiero lavarme la cara.

—No, no. —Y no abría la puerta—. Te pondrás bien. Te pondrás bien, solo espera un poco.

Al cabo de un rato, regresó con una taza llena de un líquido caliente.

—Bébete esto —dijo, y me la pasó—. Te sentirás mejor. —El líquido era de color verde y olía a hierbas.

—No bebo té —le dije.

—No es té —aclaró—. Te quitará el dolor de cabeza. —Se sentó en la colchoneta mirándome, apretando los labios y poniéndose la mano en el pecho—. Bébelo así. —Me hizo una demostración: inspiró el vaho y luego sorbió el líquido.

Yo estaba aterrorizada. Tenía la certeza de que ese era el hombre que me había comprado y que en cualquier momento levantaría la mano de su pecho y la pondría sobre el mío. Aunque quisiera curarme el dolor de cabeza, debía de ser para que estuviera en condiciones para que él abusara de mí.

Me temblaban las manos mientras bebía el líquido. En cuanto tomé un par de sorbos, me quitó la taza y la dejó en el suelo junto a la colchoneta. Me eché a llorar.

—Por favor —supliqué—. He estado con otros hombres esta mañana. Me duele la cabeza. Estoy muy enferma.

—Te pondrás bien —dijo—. Te pondrás bien. —Y empezó a tirarme del vestido.

Hacía tanto calor en el cuarto que me había quitado la abaya y solo llevaba el vestido azul que me había llevado el amigo de Abu Muawaya esa mañana. Intenté resistirme, tirando de mi falda hacia abajo cada vez que él me la subía, y el hombre no tardó en perder la paciencia. Me pegó con fuerza en los muslos.

—Te pondrás bien —me repitió, y esta vez sonó a amenaza. Empezó a violarme con el vestido a medio quitar y fue muy rápido. Cuando terminó, se sentó, se alisó la camisa y me dijo—: Vuelvo enseguida. Voy a ver si puedes quedarte aquí o no.

Cuando se marchó, me bajé el vestido y lloré un poco, luego levanté la taza y empecé a beber de nuevo la infusión. ¿Qué sentido tenía llorar? El líquido estaba tibio, pero me alivió el dolor de cabeza. El militante no tardó en regresar, como si no hubiera pasado nada entre nosotros, y me preguntó si quería más infusión. Negué con la cabeza.

A esas alturas, ya estaba claro que no pertenecía al militante delgado ni a ningún otro hombre en particular. Era una *sabiyya* en el puesto de control, y cualquier miembro del Estado Islámico podía entrar en la sala y hacerme lo que le apeteciera. Me tendrían encerrada en un cuarto con nada más que un colchón y un cuenco de fruta en descomposición, a la espera de que la puerta se abriera y entrara otro militante. Así era mi vida en ese momento.

Seguía bastante mareada cuando se marchó el hombre flaco, y creí que me sentaría bien levantarme y caminar un poco. No podía hacer otra cosa que dar vueltas en círculo por el cuarto como una prisionera, pasar por delante de la fuente refrigerada, por delante del frutero, del colchón y del televisor, que jamás intenté encender. Iba pasando la mano por la pared blanca, tocando los pequeños grumos de pintura como si contuvieran algún mensaje. Me quité la ropa interior para ver si tenía el período, pero no me había bajado. Volví a sentarme en el colchón.

Poco después entró otro militante. Era enorme y hablaba en voz muy alta.

—¿Eres tú la que está enferma? —me preguntó.

—¿Quién más hay aquí? —le pregunté, pero él se negó a contestar.

—Nadie que sea asunto tuyo —replicó, y entonces repitió—: ¿Eres tú la que está enferma?

Esa vez asentí con la cabeza.

Entró y cerró la puerta con llave. Llevaba una pistola sujeta al cinturón, y me imaginé quitándosela y apuntándome con ella en la sien. «Máteme», quise decir, pero pensé que, si me veía tratando de quitarle la pistola, se le ocurriría un castigo más terrible que la muerte, así que decidí no intentarlo.

A diferencia del tipo delgado que había estado antes que él, el nuevo militante había cerrado la puerta con llave. Ese gesto me hizo sentir auténtico pánico. Retrocedí para alejarme de él, y entonces volvió el mareo. Caí desplomada al suelo, no del todo inconsciente, pero sí con náuseas y la vista nublada. Él se acercó y se sentó a mi lado.

—Pareces asustada. —Su tono no era amable, era burlón y cruel.

—Por favor, estoy muy enferma —le dije—. Por favor, *hajji*, de verdad, estoy enferma. —Lo repetía sin parar, pero, de todas formas, él se acercó y tiró de mí por los hombros para tumbarme sobre el colchón. Noté que mis pies se arrastraban por el suelo y se me rasguñaban las pantorrillas.

Insistía en burlarse de mí.

—¿Te gusta este lugar? —Rio—. ¿Te gusta cómo te tratamos aquí?

—Todos ustedes me tratan igual —dije.

La cabeza me daba vueltas y apenas veía. Me quedé tumbada donde él me había colocado, cerré los ojos e intenté no verlo y olvidar la habitación en la que me encontraba. Intenté olvidar quién era. Intenté perder la habilidad de mover las extremidades, de hablar, de respirar.

Él siguió burlándose de mí.

—Estás enferma, no hables —dijo, y me puso una mano en el vientre—. ¿Por qué estás tan delgada? ¿Es que no comes?

—Hajji, estoy muy enferma —repetí con un hilo de voz mientras él me levantaba el vestido.

—No sabes cuánto me gusta cuando estáis así —dijo—. ¿No entiendes que me gusta cuando estáis débiles?

12

Todas las *sabaya* tienen una historia como la mía. No puedes imaginar las atrocidades de las que es capaz el EI hasta que te las relatan tus hermanas y tus primas, tus vecinas y tus compañeras de clase. Entonces te das cuenta de que no has tenido peor suerte que las demás, ni te han castigado más a ti por llorar o intentar escapar. Todos los hombres eran iguales: eran todos terroristas que pensaban que tenían derecho a hacernos daño.

Otras mujeres vieron como asesinaban a sus esposos delante de ellas antes de ser secuestradas o escucharon a sus captores fanfarronear sobre la matanza de Sinyar. Las tienen encerradas en casas u hoteles, incluso en cárceles, y las violan de forma sistemática. Algunas son niñas y abusan de ellas sin importarles si ya han empezado a menstruar o no. Una chica estaba atada de manos y piernas mientras su captor la violaba, y a otra la violaron por primera vez mientras dormía. Algunas chicas morían de hambre o eran torturadas si desobedecían a sus captores, y otras también aunque hicieran todo cuanto les ordenaba el militante que las poseía.

Una mujer de nuestra aldea estaba siendo transportada desde Hamdaniya a Mosul cuando su captor decidió que no podía esperar más a violarla. Se detuvo en el arcén de la carretera y la violó en el coche. «Estaba en plena carretera, con la puerta abierta y las piernas asomando por fuera del vehículo», me contó. Cuando llegaron a casa del hombre, él la obligó a teñirse de rubio, a depilarse las cejas y a actuar como si fuera su esposa.

Kathrine fue comprada por el doctor Islam, un especialista que acostumbraba a viajar a Sinyar para tratar a los yazidíes antes de unirse al EI. Cada semana compraba una chica nueva y se deshacía de la anterior, pero conservó a Kathrine, su favorita. La obligaba a acicalarse y a maquillarse, como había hecho conmigo Hajji Salman, y luego la hacía posar para fotografiarse con ella. En una imagen están remando en un río, y el doctor Islam la tiene a ella cogida en brazos, como un par de recién casados. Ella lleva el nicab levantado por encima de la cabeza y está sonriendo de manera tan forzada que parece que vaya a partírsele la cara por la mitad. El doctor Islam la obligaba a parecer feliz y a fingir que estaba enamorada de él, pero yo la conozco y sé que, bajo esa sonrisa forzada, hay terror puro y duro. Intentó huir seis veces y fue entregada por las personas a las que acudió en busca de ayuda. Cada vez que la devolvían al doctor Islam, él la castigaba con crueldad. Las historias son interminables.

Estuve en el puesto de control una noche entera. A primera hora de la mañana siguiente, el radiotransmisor del militante se encendió y lo despertó.

—¿Te encuentras mejor? —me preguntó.

Yo no había dormido nada.

—No me encuentro mejor —respondí—. No quiero estar aquí.

—Entonces necesitas algo. Más tarde te enseñaré cómo puedes sentirte mejor —dijo. Empezó a responder las llamadas de su radio y, poco después, salió de la habitación.

Me tenían encerrada allí dentro. Oía los coches pasando por el puesto de control y a los militantes hablando por sus radios, y se me ocurrió que quizá me tendrían allí retenida hasta que muriera. Cuando aporreé la puerta para que me dejaran salir, empecé a vomitar otra vez, y en esa ocasión simplemente dejé caer el vómito en el suelo y el colchón. El militante flaco volvió a entrar y me dijo que me quitara el hiyab, y me fue tirando agua en la cabeza mientras yo vomitaba. Durante un cuarto de hora, no arrojé más que un hilillo de líquido con olor agrio, como si mi cuerpo se estuviera purgando.

—Ve al baño —me dijo—. Lávate.

La furgoneta de Abu Muawaya había regresado para retomar el camino a Mosul.

Ya en el baño, me eché agua en la cara y los brazos. Me temblaba el cuerpo como si tuviera fiebre, y apenas podía ver ni mantenerme en pie. Jamás me había sentido tan débil. Esa sensación cambió algo en mi interior.

Desde que me habían sacado de Kocho, había suplicado morir. Había deseado que Salman me matara, o había pedido a Dios que me dejara morir, o me había negado a comer o a beber con la esperanza de extinguirme. Muchas veces había pensado que los hombres que me violaban y me pegaban me matarían. Pero la muerte no había llegado. En el baño del puesto de control, empecé a llorar. Por primera vez desde que había salido de Kocho, creí de verdad que iba a morir. Y también sentí la certeza de que no quería que ocurriera.

Había llegado otro militante para llevarme el resto del camino hasta Mosul. Se llamaba Hajji Amer, y supuse que era mi nuevo dueño, aunque me sentía demasiado enferma para preguntar. Había muy poca distancia desde el puesto del control hasta la ciudad, pero, como teníamos que parar cada pocos minutos para que yo vomitara, el viaje en coche duró casi una hora.

—¿Por qué estás tan enferma? —me preguntó Hajji Amer, y yo no quise decirle que creía que era por las violaciones.

—No he comido ni he bebido mucha agua —dije—. Y aquí hace mucho calor.

Cuando llegamos a Mosul, entró en una farmacia y me compró unas pastillas, que me dio después de llegar a su casa. Yo no paré de llorar en voz baja todo el tiempo, y él se reía como hacían mis hermanos cuando creían que estaba exagerando.

—Ya eres mayorcita para portarte así —me dijo—. No deberías llorar.

Su pequeña casa estaba pintada de verde oscuro con una raya blanca, y parecía ocupada por el EI desde hacía tiempo. Estaba limpia y no había ropa del Estado Islámico ni vestidos dejados por otras chicas yazidíes. Fui al sofá y me quedé dormida en cuanto me tumbé. Antes de despertar ya se había hecho de noche y el dolor de cabeza y los vómitos habían remitido. El conductor estaba tumbado en otro sofá con el móvil al lado.

—¿Te encuentras mejor? —me preguntó cuando vio que estaba despierta.

—Un poco —dije, aunque quería que siguiera creyendo que estaba demasiado enferma para que me tocara—. Estoy mareada. Creo que necesito comer algo. —No había comido nada desde el desayuno con Abu Muawaya, la mañana anterior, y lo había vomitado todo.

—Lee un poco el Corán y reza —me dijo—. Así se te quitará el dolor.

Fui al baño y me llevé mi bolsa. Me preocupaba que, si la dejaba en el salón, me la quitaran, aunque el militante creyera que solo contenía ropa y compresas. Cerré la puerta con llave y comprobé que las joyas seguían en las compresas, escondidas lo bastante bien para que nadie supiera que estaban allí a menos que se dedicara a sacar las compresas del paquete una por una, algo improbable en un hombre. Sujeté la cartilla de racionamiento de mi madre en alto durante un rato, recordándola. Luego me fui, con la firme intención de sacarle alguna información al militante.

Resultaba extraño estar con un hombre que no me violara en cuanto nos encontrábamos a solas. Al principio me pregunté si sería posible que Hajji Amer, a pesar de formar parte del EI, se hubiera apiadado de mí al ver lo enferma que estaba. Quizá era de un rango tan bajo que su único trabajo era vigilarme.

Sin embargo, cuando volví al salón, estaba esperándome como hacía Hajji Salman cada noche, con una mirada cruel y prepotente, y, aunque no me violó, sí abusó de mí. Cuando terminó volvió a relajarse en el sofá y empezó a hablar con toda naturalidad, como si nos conociéramos.

—Te quedarás en esta casa una semana —me dijo—. Después quizá vayas a Siria.

—¡No quiero ir a Siria! —exclamé con tono suplicante—. Lléveme a otra casa en Mosul, pero no me envíe a Siria.

—No tengas miedo —me dijo—. En Siria hay muchas *sabaya* como tú.

—Ya lo sé —repliqué—. Pero de todas formas no quiero ir.

Hajji Amer hizo una pausa y se quedó mirándome.

—Ya veremos —dijo.

—Si voy a estar aquí una semana, ¿puedo ver a mis sobrinas Rojian y Kathrine? —le pregunté.

—A lo mejor están en Siria —dijo—. A lo mejor, si vas a Siria puedes verlas.

—Las he visto no hace mucho en Mosul —respondí—. Creo que deben de seguir en algún lugar de esta ciudad.

—Bueno, yo no puedo ayudarte —dijo—. Lo único que sé es que se supone que tienes que esperar aquí. Podrías estar en Siria mañana mismo.

—¡Ya le he dicho que no pienso ir a Siria de ningún modo! —repuse con enfado.

Hajji Amer sonrió.

—¿Quién crees que controla adónde tienes que ir? —me dijo sin levantar la voz ni una sola vez—. Piénsalo. ¿Dónde estabas ayer? ¿Y dónde estás hoy?

Fue a la cocina y, un rato después, oí el fuerte crepitar de unos huevos friéndose en aceite caliente. Lo seguí. Había un plato con huevos y tomates esperándome encima de la mesa, pero yo ya no quería comer. La idea de ir a Siria me aterrorizaba. Casi no podía sentarme. A él no parecía importarle que yo no probara bocado.

Cuando terminó sus huevos, me preguntó si tenía más abayas además de la que llevaba puesta.

—Esta es la única que tengo —dije.

—Necesitarás más si vas a Siria —comentó—. Saldré a comprarte otras.

Cogió las llaves del coche y salió por la puerta de la casa.

—Quédate aquí —me ordenó—. Volveré pronto.

Cuando salió, la puerta se cerró con un portazo tras él.

Estaba sola. No había nadie más en la casa y no se oía ningún ruido. Nos encontrábamos en las afueras de la ciudad, y las calles estaban casi vacías, con muy poco tráfico, y aunque las casas estaban bastante juntas, eran pequeñas. Desde la ventana de la cocina, veía a algunas personas andando de una casa a otra y, más allá, la carretera que se extendía hasta Mosul. El barrio parecía tranquilo, ni con una actividad frenética como la zona de la ciudad donde se encontraba la casa de Hajji Salman, ni desamparado como Hamdaniya. Estuve mirando por esa ventana durante casi media hora cuando se me ocurrió de pronto que en las calles no solo no había gente, sino que tampoco había militantes del EI.

Por primera vez desde que me había castigado Hajji Salman, pensé en huir. La tortura en el puesto de control y la promesa de que iba a ir a Siria habían reactivado mi urgencia por escapar. Valoré salir por la puerta de la cocina, pero antes de hacerlo me dirigí a la entrada para ver si el militante la había dejado cerrada sin llave por algún milagro. La puerta era pesada y de madera. Tiré de la manecilla amarilla y se me cayó el alma a los pies. No se movió. «No iba a ser tan idiota de dejarla abierta», pensé. Pero, para asegurarme, hice un último intento y estuve a punto de derrumbarme cuando se abrió de golpe.

Asombrada, salí del portal y me quedé completamente quieta, esperando notar una pistola en la sien u oír la voz de un guardia en cualquier momento. Pero no pasó nada. Bajé los escalones y llegué al jardín. No llevaba el nicab, por eso caminaba con la cabeza ligeramente agachada, mirando con el rabillo del ojo, atenta a la presencia de algún guardia o militante. No había nadie. Nadie me gritó; ni siquiera me vieron. Había un muro bajo que rodeaba el jardín, pero podía saltarlo fácilmente si usaba un cubo de basura como apoyo. Se me revolvió el estómago por la ansiedad.

A toda prisa, como si algo se hubiera apoderado de mi cuerpo, corrí de regreso al interior de la casa y cogí mi bolsa y mi nicab. Actué tan rápido como pude; quién sabía cuándo volvería el militante. ¿Y si tenía razón y pensaban llevarme a Siria al día siguiente? Me cubrí la cara con el nicab, me coloqué el asa de la bolsa en el hombro y volví a tirar de la manecilla de la puerta.

Esta vez usé todas mis fuerzas desde el primer momento, y la puerta se abrió sin problemas. Crucé el umbral corriendo, bajé la escalera, pero en cuanto noté el aire, sentí que algo me tiraba del faldón de la abaya y me volví.

—¡Me encuentro mal! —grité, esperando ver a un militante en la puerta—. ¡Necesito tomar el aire!

Incluso la noche con los guardias de Salman fue menos aterradora que ese instante. De ninguna forma creerían que estaba haciendo otra cosa que no fuera intentar escapar. Pero cuando me volví a mirar, vi que no había nadie. El tirón que había notado se produjo porque la punta de la abaya se quedó pillada en la puerta cuando esta se cerró. Estuve a punto de echarme a reír cuando la desenganché de un tirón y salí corriendo al jardín.

De pie sobre un cubo de basura, eché un vistazo por encima del muro. La calle estaba vacía. A mi izquierda tenía una mezquita enorme que debía de estar repleta de militantes del Estado Islámico cumpliendo con la oración vespertina. Sin embargo, a mi derecha y por delante de mí, veía las calles de un barrio normal y corriente, cuyos residentes estaban en el interior de sus casas, tal vez rezando, tal vez preparando la cena. Oía los coches y el ruido de una manguera encendida; en la casa de al lado, una mujer regaba su jardín. El miedo me quitó las ganas de saltar el muro. «¿Y si Hajji Amer regresa en su coche justo en este momento? —pensé—. ¿Podría volver a soportar el castigo?»

Me planteé saltar al jardín de la vecina en lugar de a la calle, donde Hajji Amer podía pasar conduciendo. Al parecer, ninguna casa tenía electricidad y se estaba haciendo de noche. Vestida con la abaya, podía avanzar oculta por los patios sombríos. Ya había descartado salir por la cancela del jardín, donde estaba segura de que habría alguien vigilando. Una mujer sola, cubierta o no, saliendo de una casa gobernada por el EI, activaría todas las alarmas, y la recompensa por entregar a una *sabiyya* era demasiado tentadora.

Sabía que, si le daba más vueltas, me quedaría sin tiempo. Debía tomar una decisión. Pero no podía moverme. No importaban los planes que hiciera, todos acababan conmigo capturada y castigada como me había castigado Hajji Salman. Supuse que Hajji Amer no me había dejado sola en casa con la puerta abierta y sin guardias porque se hubiera despistado. No era estúpido. Lo hizo porque creía que, a esas alturas, tras haber sido víctima de abusos durante tanto tiempo y estando tan débil por la enfermedad y el hambre, no se me ocurriría intentar huir. Creían que me tenían para siempre. «Pues están equivocados», pensé. Y, en un abrir y cerrar de ojos, lancé la bolsa por encima del muro y luego salté y aterricé con un golpe sordo en el otro lado.

Tercera parte

1

Al otro lado del muro del jardín, vi que la calle que salía en línea recta desde la casa era de hecho un callejón sin salida y, puesto que era la hora de la oración de la tarde, resultaba muy arriesgado pasar por delante de la gran mezquita que había a la izquierda. La única opción era girar a la derecha, aunque no tuviera ni idea de hacia dónde podía llevarme esa dirección. Me puse en marcha.

Todavía llevaba las sandalias de hombre que Hajji Salman me había dado aquella primera noche, las que había tomado del pabellón convertido en mezquita, y era la primera vez que me las ponía para caminar una distancia mayor que desde la puerta de una casa hasta un coche. La suela chocaba contra las plantas de mis pies —me preocupaba que hicieran demasiado ruido— y se me metía arena entre las correas y los dedos. «¡Me van muy grandes!», pensé. Se me había olvidado, y por un instante me encantó haber hecho esa observación, pues significaba que me estaba moviendo.

No caminaba en línea recta. En lugar de eso, intentaba pasar entre los coches aparcados, doblaba esquinas al azar y cruzaba las mismas calles una y otra vez, hacia uno y otro lado, con la esperanza de que los observadores ocasionales pensaran que sabía adónde me dirigía. El corazón me palpitaba con tal fuerza en el pecho que me inquietaba que las personas con quienes me cruzaba pudieran oírlo y descubrirme.

Algunas casas junto a las que pasaba estaban iluminadas por generadores y rodeadas de amplios jardines, llenos de arbustos con flores púrpura y árboles altos. Era un barrio agradable, construido para familias numerosas y acomodadas. Como ya atardecía, la mayoría de la gente estaba dentro de sus casas, cenando y acostando a los niños, pero, a medida que oscureció, salieron a sentarse en la brisa y charlar con los vecinos. Yo intentaba no mirar a ninguno, esperando que nadie se fijase en mí.

Toda la vida me ha dado miedo la noche. Tuve suerte de ser pobre: eso significaba que dormía en la misma habitación que mis hermanas y sobrinas, o en la azotea, rodeada de mi familia; así nunca hube de preocuparme por lo que se ocultaba en la oscuridad. Al caminar ese atardecer por Mosul, el cielo oscurecía con rapidez y mi miedo a la noche llegó a superar el que sentía por que me atrapara el EI. Sin farolas y con solo unas cuantas casas iluminadas, aquel barrio de Mosul pronto estaría como boca de lobo. Las familias empezarían a irse a dormir y las calles quedarían desiertas, pensé, a excepción de mí y de los hombres que me buscaban. Supuse que, a esas alturas, Hajji Amer habría regresado ya a casa con mis nuevas abayas y descubriría que había desaparecido. Seguramente habría avisado por radio a otros miembros del Estado Islámico, tal vez a algún comandante o incluso al propio Hajji Salman, para decirles que me había escapado. Después saldría corriendo hacia su furgoneta para, con sus potentes faros, ir en busca de la silueta de una chica fugitiva. Quizá temía por él mismo. Al fin y al cabo, si me había resultado tan fácil escapar era porque me había dejado sola sin cerrar la puerta con llave. Imaginé que eso le haría conducir más deprisa y buscar con más atención, que llamaría a muchas puertas y preguntaría a los viandantes, que pararía a todas las mujeres que viera caminando solas. Imaginé que no se detendría hasta bien entrada la noche.

Mi abaya me ayudaba a pasar desapercibida, pero no conseguía que me sintiera invisible, como había esperado. Lo único en lo que podía pensar mientras caminaba era en el momento en que me apresaran, en qué armas llevarían y cómo sonarían sus voces, y luego en cómo me sentiría yo mientras sus manos me arrastraban de nuevo a la casa de la que acababa de escapar. Tenía que encontrar algún sitio donde esconderme antes de que oscureciera del todo.

Cada vez que pasaba por delante de una casa, me imaginaba acercándome hasta la puerta y llamando a ella. ¿Me entregaría la familia que me abriera nada más verme? ¿Me enviarían de vuelta con Hajji Salman? Las banderas del Estado Islámico que colgaban de las farolas y las verjas me recordaban que estaba en un lugar peligroso. Me asustaba con solo oír a los niños jugando y riendo en el interior de los jardines.

Por un momento me pregunté si sería mejor regresar. Podía volver a trepar el muro del jardín, colarme de nuevo por la pesada puerta principal y estar otra vez sentada en la cocina, justo donde me había dejado Hajji Amer, cuando este regresara. Quizá fuese mejor ir a Siria y no que me atrapasen intentando escapar de nuevo. Pero entonces pensé: «No, Dios me ha ofrecido esta oportunidad y me ha dado facilidades para salir de esa casa». La puerta sin cerrar, el barrio tranquilo, la falta de guardias y el cubo de basura junto al muro del jardín; todo aquello tenían que ser señales de que había llegado el momento de arriesgarme a escapar de nuevo. Una oportunidad como esa no se presentaría dos veces, sobre todo si me pillaban.

Al principio me sobresaltaba a cada momento y con cada ruido que oía. Un coche avanzó por la calle y el único faro que le funcionaba me iluminó como si fuera la linterna de un policía; yo me apreté contra la pared de un jardín hasta que pasó de largo. Entonces vi a dos jóvenes en chándal caminando hacia mí y crucé la calle para evitarlos. Ellos siguieron andando sin dejar de charlar, como si no me hubieran visto. Al oír el chirrido de una verja oxidada que se abría delante de una casa, torcí enseguida por una esquina, caminando todo lo deprisa que pude sin llegar a echar a correr, y entonces ladró un perro, y doblé otra esquina. Esos momentos de pavor eran lo único que me guiaba; aún no tenía la menor idea de hacia dónde me dirigía. Pensé que podría seguir caminando para siempre.

A medida que avanzaba, las casas fueron haciéndose más pequeñas. Ya no eran las residencias de hormigón de varias plantas pertenecientes a familias adineradas que había ocupado el EI —con coches lujosos aparcados delante y ruidosos generadores que producían electricidad para los televisores y las radios—, sino hogares más modestos, la mayoría de una o dos plantas de cemento gris. Cada vez había menos luces encendidas y las inmediaciones eran más silenciosas. Oía a niños pequeños llorando dentro de las casas e imaginaba a sus madres acunándolos, intentando hacerlos callar. Los jardines con hierba dejaron paso a huertos de verduras, y los coches familiares se convirtieron en furgonetas *pick-up* de agricultores. Riachuelos de aguas residuales corrían hacia las alcantarillas al borde de la carretera: me encontraba en un barrio pobre.

De repente sentí que aquello era lo que había estado buscando. Si algún suní de Mosul iba a ayudarme, lo más probable es que fuese un suní pobre, quizá una familia que se había quedado allí solo porque no tenía dinero para salir, y a la que tal vez la política iraquí le interesase menos que su propio sustento. Había muchísimas familias pobres que se habían unido al EI. Esa noche, no obstante, sin nada que me guiara y ninguna razón para confiar más en un desconocido que en otro, lo único que deseaba era encontrar a una familia como la mía.

No sabía a qué puerta llamar. Me había pasado demasiadas horas dentro de centros del EI, gritando con todas mis fuerzas junto a las demás chicas, sabiendo que nuestras súplicas llegaban a la gente de fuera y que absolutamente nadie nos había ayudado. Me habían transportado a diferentes ciudades en autobuses y coches, y a nuestro lado habían pasado vehículos llenos de familias que ni siquiera se habían dignado mirarnos. Todos los días, los militantes ejecutaban a personas que estaban en desacuerdo con ellos, violaban a mujeres yazidíes a quienes consideraban menos que objetos, llevaban a cabo su plan de erradicar el yazidismo de la faz de la tierra y, aun así, en Mosul nadie hacía nada por ayudarnos. El EI había crecido en gran medida allí mismo y, aunque muchísimos musulmanes suníes huyeron de la ciudad cuando la organización llegó al poder —y muchos otros vivirían aterrorizados bajo el gobierno del Estado Islámico—, yo no tenía ningún motivo para pensar que detrás de alguna de aquellas puertas viviese una sola persona compasiva. Recordé lo mucho que había deseado que la madre de Morteja me mirara como podría haber mirado a su propia hija, y cómo, en cambio, sus ojos se llenaban de odio cuando se dirigían a mí. ¿Estaban esas casas llenas de personas como ella?

Comoquiera que fuese, no me quedaba otra opción. No tenía forma de salir de Mosul yo sola. Aunque consiguiera cruzar el puesto de control, lo que seguramente no sucedería, me atraparían caminando por la carretera o moriría de deshidratación antes de llegar al Kurdistán. Mi única esperanza para salir viva de Mosul estaba en una de esas casas. Pero ¿en cuál?

Pronto oscureció tanto que empezó a costarme ver lo que tenía delante. Llevaba caminando algo menos de dos horas, y me dolían los pies por culpa de las sandalias. Cada paso que daba parecía una medida de seguridad, una distancia interpuesta, por pequeña que fuese, entre el EI y yo. Sin embargo, no podía seguir andando para siempre. Llegué a una esquina y me detuve junto a una gran puerta metálica, igual de ancha que de alta, y levanté la mano, dispuesta a llamar. Pero entonces, en el último segundo, bajé de nuevo el brazo al costado y me puse a vagar otra vez. No sé por qué.

A la vuelta de la esquina, paré delante de otra puerta metálica de color verde, más pequeña que la anterior. No vi ninguna luz en esa casa, de dos plantas y de hormigón, parecida a algunas construcciones nuevas de Kocho. No tenía nada de especial, nada que me dijera cómo era la familia que vivía allí, pero ya había caminado suficiente. Esta vez, tras levantar la mano, di dos golpes con la palma abierta contra la puerta. Eso produjo un sonido grave y hueco y, mientras todo aquel metal vibraba, me quedé quieta en la calle, esperando a ver si lograba salvarme.

Un segundo después, la puerta se abrió de golpe, y al otro lado apareció un hombre de unos cincuenta y tantos años.

—¿Quién es usted? —me preguntó, pero yo me abrí paso por su lado sin decir nada.

En el pequeño jardín, vi a los miembros de una familia sentados en círculo muy cerca de la puerta, iluminados solo por la luz de la luna. Se pusieron de pie, sobresaltados, aunque nadie dijo nada. Cuando oí que la puerta del jardín se cerraba, me levanté el nicab que me cubría el rostro.

—Se lo ruego —dije—. Ayúdenme. —Seguían callados, así que continué hablando—. Me llamo Nadia —expliqué—, soy una yazidí de Sinyar. El Daesh entró en mi aldea y me trajo a Mosul para convertirme en *sabiyya*. He perdido a mi familia.

En el jardín estaban sentados dos hombres jóvenes, veinteañeros, junto con una pareja algo mayor, que supuse que serían sus padres, y un niño que parecía tener unos once años. Una mujer joven, también veinteañera, acunaba a un bebé para intentar dormirlo. Estaba embarazada, y me pareció ver el miedo reflejado en su rostro antes que en el de los demás. En la pequeña casa no había electricidad, y habían sacado colchones al jardín, donde el aire era más fresco.

Por unos segundos se me paró el corazón. Podían ser miembros del Estado Islámico: los hombres llevaban barba y vestían pantalones bombachos negros; las mujeres iban ataviadas de forma conservadora, aunque no llevaban el rostro cubierto porque estaban en su casa. No había nada que los diferenciara de las personas que me habían retenido, y pensé que sin lugar a dudas me entregarían. Me quedé petrificada y dejé de hablar.

Uno de los jóvenes me agarró del brazo y tiró de mí desde

el jardín hasta la casa. En la entrada oscura hacía mucho calor.

—Dentro es más seguro —me indicó el hombre mayor—. No deberías hablar de esas cosas fuera.

—¿De dónde eres? —me preguntó la mujer de más edad, que supuse que era su esposa, cuando estuvimos todos dentro—. ¿Qué te ha pasado? —Su voz sonaba angustiada pero no furiosa, y sentí que el corazón se me calmaba un poco.

—Soy de Kocho —contesté—. Me trajeron aquí como *sabiyya*, y acabo de escaparme de la última casa donde me ha tenido el Daesh. Querían llevarme a Siria.

Les conté lo que me había ocurrido, incluso lo de las violaciones y los malos tratos. Pensé que, cuanto más supieran, más probable sería que me ayudasen. Eran una familia, así que los creí capaces de sentir compasión y amor. Sin embargo, no di los nombres de los militantes que me habían comprado y vendido. Hajji Salman era una figura importante dentro del EI, y resultaba difícil imaginar a una persona más terrible a quien desafiar que al juez que envía a la gente a morir. «Si supieran que pertenecía a Salman, me devolverían ahora mismo por mucha pena que les diera», pensé.

—¿Qué quieres de nosotros? —preguntó la mujer.

—Imaginen que tuvieran una hija joven a la que hubieran separado de su familia y sometido a todas esas violaciones y ese sufrimiento —dije—. Por favor, piensen solo en eso cuando decidan qué hacer conmigo ahora.

En cuanto acabé de hablar, el padre tomó la palabra.

—Quédate tranquila. Intentaremos ayudarte —me aseguró.

—¿Cómo pueden hacer eso a unas niñas? —susurró la mujer para sí.

La familia se presentó. En efecto, eran suníes que habían permanecido en Mosul cuando llegó el EI porque no tenían otro sitio al que ir, según me contaron.

—No conocemos a nadie en el Kurdistán que nos pueda ayudar a cruzar los controles —explicaron—. Y, además, somos pobres. Lo único que tenemos es esta casa.

Yo no sabía si creerlos; muchos suníes pobres se habían marchado de Mosul, mientras que otros se habían quedado y solo se habían desilusionado con el EI al ver que sus propias vidas empeoraban, pero no a causa del sufrimiento de los demás. Aun así, decidí que, si me ayudaban, era que me estaban diciendo la verdad.

—Somos azawíes —aclararon, refiriéndose a una tribu que desde hace mucho tiempo tiene una estrecha relación con los yazidíes de la zona. Eso quería decir que probablemente conocían el yazidismo y que tal vez tuvieran incluso *kiriv* en pueblos cercanos al mío. Era buena señal.

Hisham, el hombre mayor, era corpulento y tenía una barba larga, negra y con algunas canas. Su esposa, Maha, tenía la cara regordeta y era guapa. Cuando llegué, solo llevaba puesto un vestido de estar por casa, pero al cabo de un momento, como yo era una desconocida, entró y se cubrió con la abaya. Sus hijos, Nasser y Hussein, eran flacos, todavía no se habían hecho hombres del todo, y ambos, en especial Nasser, me acribillaron a preguntas curiosas: ¿cómo había llegado allí?, ¿dónde estaba mi familia?

Nasser, de veinticinco años, era el mayor, un joven muy alto, con entradas profundas en el pelo y una boca grande y ancha. Lo que más me preocupaba eran los hijos: si alguno de los miembros de esa familia era leal al EI, lo más probable es que fueran esos jóvenes suníes. Sin embargo, juraron que odiaban a los militantes.

—La vida es horrible desde que llegaron —dijo Nasser—. Nos sentimos como si viviéramos en medio de una guerra.

La mujer de Nasser, Safaa, también estaba en el jardín. Igual que su marido, era alta, y tenía unos ojos impresionantes que se hundían mucho en su rostro. Ella no decía nada, solo me miraba mientras acunaba a su bebé en el regazo y le echaba un vistazo de vez en cuando al hermano pequeño de Nasser, Khaled, que era demasiado joven para ser consciente de lo que ocurría. De todos ellos, la que parecía más inquieta con mi presencia allí era Safaa.

—¿Quieres otra abaya? —me preguntó cuando me quité la que llevaba sucia. Fue un gesto amable, pero la forma en que lo dijo tuvo algo que me hizo pensar que me juzgaba por llevar un vestido yazidí en una casa musulmana.

—No, gracias —dije. No quería llevar esas prendas que me resultaban extrañas más de lo indispensable.

—¿En casa de quién del Daesh estabas? —preguntó por fin Nasser.

—De Salman —respondí en voz baja.

Él profirió un gruñido elocuente, pero no dijo nada más sobre mi antiguo captor. En lugar de eso, me preguntó por mi familia y adónde iría si lograba salir de Mosul. Me dio la impresión de que no tenía miedo y quería ayudarme.

—¿Han conocido a otras chicas yazidíes? —pregunté.

—Yo he visto a algunas, en el tribunal —reconoció Hisham.

Hussein, su hijo, confesó que había visto pasar autobuses que creía que iban llenos de esclavas como yo.

—En Mosul hay carteles que dicen que, si entregas a una *sabiyya*, el Daesh te da cinco mil dólares —explicó—. Pero hemos oído decir que es mentira.

—No nos gusta lo que está pasando —añadió Hisham—. Hace tiempo que nos habríamos marchado de Mosul, en cuanto llegó el Daesh, pero no tenemos dinero ni ningún lugar adonde ir.

—Cuatro de nuestras hijas están casadas aquí —dijo Maha—. Aunque nos marchásemos, ellas se quedarían. Las familias de sus maridos podrían ser del Daesh. No lo sabemos. Hay tanta gente que los apoya... Pero no podemos irnos y dejar aquí solas a nuestras hijas.

No quiero parecer desagradecida con esa familia que me dejó entrar en su casa. Escucharon mi historia sin juzgarme y me ofrecieron su ayuda. Aun así, me resultaba imposible no preguntarme dónde habían estado todo el tiempo que yo estuve prisionera. Oír sus excusas me enfurecía, aunque intentaba no demostrarlo. ¿Cómo podía Hussein haber visto pasar esos autobuses pensando que iban llenos de niñas y jóvenes que serían violadas noche tras noche por los militantes del Estado Islámico? ¿Cómo podía Hisham haber sido testigo en un tribunal de cómo los militantes arrastraban a sus *sabaya* a unos matrimonios ilegales? Me estaban ayudando, sí, pero solo porque me había presentado en la puerta de su casa. Y yo era una de miles. Decían que odiaban al EI, pero ninguno de ellos había hecho nada por detenerlos.

Tal vez era demasiado, pensé, pedir a una familia normal que luchara contra terroristas como los hombres del EI, hombres que lanzaban desde el tejado a cualquiera que fuese acusado de homosexualidad; hombres que violaban a niñas porque pertenecían a la religión equivocada; hombres que lapidaban a personas hasta la muerte. Mi buena disposición a ayudar al prójimo nunca se había visto sometida a ninguna prueba parecida. Sin embargo, eso era porque los yazidíes jamás nos habíamos visto protegidos por nuestra religión, solo atacados. Hisham y su familia se habían quedado en el Mosul ocupado por el EI porque habían nacido siendo suníes, y por lo tanto eran aceptados por los militantes. Hasta que aparecí en su casa, se habían contentado con llevar su religión como armadura. Intenté no odiarlos, porque estaban demostrándome muchísima amabilidad, pero tampoco sentí amor por ellos.

—¿Tienes a alguien en el Kurdistán a quien podamos llamar para decirle que estás con nosotros? —me preguntó Hisham.

—Tengo hermanos allí —contesté, y recité el número de Hezni, que seguía grabado en mi cerebro.

Vi que Hisham marcaba el número y empezaba a hablar. Entonces se apartó el teléfono de la oreja, desconcertado, y volvió a marcar. La segunda vez ocurrió lo mismo, y yo empecé a pensar que tal vez me había equivocado de número.

—¿No contesta? —le pregunté.

Hisham sacudió la cabeza.

—Contesta un hombre, pero, en cuanto le digo quién soy y desde dónde llamo, se pone a insultarme —dijo—. Puede que no sea tu hermano. Si lo es, me parece que no se cree que estés conmigo.

Hisham lo intentó de nuevo. Esta vez, quienquiera que contestase le dejó hablar.

—Nadia está aquí con nosotros, se ha escapado de su captor —explicó—. Si no me cree, conozco a yazidíes que le dirán quién soy. —Hisham había servido en el ejército de Sadam con un influyente político yazidí de Sinyar—. Él le dirá que soy una buena persona y que no voy a hacerle daño a su hermana.

Fue una conversación breve y, al terminar, Hisham me confirmó que sí era con Hezni con quien había hablado.

—Al principio, cuando ha visto que era una llamada desde Mosul, ha creído que llamaba para gastarle una broma cruel —me dijo—. Por lo visto, los hombres que tienen a su mujer lo llaman a veces solo para recordarle lo que están haciendo con ella. Lo único que le queda a él es insultarlos y colgar.

Sentí un dolor profundo en mi corazón por Hezni y Jilan, que tanto habían luchado desde el principio por estar juntos.

Se estaba haciendo tarde y las mujeres me prepararon un colchón en una de las habitaciones, luego me preguntaron si tenía hambre.

—No —contesté, porque no podía imaginarme comiendo nada—, pero sí tengo mucha sed.

Nasser fue a buscarme un poco de agua y, mientras me la bebía, me advirtió de que no saliera fuera, nunca.

—Este barrio está lleno de miembros y simpatizantes del Daesh —me dijo—. Aquí no estás segura.

—¿Qué ha estado ocurriendo? —quise saber. ¿Había otras *sabaya* cerca? ¿Los militantes registraban las casas cuando alguna desaparecía?

—Vivimos en una época peligrosa —contestó Nasser—. El Daesh está por todas partes. Gobiernan la ciudad entera y todos debemos ir con mucho cuidado. Tenemos un generador, pero no podemos ponerlo en marcha de noche porque nos preocupa que los aviones estadounidenses vean luz y tiren una bomba en nuestra casa.

A pesar del calor, me estremecí al recordar la primera puerta ante la que me había detenido pero a la que había decidido no llamar. ¿Quién viviría tras ella?

—Ahora duerme —dijo Hisham—. Por la mañana pensaremos en alguna forma de sacarte de aquí.

El calor de aquella habitación era agobiante y dormí muy poco. Toda la noche estuve pensando en las casas que había a mi alrededor, llenas de familias que apoyaban al EI. Pensé en Hajji Salman, peinando las calles con su coche, buscándome, despierto toda la noche a causa de la ira. Me pregunté qué le habría ocurrido al militante que me había dejado escapar. ¿Convencería la promesa de cinco mil dólares a Nasser y a su familia para que me entregaran? ¿Me habían estado mintiendo, fingiéndose compasivos y dispuestos a ayudarme, cuando en realidad me odiaban por ser yazidí? Sería una tontería por mi parte confiar en ellos tan pronto, pensé, por mucho que fueran de la tribu azawí, y por mucho que Hisham tuviera amigos yazidíes de su época en el ejército. Había suníes con vínculos más estrechos con los yazidíes que ya habían traicionado a sus amigos y los habían entregado al EI.

Mis hermanas y mis sobrinas, a quienes habían separado de mi lado, podían estar en cualquier lugar. ¿Las castigarían a ellas porque yo hubiera escapado? ¿Qué había ocurrido con las mujeres a quienes dejamos en Solagh, y con las niñas que se habían llevado a Siria? Pensé en mi hermosa madre, en su pañuelo blanco resbalándole del pelo cuando tropezó y cayó de la camioneta en Solagh, y en cómo apoyó la cabeza en mi regazo y cerró los ojos para negarse a ver todo el horror que nos rodeaba. Vi cómo arrancaban a Kathrine de los brazos de mi madre antes de que nos metieran a todas en los autobuses. Muy pronto me enteraría de lo que les había sucedido a todas ellas. Cuando por fin me quedé dormida, no tuve ningún sueño, me sumí en una negrura total.

2

Me desperté a las cinco de la madrugada, antes que los demás, y mi primer pensamiento fue que tenía que salir de allí. «Aquí no estoy segura —me dije—. ¿Qué van a hacer conmigo? ¿Qué probabilidades hay de que sean lo bastante buenas personas para arriesgarse a ayudarme?» Pero era por la mañana y el sol abrasador iluminaba ya las calles, donde no encontraría ni una sombra en la que ocultarme si intentaba escapar. No tenía ningún otro lugar al que ir. Tumbada en la cama, me di cuenta de que mi destino estaba en manos de Hisham y su familia, y de que lo único que podía hacer era rezar por que de veras quisieran ayudarme.

Nasser llegó dos horas después con instrucciones de Hisham. Mientras hablábamos y esperábamos a que su padre se reuniera con nosotros, Maha nos sirvió el desayuno. Yo no fui capaz de comer nada, pero bebí un poco de café.

—Te llevaremos a casa de mi hermana Mina y de su marido, Basheer —me dijo Nasser—. Viven un poco apartados, fuera de la ciudad, y allí es menos probable que haya gente del Daesh y te vean. Sabemos que a Basheer no le gusta el Daesh —siguió explicando—, pero no estamos seguros de lo que piensan sus hermanos. Él dice que no se han unido al grupo, pero nunca se sabe, así que tendrás que ir con cuidado. Basheer, sin embargo, es un buen hombre.

Con el rostro cubierto por el nicab, me sentí segura en el

coche con Hisham y Nasser. El barrio se volvía cada vez menos poblado a medida que nos alejábamos hacia la casa de Mina y Basheer, en las afueras de Mosul. Nadie se fijó en nosotros cuando bajamos del coche y caminamos hasta la puerta de entrada, y no vi ninguna casa vecina en la que ondearan banderas del Estado Islámico ni en la que hubiese ningún grafiti de apoyo a la organización.

La pareja nos recibió en la entrada de su casa, que era más grande y bonita que la de Hisham y me recordó a las casas que mis hermanos casados se habían construido poco a poco en Kocho, con los ahorros de toda una vida. Era de hormigón y estaba hecha para durar, con suelos de azulejo cubiertos de alfombras verdes y beige, y sofás con cojines tupidos en el salón.

Mina era la mujer más guapa que había visto jamás. Tenía la cara redondeada y pálida, unos ojos verdes como piedras preciosas y la misma figura que Dimal, no demasiado delgada. Llevaba el pelo largo y teñido de un castaño intenso. Basheer y ella tenían cinco hijos, tres chicos y dos chicas, y cuando llegué toda la familia me saludó con calma, como si Hisham y Nasser ya hubieran contestado todas las preguntas que pudieran tener sobre mí. Nadie intentó consolarme. Aparte de Nasser, que parecía sentir curiosidad por conocer todos los detalles de lo que me había ocurrido, la familia me trataba como si yo fuera un deber que debía cumplir, y se lo agradecí. Todavía no estaba segura de poder corresponderles su afecto, si me lo ofrecían.

—*Salam aleikum* —saludé.

—*Aleikum asalaam* —contestó Basheer—. No te preocupes, te ayudaremos.

El plan era conseguir documentación falsa para mí, expedida a nombre de Safaa o de Mina —lo que resultara más fácil—, y que entonces alguno de los hombres, o bien Basheer o bien Nasser, me acompañase desde Mosul hasta Kirkuk fingiendo que éramos marido y mujer. Nasser tenía amigos en Mosul que hacían carnets —antes, el carnet de identidad estándar del Estado iraquí; entonces, el blanco y negro del Estado Islámico—, y que nos ayudarían.

—Te conseguiremos un carnet iraquí, no uno del Daesh —me comentó—. Parecerá más auténtico y te facilitará las cosas para entrar en el Kurdistán, si conseguimos pasar los controles del Daesh.

—Si usamos los datos de Safaa, irás con Nasser —dijo Basheer—. Si usamos los de Mina, irás conmigo.

Mina estaba sentada con nosotros, escuchando pero sin decir nada. Sus ojos verdes lanzaron una mirada en dirección a mí cuando su marido dijo eso. Era evidente que no estaba contenta, pero no se opuso.

—¿Será Kirkuk un buen lugar donde dejarte? —preguntó Basheer. Le parecía que podía ser la forma más fácil de entrar en el Kurdistán, más allá de Mosul. En tal caso, le dirían a quien confeccionase mi carnet que hiciese constar Kirkuk como mi lugar de nacimiento y que me diera un nombre común en esa ciudad—. ¿Está Kirkuk con el Daesh?

Yo no lo sabía. Al crecer, siempre había dado por hecho que Kirkuk era parte del Kurdistán, porque eso era lo que decían los partidos kurdos, pero debido a varias conversaciones que había oído entre militantes del Estado Islámico tenía la impresión de que la región estaba disputada, igual que Sinyar, y que ya no solo la codiciaban los kurdos y el gobierno de Bagdad, sino también el EI. Los militantes habían conquistado una parte tan grande de Irak que a esas alturas habría creído posible que controlasen también Kirkuk y todos sus campos petrolíferos.

—Puedo preguntar a mi familia. Si está controlado por los *peshmerga*, entonces sí puedo ir.

—De acuerdo. —Basheer estaba satisfecho—. Llamaré al amigo de Hisham en Sinyar para ver si puede ayudarte, y Nasser te conseguirá la documentación.

Ese día hablé con Hezni por primera vez desde que había escapado. Durante la mayor parte de la conversación, ambos conseguimos mantener la calma —había muchísimo trabajo que hacer si quería llegar a casa con vida—, pero al oír su voz por primera vez me sentí tan contenta que casi no pude hablar de la emoción.

—Nadia —me dijo—, no te preocupes. Creo que esa familia es buena, te ayudarán.

Hezni sonaba como siempre, seguro y sentimental al mismo tiempo. A pesar de todo lo que yo estaba pasando, me sentí triste por él. Supuse que yo misma descubriría pronto lo que se sentía al ser una de los yazidíes que se habían salvado, y toda la pena y la nostalgia que acompañaban ese sentimiento, si tenía suerte.

Quería contarle cómo había escapado. Me sentía orgullosa de lo valiente que había sido.

—Fue muy raro, Hezni —dije—. Después de todo eso, de que todo el mundo me tuviera siempre tan vigilada, ese hombre se dejó la puerta sin cerrar. Solo tuve que abrirla, trepar al muro y marcharme.

—Era lo que Dios quería, Nadia —contestó mi hermano—. Él quiere que vivas y que vuelvas a casa.

—Me preocupa que alguno de los hijos de esta familia pueda estar con el Daesh —le confesé a Hezni—. Son muy religiosos.

Pero él me dijo que no tenía alternativa.

—Debes confiar en ellos —insistió.

Yo le dije que, si él creía que eran buenos, me quedaría con ellos.

Más adelante, me enteraría de que se habían establecido redes de tráfico de personas para ayudar a chicas yazidíes a escapar del EI, en parte porque, desde su contenedor en el campo de refugiados, Hezni acabó ayudando a organizar la huida de decenas de chicas. Cada operación comenzaba con pánico y caos, pero, en cuanto la familia de la víctima conseguía reunir el dinero suficiente, todo empezaba a desarrollarse como en un acuerdo comercial, solo que con un sistema de traficantes. Hay intermediarios —casi siempre árabes, turkmenos y sirios, o kurdos iraquíes de la zona—, a quienes se les paga unos cuantos miles de dólares por su participación en el plan. Algunos son taxistas que pasan a las chicas en sus coches; otros hacen de espías en Mosul o en Tal Afar, e informan a las familias de dónde se esconden las chicas; otros ayudan en los controles o sobornan y regatean con las autoridades del Estado Islámico. Algunas piezas clave dentro de los territorios controlados por el EI son mujeres; ellas tienen más posibilidades de acercarse a una *sabiyya* sin levantar sospechas. Los cabecillas de esas organizaciones son unos cuantos hombres yazidíes que, utilizando sus contactos en los pueblos suníes, preparan las redes y se aseguran de que todo suceda según el plan. Cada equipo tiene su propia zona de trabajo; algunos en Siria y otros en Irak. Como en cualquier otro negocio, entre ellos ha surgido competencia, pues se ha hecho patente que traficar con *sabaya* es una buena forma de ganar dinero durante la guerra.

Cuando se confeccionó el plan de mi huida, esa red de tráfico de personas solo estaba empezando a formarse, y Hezni todavía tenía que descubrir cuál sería su implicación en ella. Mi hermano es valiente y bueno, y jamás dejaría que nadie sufriera si él pudiera evitarlo, pero había tantas chicas que tenían su número de teléfono —todas las mujeres de la familia lo habían memorizado y se lo pasaban a las *sabaya* que iban encontrándose en su camino— que pronto se vio sobrepasado por la cantidad de llamadas. Para cuando Hisham lo llamó de mi parte, Hezni ya había acudido a otras personas en busca de ayuda y había establecido contacto con funcionarios del GRK, el Gobierno Regional del Kurdistán, que trabajaban en la liberación de yazidíes, así como con figuras clave en Mosul y en muchos otros lugares de Irak controlados por el EI. Pronto el tráfico se convirtió para él en un trabajo a jornada completa, aunque sin sueldo.

Sin saber qué esperar exactamente mientras me preparaba para mi viaje a Kirkuk, Hezni estaba preocupado. No veía claro que funcionase eso de que uno de los dos, Nasser o Basheer, me acompañase hasta el Kurdistán. Cruzar un control kurdo no sería fácil para un hombre suní en edad de combatir, y Hezni sabía que, si el EI descubría que una familia de Mosul había ayudado a una *sabiyya* a escapar, el castigo sería severo.

—No queremos que los detengan por haber intentado ayudarte —me dijo Hezni—. Es responsabilidad nuestra asegurarnos de que nada les ocurra a Nasser o a Basheer cuando entren en el Kurdistán. ¿De acuerdo, Nadia?

—Lo entiendo, Hezni —respondí—. Tendré cuidado. —Sabía que, si nos pillaban en un control del Estado Islámico, matarían a quien fuese conmigo y a mí me devolverían a la esclavitud. En un control kurdo, el peligro era que decidiesen detener a Nasser o a Basheer.

—Cuídate, Nadia —me dijo Hezni—. Intenta no preocuparte por nada. Mañana te llevarán tu documentación. Cuando llegues a Kirkuk, llámame.

—¿Qué ha ocurrido con Kathrine? —le pregunté antes de colgar.

—No lo sé, Nadia.

—¿Y qué pasó en Solagh?

—El EI sigue estando en Kocho y en Solagh —contestó mi hermano—. Sabemos que han matado a los hombres. Saeed sobrevivió y me contó lo sucedido. Saoud consiguió llegar aquí y está bien. Todavía no sabemos qué pasó con las mujeres en Solagh, pero Saeed está decidido a combatir contra el Daesh y liberar la ciudad, y a mí me preocupa. —Saeed sufría unos dolores terribles por las heridas de bala, todas las noches tenía horribles pesadillas con el pelotón de fusilamiento que no le dejaban dormir—. Me preocupa que no consiga superar lo ocurrido.

Nos despedimos, y Hezni le pasó el teléfono a Khaled, mi hermanastro. Él tenía más información para mí.

—Los yazidíes ya no huyen —me dijo—. Viven en condiciones durísimas en el Kurdistán, esperando a que se abran los campos.

—¿Qué ocurrió con los hombres de Kocho? —pregunté. Aunque ya me lo habían contado, no quería que fuese cierto.

—Los mataron a todos —me confirmó—. Y se llevaron a todas las mujeres. ¿Has visto a alguna?

—Vi a Nisreen, a Rojian y a Kathrine —contesté—, pero no sé dónde están ahora.

Las noticias eran peores de lo que esperaba. Resultaba difícil oírlo, incluso lo que ya sabía. Colgamos y le devolví el teléfono a Nasser. Ya no me preocupaba que aquella familia fuese a traicionarme, así que me permití relajarme un poco. Me sentía más cansada de lo que había estado en toda mi vida.

Me quedé en casa de Mina y Basheer durante varios días, mientras se concretaba el plan de huida, y casi todo el tiempo prefería estar sola, pensando en mi familia y en lo que sería de mí. Si nadie me hacía preguntas, me alegraba de poder estar en silencio. Eran una familia muy religiosa, oraban cinco veces al día, pero decían que odiaban al EI y jamás me preguntaron sobre mi conversión forzosa ni intentaron que rezara con ellos.

Yo aún estaba muy enferma y sentía como si me ardiera el estómago, así que un día me llevaron al hospital local de mujeres. Tuvieron que convencerme de que era seguro ir.

—Deme una botella de agua caliente para la barriga y ya está —le dije a la madre de Nasser—. Con eso bastará.

Pero ella insistió en que me viera un médico.

—Siempre que lleves puesto el nicab y no te separes de nosotras, estarás bien —me aseguró ella, y a mí me dolía tanto que no pude discutírselo mucho tiempo.

La cabeza me daba vueltas y casi ni me enteré cuando me metieron en su coche y me llevaron a la ciudad. Estaba tan enferma que ahora, al volver la vista atrás, esa visita al hospital me parece como un sueño difícil de recordar. Después, sin embargo, mejoré, recuperé fuerzas y esperé con calma dentro de la casa el día que me dijeran que había llegado el momento de marchar.

A veces comía sola y a veces con ellos; siempre me insistían en que llevara cuidado, que me apartara de las ventanas y no hiciera caso del teléfono. «Si alguien se acerca a la puerta, quédate en tu habitación y no hagas ningún ruido», me decían. Mosul no era como Sinyar. En Kocho, las visitas nunca se molestan en llamar a la puerta. Todo el mundo se conoce y todos somos bienvenidos en las casas de los demás. En Mosul, las visitas esperan a que las inviten a pasar, y hasta a los amigos se los trata como a desconocidos.

Bajo ningún concepto debía salir al exterior. Su baño principal estaba en un excusado exterior, pero a mí me indicaron que mejor utilizase el más pequeño, que estaba dentro de la casa. «No sabemos si alguno de nuestros vecinos está con el Daesh», dijeron.

Yo hacía todo lo que me pedían. Lo último que quería era que me descubriesen allí y me devolviesen al EI, o que Nasser y su familia recibiesen un castigo por haber intentado ayudarme. No tenía ninguna duda de que ejecutarían a todos los adultos, y se me revolvía el estómago solo de pensar que las dos hijas pequeñas de Mina, ambas en torno a los ocho años de edad e igual de guapas que su madre, pudieran quedar bajo la custodia del Estado Islámico.

Dormía en la habitación de las hijas, pero apenas hablábamos. No tenían miedo de mí, sencillamente no les interesaba saber quién era, y tampoco tenía ninguna intención de decírselo. Eran muy inocentes. El segundo día me desperté y me las encontré sentadas delante del espejo de su dormitorio, intentando desenredarse los nudos que tenían en el pelo. «¿Os puedo ayudar? —pregunté—. Se me da muy bien arreglar el pelo.» Asintieron, así que me senté detrás de ellas y empecé a pasarles el peine por el cabello hasta que se lo dejé suave y liso. Era algo que solía hacer con Adkee y Kathrine todos los días, y casi me resultó normal ocuparme de ello.

El televisor estaba encendido todo el día para que los niños pudieran jugar con su PlayStation. Y como los chicos estaban tan distraídos con sus videojuegos, aún me prestaron menos atención que las niñas. Eran más o menos de la misma edad que Malik y Hani, mis dos sobrinos, a quienes habían secuestrado y obligado a convertirse en combatientes del EI. Antes de agosto de 2014, Malik había sido un niño tímido pero listo y con mucho interés por el mundo que le rodeaba. Nos quería, y también a su madre, Hamdia. Ya no tenía ni idea de dónde estaba. El EI había instaurado un sistema intensivo de reeducación y lavado de cerebro para los adolescentes a los que secuestraba. Mientras les enseñaban árabe e inglés, los chicos aprendían también vocabulario propio de la guerra, como «arma», y les inculcaban que el yazidismo era una religión del mal y que los miembros de su familia que no se convirtieran estarían mejor muertos.

Se los llevaban a una edad en que aún eran impresionables y, como llegaría a saber más adelante, ese adoctrinamiento daba resultado con algunos de ellos. Tiempo después, Malik enviaría fotografías a Hezni al campo de refugiados. En ellas se lo veía vestido con uniforme de faena del Estado Islámico, sonriendo mientras sostenía un fusil con las mejillas encendidas de emoción. A veces llamaba al teléfono de mi hermano solo para decirle a Hamdia que fuera a reunirse con él.

—Tu padre está muerto —le decía Hamdia a su hijo—. No queda nadie más para cuidar de la familia. Tienes que regresar a casa.

—Eres tú quien debería venir al Estado Islámico —contestaba Malik—. Aquí cuidarán de ti.

Hani logró escapar después de casi tres años de cautiverio, pero, cuando Hezni intentó rescatar a Malik, mi sobrino se negó a ir con el traficante que se acercó a él en un mercado de Siria.

—Quiero luchar —le dijo.

Era una sombra del niño que había vivido en Kocho. Después de eso, Hezni dejó de intentarlo. Hamdia, sin embargo, siempre contestaba al teléfono si veía que era Malik quien llamaba.

—Sigue siendo mi hijo —decía.

Mina era una buena madre y ama de casa. Se pasaba el día limpiando y cocinando para su familia, jugando con sus hijos y cuidando del bebé. Los días eran tensos, tanto para ella como para mí, y no hablábamos mucho. Muy pronto, o bien su hermano o su marido iban a tener que hacer un viaje peligroso para acompañarme al Kurdistán. Era una carga muy grande para la familia.

Una vez, al cruzarnos en el vestíbulo, me hizo un comentario sobre mi pelo.

—¿Por qué solo está rojo en las puntas? —preguntó.

—Me lo teñí con henna hace mucho tiempo —dije mientras me examinaba los mechones.

—Es bonito —añadió, y pasó de largo sin decir nada más.

Una tarde, después de comer, Mina estaba intentando calmar al bebé, que tenía que comer pero no había forma de que dejara de llorar. Normalmente no me permitía ayudar con el trabajo de la casa, pero esa tarde, cuando me ofrecí a fregar los platos, asintió con la cabeza, agradecida. El fregadero estaba delante de una ventana que daba a la calle, donde podría haberme visto alguien, pero ella estaba demasiado distraída con el bebé para pensar en si nos sorprenderían, y yo me alegré de tener ocasión de colaborar. Para mi sorpresa, empezó a hacerme preguntas.

—¿Conoces a más personas que estén con el Daesh? —dijo mientras acunaba al bebé contra su pecho.

—Sí. Se llevaron a todas mis amigas y a mi familia, y nos separaron. —Yo habría querido hacerle la misma pregunta a ella, pero no deseaba ofenderla.

Mina se detuvo, pensativa.

—Cuando te marches de Mosul, ¿adónde irás?

—Con mi hermano —dije—. Está esperando para ir a un campo de refugiados con otros yazidíes.

—¿Cómo es ese campo? —quiso saber.

—No lo sé —reconocí—. Casi todos los que han sobrevivido irán allí. Mi hermano, Hezni, dice que será muy duro. No habrá nada que hacer, ningún trabajo, y está lejos de las ciudades. Pero allí estarán a salvo.

—Me pregunto qué pasará aquí —añadió ella.

No fue exactamente una pregunta, así que no contesté nada. Seguí fregando los platos, y ella guardó silencio hasta que terminé.

Al acabar, el bebé había dejado de llorar y se estaba quedando dormido en los brazos de Mina. Yo subí a la habitación de las hijas, en la planta de arriba, y me tumbé en un colchón, pero no cerré los ojos.

3

Se decidió que sería Nasser quien me acompañase. Eso me alegró; a Nasser le gustaba hablar conmigo y, en los días que precedieron al viaje, fue con él con quien me sentí más cómoda. Cuando llegó el momento de marcharnos, era casi como un hermano para mí.

Al igual que mis hermanos, Nasser siempre me tomaba el pelo cuando me veía demasiado absorta en mis pensamientos, lo que sucedía a menudo. Teníamos entre nosotros una broma que nadie más entendía. Durante mis primeros días en la casa, cuando Nasser me preguntaba qué tal iba todo, yo solo contestaba distraída: «Hace mucho calor, mucho calor». El miedo me tenía demasiado nerviosa para decir nada más. Así que, al cabo de una hora, cuando volvía a verme, Nasser me preguntaba otra vez: «Nadia, ¿qué tal va todo ahora?», y yo, sin darme cuenta de que me repetía, volvía a decir: «Nasser, hace mucho calor, mucho calor», como antes. Al final, él empezó a responder por mí, y en tono de broma me preguntaba: «Oye, Nadia, ¿qué tal va todo? ¿Hace mucho calor? ¿O hace mucho calor, mucho calor?», y yo me reía al darme cuenta de lo que intentaba con ello.

Nasser regresó al tercer día con un carnet de identidad. En él, mi nombre era Sousan y Kirkuk figuraba como mi ciudad natal, pero, por lo demás, los datos que contenía eran los de Safaa. «Asegúrate de memorizar todo lo que aparece en este carnet —me dijo—. Si en el control te preguntan dónde o cuándo naciste y no lo sabes, se habrá acabado todo.»

Me estudié la documentación día y noche, memoricé la fecha de nacimiento de Safaa, que era un poco mayor que yo, y los nombres de su madre y de su padre, así como la fecha de nacimiento de Nasser y los nombres de su madre y de su padre. En los carnets iraquíes, tanto antes como durante el régimen del EI, la información sobre el padre o el marido de una mujer es tan importante como la propia.

La fotografía de Safaa estaba pegada en una esquina. No nos parecíamos mucho, pero no me preocupaba que los guardias de los controles me pidieran que me quitara el nicab para mostrarles la cara. No me imaginaba a ningún miembro del Estado Islámico diciéndole a una mujer suní que se descubriera el rostro delante de su marido, que supuestamente también estaba con el EI.

—Si te preguntan por qué no tienes todavía documentación del Daesh, tú solo diles que aún no has tenido tiempo —me aconsejó Hisham.

Yo estaba tan asustada que memoricé la información enseguida, y después tuve la sensación de que la llevaba grabada a fuego en el cerebro.

Nuestro plan era simple. Nasser y yo fingiríamos ser marido y mujer, viajando a Kirkuk para visitar a mi familia. Sousan era un nombre muy común en la ciudad.

—Diles que vas a quedarte una semana más o menos —me indicaron—. Nasser dirá que te acompaña y que regresará ese día o el siguiente, dependiendo de la hora a la que lleguéis.

Así Nasser no tendría que preocuparse por llevar ninguna bolsa ni pagar la multa que exigía el EI a los suníes que querían permanecer fuera del califato durante un período prolongado.

—¿Sabes algo sobre Kirkuk? —me preguntaron—. ¿Nombres de barrios o cómo es la ciudad, por si preguntan?

—Nunca he estado allí —respondí—, pero puedo preguntarle cosas a mi hermano.

—¿Y qué hay de la bolsa? —se interesó Nasser. Todavía llevaba conmigo la bolsa negra de algodón. Dentro guardaba vestidos que habían pertenecido a Kathrine, a Dimal y a mí misma, además de las compresas donde iban ocultas mis joyas y la cartilla de racionamiento de mi madre—. No parece la clase de maleta que prepara una mujer musulmana para ir de visita una semana a casa de su familia.

Hisham salió y regresó con una botella de champú y otra de acondicionador, además de un par de vestidos sencillos del estilo más popular entre las mujeres musulmanas, y yo lo metí todo en mi bolsa. Empecé a sentirme culpable por el dinero que se estaban gastando conmigo. Eran una familia pobre, como la mía, y no quería ser una carga para ellos.

—Cuando esté de vuelta en el Kurdistán, os enviaré lo que pueda —les aseguré.

Ellos insistieron en que no hacía falta, pero yo no podía quitármelo de la cabeza. Seguía preocupada porque, si el dinero se convertía en un problema grave, tal vez decidieran entregarme.

Hezni me dijo que no pensara en eso.

—Eso de los cinco mil dólares de recompensa es mentira —me garantizó—. El Daesh solo lo dice para que las chicas estén menos dispuestas a intentar escapar. Quieren que pienses que eres como ganado, y que cualquier familia querrá atraparte para venderte, pero luego no pagan. Además, de todas formas a Nasser le va bien salir de Mosul —me dijo Hezni.

—¿A qué te refieres? —pregunté, desconcertada.

—¿No lo sabes? —dijo mi hermano—. Pregúntale a Hisham.

Esa noche le conté a Hisham lo que me había dicho Hezni.

—¿Qué quería decir? ¿Es que Nasser quiere marcharse? —pregunté.

Tras un breve silencio, me lo explicó:

—Estamos preocupados por Nasser. Es un hombre joven y solo es cuestión de tiempo que el Daesh lo obligue a luchar.

Nasser creció siendo pobre bajo un gobierno chií durante

la ocupación estadounidense y, cuando era jovencito, se enfureció ante lo que veía como la persecución de los suníes. Los hombres jóvenes como él eran los principales reclutas del Estado Islámico, y su familia pensaba que los terroristas querrían a Nasser para su fuerza policial. Ya trabajaba arreglando sistemas sanitarios en edificios de la zona de Mosul, y a todos ellos les preocupaba que incluso ese empleo, pese a no ser violento, pudiera marcarlo como terrorista más adelante.

Cuando yo aparecí en su puerta como salida de la nada, ellos llevaban tiempo intentando sacarlo de Mosul a la desesperada, y entonces pensaron que, si la familia ayudaba a una yazidí a huir de la esclavitud, las autoridades kurdas accederían a dejarlo entrar en el Kurdistán.

Hisham me rogó que no le dijese a Nasser que yo lo sabía, y que bajo ningún concepto le contase a nadie que había trabajado para el EI, aunque solo fuese arreglando retretes.

—No importa cuál sea el trabajo —dijo—. Tanto los kurdos como el Ejército iraquí lo encerrarían en la cárcel.

Le prometí que no se lo contaría a nadie. No era capaz de imaginar a Nasser como policía del Estado Islámico, deteniendo a personas según cuál fuese su religión, o solo porque habían violado alguna regla atroz o discrepado de algún modo, y, con ello, enviándolos quizá a la muerte. ¿Tendría que trabajar con Hajji Salman? Nasser se había convertido en un amigo y me parecía demasiado afable y comprensivo para ocuparse de un trabajo así. Por otro lado, acababa de conocerlo, y había muchos suníes que ya se habían vuelto en contra de los yazidíes. Me pregunté si en algún momento de su vida había llegado a pensar que todas las religiones de Irak que no fuesen el islam suní debían ser expulsadas del país y si creía que al pensar así estaba participando en una revolución para recuperar Irak. Yo había oído hablar a mis hermanos acerca de suníes que, a causa de años de opresión bajo los estadounidenses, los kurdos y los chiíes, y de la radicalización islámica que llegó al mismo tiempo, habían reaccionado con violencia contra sus vecinos.

De pronto, uno de ellos me estaba ayudando. Pero ¿lo hacía solo por salvarse él mismo? ¿Y acaso importaba eso?

Estos últimos años he pensado mucho en Nasser y en su familia. Se arriesgaron muchísimo por ayudarme. El EI los habría matado, y tal vez apresado a sus hijas y reclutado a sus hijos, si hubiesen descubierto que habían acogido a una *sabiyya*, y habría sido muy fácil que lo descubrieran. Estaban por todas partes. Ojalá todos los seres humanos actuaran con la misma valentía que la familia de Nasser.

Aun así, por cada familia como la de Nasser había miles más en Irak y Siria que no habían hecho nada o que habían tenido un papel activo en el genocidio. Algunos traicionaron a chicas como yo, que intentaban escapar. A Kathrine y a Lamia las entregaron seis veces personas a las que se habían acercado en busca de ayuda, primero en Mosul y luego en Hamdaniya, y las castigaron todas las veces. A un grupo de *sabaya* a quienes llevaron a Siria les dieron caza en los cañaverales del Tigris como si fueran criminales huidos después de que un granjero de la zona llamara al comandante del Estado Islámico para decirle que unas esclavas habían corrido hacia él en medio de la oscuridad para pedirle ayuda.

En Siria y en Irak, las familias llevaban vidas normales mientras a nosotras nos torturaban y nos violaban. Nos veían caminar por las calles junto a nuestros captores y se reunían en las plazas para contemplar las ejecuciones. No sé cómo se sentía cada una de esas personas. Después de que empezara la liberación de Mosul, a finales de 2016, las familias explicaron que había sido muy duro vivir bajo el yugo del EI, hablaron de lo brutales que eran los terroristas y del miedo que daba oír los aviones de combate en lo alto sabiendo que podían bombardear sus casas. No podían encontrar comida suficiente para alimentarse, les cortaron la electricidad. Sus hijos tuvieron que ir a escuelas del Estado Islámico, sus chicos tuvieron que luchar, y cualquier cosa que hacían llevaba consigo una multa y un impuesto. Mataban a personas en las calles, decían. Esa no era forma de vivir.

Sin embargo, cuando yo estuve en Mosul, la vida me pareció normal, incluso buena, para sus habitantes. ¿Por qué se habían quedado, para empezar? ¿Estaban de acuerdo con el EI y consideraban que su califato era una buena idea? ¿Acaso les parecía una continuación natural de las guerras sectarias que llevaban librándose desde la llegada de los estadounidenses en 2003? Si la vida hubiese seguido mejorando, tal como les había prometido el EI, ¿habrían permitido que los terroristas matasen a todo el que quisieran?

Intento sentir compasión por esas familias. Estoy segura de que muchas estaban aterradas y de que, al final, incluso quienes en un principio habían dado la bienvenida al EI, acabaron odiándolos y diciendo, tras la liberación de Mosul, que no habían tenido más opción que dejar hacer su voluntad a los terroristas. Pero a mí me parece que sí tuvieron opción. Si se hubiesen reunido, si hubiesen sacado sus armas y arrasado el centro del Estado Islámico donde los militantes vendían a las niñas o las ofrecían como regalo, es posible que todos hubiésemos muerto. No obstante, al menos eso habría enviado al EI, a los yazidíes y al mundo entero el mensaje de que no todos los suníes que se habían quedado en sus hogares apoyaban el terrorismo. Tal vez, si algunos habitantes de Mosul hubiesen salido a las calles a gritar: «¡Soy musulmán y lo que estáis exigiendo de nosotros no es el verdadero islam!», las fuerzas iraquíes y las estadounidenses habrían entrado antes y con ayuda de la gente que vivía allí, o los traficantes que trabajaban para liberar a chicas yazidíes habrían podido expandir sus redes y habernos sacado a puñados, en lugar de una cada vez, como un grifo que gotea. En cambio, nos dejaron gritar en el mercado de esclavas y no hicieron nada.

Después de llegar a la casa de la familia de Nasser, ellos mismos me dijeron que habían empezado a pensar en su propio papel frente al EI. Me confesaron que se sentían culpables por que hubiera hecho falta que me presentara en su casa, desesperada y suplicando, para que ellos ayudaran a una *sabiyya*. Sabían que el hecho de haber sobrevivido, así como el de no haberse visto desplazados, era en cierto modo una connivencia con los terroristas. Yo no sabía qué habrían sentido hacia el EI si su vida hubiese mejorado, en lugar de empeorar, cuando los militantes tomaron Mosul, pero me aseguraron que habían cambiado para siempre.

—Te juramos que, cuando te marches, ayudaremos a más chicas como tú.

—Hay muchas otras que os necesitan —contesté.

4

Esperamos unos días que Nasser y yo partiéramos de viaje. Me sentía cómoda en esa casa, pero lo que más deseaba era salir de Mosul. El EI se hallaba por todas partes, y estaba convencida de que me buscaban. Me imaginaba a Hajji Salman con el cuerpo enjuto temblando de ira, su voz tenue e inquietante amenazando con torturarme. No podía estar en la misma ciudad que un hombre así. Una mañana, en casa de Mina, me desperté cubierta de unas hormigas pequeñas y rojas que picaban y me lo tomé como una señal. No me sentiría segura de verdad hasta que hubiese pasado el primer control, y sabía que cabía la posibilidad de que no consiguiéramos ni eso.

Pocos días después de mi llegada a la casa de Mina los padres de Nasser fueron allí una mañana temprano.

—Es hora de que os marchéis —anunció Hisham.

Me puse el vestido rosa y marrón de Kathrine y no me cubrí con la abaya negra hasta justo antes de salir.

—Leeré una oración —me dijo Maha. Lo dijo con amabilidad, así que accedí y la escuché mientras pronunciaba las palabras. Después me entregó un anillo—. Dijiste que el Daesh te quitó el anillo de tu madre. Por favor, acepta este a cambio.

Metimos en mi bolsa todas las cosas que la familia había llevado expresamente para la ocasión, además de todo lo que aún yo conservaba de Kocho. En el último momento, saqué el precioso vestido amarillo largo de Dimal y se lo regalé a Mina.

Le di un beso en cada mejilla y le agradecí que me hubiese acogido en su casa.

—Estarás muy guapa con este vestido —le dije al entregárselo—. Era de mi hermana Dimal.

—Gracias, Nadia —respondió ella—. *Insha'allah* que llegues al Kurdistán.

No pude mirar mientras la familia de Nasser y su mujer se despedían de él.

Antes de que saliéramos de casa, Nasser me dio uno de los dos teléfonos móviles que llevaba consigo.

—Si necesitas algo o tienes alguna pregunta mientras estamos en el taxi, envíame un mensaje de texto —dijo—. No hables.

—Cuando voy mucho rato en coche, vomito —le advertí, y él fue a la cocina a por unas cuantas bolsas de plástico de la compra y me las dio.

—Usa esto. No quiero tener que parar. En los controles no te comportes con miedo —siguió diciendo—, intenta estar tranquila. Yo responderé la mayoría de las preguntas. Si se dirigen a ti, contesta con pocas palabras y sin levantar la voz. Si creen que eres mi esposa, no te obligarán a hablar demasiado.

Asentí con la cabeza.

—Haré lo que pueda —le aseguré. Ya casi sentía que estaba a punto de desmayarme de miedo.

Nasser, en cambio, parecía tranquilo; él nunca tenía miedo de nada.

A eso de las ocho y media de la mañana, salimos a pie hacia la calle principal. Allí pararíamos un taxi que nos llevaría al garaje de Mosul, donde otro taxi que Nasser había alquilado con antelación nos transportaría hasta Kirkuk. Él iba un poco por delante de mí en la acera, y no hablábamos. Yo llevaba la cabeza gacha e intentaba no mirar a la gente con la que nos cruzábamos, convencida de que el miedo de mis ojos les desvelaría inmediatamente que era yazidí.

Era un día caluroso. Los vecinos de Mina regaban sus jardines para intentar revivir las plantas muertas y, mientras tanto, sus hijos hacían carreras arriba y abajo por la calle con unas bicicletas de plástico de colores alegres. El ruido me sobresaltó. Después de llevar tanto tiempo en el interior de la casa, las calles luminosas me resultaron amenazadoras, demasiado abiertas y llenas de peligros. Toda la esperanza que había intentado reunir mientras aguardaba en casa de Mina desapareció. Estaba segura de que el EI nos atraparía y de que yo volvería a ser una *sabiyya*.

—No pasa nada —me susurró Nasser cuando nos detuvimos en la acera de la calle principal a esperar que apareciera un taxi. Se había dado cuenta de que estaba asustada.

Los coches pasaban a tal velocidad que me cubrieron la parte de delante de la abaya negra con un polvo amarillento y fino. Yo temblaba tanto que, para cuando conseguimos un taxi, me costó introducir mi cuerpo dentro del vehículo.

Todas las posibilidades que me venían a la cabeza conducían a nuestra detención. Veía nuestro taxi averiado al borde de una autopista y un camión lleno de militantes que se detenía para recogernos. O nos veía pasando sin saberlo con el coche por encima de uno de esos artefactos explosivos improvisados y muriendo en el acto en la carretera. Pensé en todas las chicas a las que conocía de mi hogar, en familia y amigos que habían quedado dispersados por todo Irak y Siria, y en mis hermanos, a quienes habían apresado detrás de la escuela de Kocho. ¿A quién iba a encontrar a mi regreso?

El garaje de Mosul estaba lleno de personas que buscaban taxis para ir a otras ciudades de Irak. Los hombres negociaban los precios con los conductores, mientras sus mujeres aguardaban en silencio tras ellos. Había niños que ofrecían a voces botellas de agua helada, y también vendedores con bolsitas plateadas de patatas fritas y barritas de golosinas, o de pie junto a complicadísimas torres de paquetes de tabaco que habían levantado con orgullo. Me pregunté si alguna de las mujeres de ese garaje sería yazidí, como yo. Deseé que todas lo fueran, y que todos los hombres fueran como Nasser y las estuvieran ayudando. Varios taxis amarillos, señalizados con un pequeño distintivo en el techo, esperaban aparcados bajo unos carteles que anunciaban sus destinos: Tal Afar, Tikrit, Ramadi. Todas esas ciudades estaban al menos en parte bajo el control del Estado Islámico, o amenazadas por los terroristas. Gran parte de mi país pertenecía de pronto a los hombres que me habían esclavizado y violado.

Mientras el taxista se preparaba para nuestro viaje, Nasser y él estuvieron charlando. Yo me senté en un banco, un poco apartada de ellos, intentando interpretar el papel de esposa de Nasser, así que no pude oír casi nada de lo que decían. El sudor se me metía en los ojos y me impedía ver bien; tenía mi bolsa bien agarrada en el regazo. El conductor era un hombre de cuarenta y muchos años. Parecía fuerte, aunque no era muy alto, y llevaba una barba corta. A mí me resultaba imposible saber qué pensaría del EI, pero tenía miedo de todo el mundo. Mientras negociaban, intenté infundirme valor, pero me costaba mucho imaginar cualquier final en el que no acabase capturada de nuevo.

Por fin Nasser me hizo una señal con la cabeza para que subiera al coche. Él se sentó delante, al lado del conductor, y yo tomé asiento detrás de él y dejé la bolsa junto a mí. Mientras salíamos del garaje, el conductor toqueteó la radio buscando una emisora, pero solo se oían interferencias. Dio un suspiro y la apagó.

—Hoy hace calor —le dijo a Nasser—. Será mejor que compremos agua antes de salir a la carretera.

Nasser asintió y, un momento después, paramos junto a un quiosco donde el taxista compró varias botellas de agua fría y unas galletitas. Nasser me pasó una botella. Goteaba a causa de la condensación y formó un charco en el asiento, a mi lado. Las galletitas eran demasiado secas para tragarlas; probé una, solo por parecer relajada, y se me quedó pegada en la garganta como si fuese de cemento.

—¿Por qué van a Kirkuk? —se interesó el conductor.

—La familia de mi mujer vive allí —contestó Nasser.

El taxista me miró por el espejo retrovisor. Cuando vi sus ojos, aparté la mirada fingiendo estar fascinada por la ciudad que se veía desde mi ventanilla. Estaba segura de que el miedo de mi mirada me delataría.

Las calles que rodeaban el garaje estaban llenas de militantes. Coches de la policía del Estado Islámico aparcaban junto a las aceras, y los agentes paseaban por allí con el arma en el cinturón. Parecía que había más policías que personas.

—¿Se quedarán en Kirkuk o regresarán a Mosul? —le preguntó el taxista a Nasser.

—Todavía no lo sabemos —contestó él, tal como le había dicho su padre—. Ya veremos cuánto tardamos en llegar y cómo está la cosa en Kirkuk.

«¿Por qué le hace tantas preguntas?», pensé. Me alegré de que nadie esperase que yo dijera nada.

—Si quieren, puedo esperar y traerlos otra vez a Mosul —nos dijo el conductor, y Nasser le sonrió.

—Quizá sí —respondió—. Ya veremos.

El primer control estaba dentro de Mosul, era una estructura enorme y con forma de araña, hecha con unas columnas muy altas que sostenían un tejado metálico. Lo que había sido un puesto de control del Ejército iraquí exhibía con orgullo la bandera del Estado Islámico, y había vehículos del EI, que antes habían pertenecido al Ejército de Irak, aparcados delante de una pequeña oficina. También los habían cubierto con banderas negras y blancas.

Había cuatro militantes de servicio cuando nos detuvimos, y trabajaban en unas pequeñas cabinas blancas donde podían descansar un rato del calor y ocuparse del papeleo. El EI tenía la firme determinación de controlar todo el tráfico que entraba y salía de Mosul. No solo se aseguraban de que no entraran en la ciudad combatientes enemigos ni traficantes, también querían saber quién salía, por qué y durante cuánto tiempo. Así, si alguien desertaba, podían castigar a su familia. Como mínimo, los militantes podían intentar extorsionarlos para sacarles dinero.

Había solo unos pocos coches por delante de nosotros, y enseguida nos acercamos a uno de los guardias. Yo empecé a temblar sin control y sentí que se me saltaban las lágrimas. Cuanto más quería obligarme a estar tranquila, más temblaba, y pensé que sin duda acabaría delatándome. «Quizá debería escapar», pensé y, cuando empezamos a disminuir la velocidad, puse una mano en la manecilla de la puerta, preparada para saltar del coche en caso de que fuera necesario. No era una opción real, desde luego. No había ningún sitio al que pudiera ir: a un lado del coche, una abrasadora llanura se extendía hacia la nada; al otro lado y por detrás de nosotros, estaba la ciudad de la que tan a la desesperada quería salir. Los militantes vigilaban hasta el último centímetro de Mosul y no tendrían ningún problema para dar con una *sabiyya* que intentaba huir a pie. Recé a Dios para que no me capturasen.

Nasser, que sentía mi miedo pero no podía hablar conmigo, me miró por el espejo retrovisor exterior. Sonrió solo un instante, para tranquilizarme, igual que Khairy o mi madre habrían hecho allá en Kocho. Nada habría podido impedir que el corazón me fuese a mil por hora, pero al menos ya no me imaginaba saltando del coche.

Nos detuvimos junto a una de las cabinas de los guardias, vi que la puerta se abría y que de allí salía un militante con el uniforme completo del Estado Islámico. Se parecía a los tipos que habían acudido al centro del EI a comprarnos, y empecé a temblar de miedo otra vez. El taxista bajó su ventanilla y el militante se inclinó. Miró al conductor, luego a Nasser, y después se fijó en mí y en la bolsa que llevaba a mi lado.

—*Salam aleikum* —dijo—. ¿Adónde van?

—A Kirkuk, *hajji* —dijo Nasser, y le alcanzó nuestra documentación por la ventanilla—. Mi esposa es de allí. —No le tembló la voz.

El militante tomó los carnets. Por la puerta abierta de la cabina vi una silla y un pequeño escritorio con algunos papeles y la radio del militante encima de ellos. Un pequeño ventilador chirriaba levemente en una esquina de la mesa, y una botella de agua casi vacía había quedado cerca del borde. Entonces la vi. Colgada de la pared, junto a otras tres, estaba la fotografía que me habían hecho en el tribunal de Mosul el día que Hajji Salman me obligó a convertirme. Debajo había algo escrito. Estaba demasiado lejos para leer lo que decía, pero supuse que daban mis datos y decían qué hacer si me localizaban. Ahogué un grito, como pude, y enseguida examiné las otras tres fotografías. Dos de ellas no podía verlas bien por culpa del reflejo del sol, y la otra era de una niña a la que no reconocí. Parecía muy joven y, como yo, llevaba el miedo escrito en la cara. Aparté la mirada; no quería que el militante notase que me había fijado en las fotos, lo cual sin duda le haría sospechar.

—¿A quién van a ver en Kirkuk? —El guardia seguía interrogando a Nasser y apenas me había prestado atención a mí.

—A la familia de mi mujer —respondió él.

—¿Cuánto tiempo?

—Mi mujer se quedará una semana, pero yo regresaré hoy —dijo, tal como habíamos ensayado. Nasser no sonaba para nada asustado.

Me pregunté si también él, desde donde estaba sentado, veía mi fotografía colgada en el puesto del guardia. Pensé que, si pudiera, sin duda nos haría dar media vuelta. Ver mi foto allí confirmaba que me estaban buscando de forma activa, pero Nasser seguía contestando preguntas sin más.

El guardia rodeó el coche hacia el lado donde estaba yo sentada y entonces me indicó que bajara la ventanilla. Lo hice, aunque pensando todo el rato que iba a desmayarme de miedo. Recordé el consejo de Nasser de que estuviera tranquila y contestase las preguntas en voz baja y con la mayor concisión posible. Mi árabe era perfecto y lo hablaba desde pequeña, pero no sabía si algo en mi acento o en la elección de mis palabras delataría el hecho de que era de Sinyar y no de Kirkuk.

Irak es un país grande, y normalmente se puede saber dónde ha crecido una persona solo por su forma de hablar. No tenía ni idea de cómo se suponía que era el acento de Kirkuk.

El hombre se inclinó y me miró por la ventanilla. Agradecí que el nicab me cubriera el rostro e intenté controlar los ojos, no parpadear demasiado ni muy poco. Bajo ningún concepto debía echarme a llorar. Debajo de la abaya estaba empapada en sudor y seguía temblando de miedo, pero mi imagen reflejada en las gafas del guardia era la de una mujer musulmana normal. Me enderecé en el asiento y me preparé para contestar sus preguntas.

Fueron breves.

—¿Quién es usted? —Su voz sonaba indiferente, parecía aburrido.

—La mujer de Nasser —respondí.

—¿Adónde va?

—A Kirkuk.

—¿Por qué?

—Allí tengo a mi familia. —Hablé en voz baja y mirando al suelo, con la esperanza de que el miedo fuese interpretado como recato y mis respuestas no parecieran ensayadas.

El guardia se irguió y se alejó.

—¿De dónde es usted? —le preguntó por último al taxista.

—De Mosul —contestó el hombre, que daba la sensación de haber respondido esa pregunta un millón de veces.

—¿Dónde trabaja?

—¡Donde haya pasajeros! —exclamó, riendo entre dientes.

Y entonces, sin decir ni una palabra más, el guardia nos devolvió la documentación por la ventanilla e hizo una señal con la mano para dejarnos pasar.

Cruzamos un puente muy largo sin que ninguno de nosotros dijera nada. Por debajo, el río Tigris destellaba al sol. Las cañas y las plantas se abrazaban al agua; cuanto más se acercasen a ella, más probabilidades tendrían de vivir. Lejos de la orilla, las plantas no tenían tanta suerte. El verano iraquí las abrasaba, y solo unas pocas, cuidadosamente regadas por la gente que vivía allí, o gracias a la humedad conseguida con algún chubasco, lograrían rebrotar de nuevo en primavera.

En cuanto estuvimos al otro lado, el taxista tomó la palabra.

—¿Saben? Ese puente que acabamos de cruzar está repleto de IED —dijo—, bombas que ha colocado el Daesh por si los iraquíes o los estadounidenses intentan recuperar Mosul. Odio pasarlo en el coche. Me siento como si pudiese explotar en cualquier momento.

Me volví para mirar atrás. Tanto el puente como el puesto de control iban desapareciendo a lo lejos. Habíamos conseguido cruzarlos ambos con vida, pero podría haber sido de otra forma. El militante del Estado Islámico del control podría haberme hecho más preguntas, podría haber percibido algo en mi acento o haber notado algo en mi conducta que lo hiciera sospechar. «Salga del coche», imaginé que decía, y yo no habría tenido más remedio que hacer lo que me pedía y seguirlo a la cabina, donde me habría ordenado que me levantara el nicab y le mostrara que era la mujer de la fotografía. Imaginé que el puente explotaba mientras estábamos todavía en él, que los IED destrozaban nuestro coche y nos mataban a los tres en un solo instante. Recé por que, cuando ese puente estallara, estuviera lleno de militantes del Estado Islámico.

5

Mientras nos alejábamos de Mosul en coche, cruzamos las escenas de batallas pasadas. Puestos de control más pequeños que habían sido abandonados por el Ejército iraquí se habían convertido en montañas de escombros carbonizados. Los restos de un camión enorme estaban tirados a un lado de la carretera como si fueran basura. Yo había visto por televisión que los militantes incendiaban los puestos de control después de que el ejército los abandonara y no podía entender por qué lo hacían. Solo querían destruir cosas, sin ningún motivo. Ni siquiera los rebaños de ovejas que avanzaban junto a la carretera, llevados por un joven pastor que iba sentado en un burro de paso lento, podían hacer que aquel paisaje pareciera normal.

Pronto llegamos a otro control. Este solo estaba guarnecido con solo dos militantes del Estado Islámico que parecían mucho menos preocupados por quiénes éramos y adónde íbamos. Nos hicieron las mismas preguntas, solo que más deprisa. De nuevo miré por la puerta de la cabina, pero esta vez no vi ninguna fotografía colgada dentro. Al cabo de pocos minutos, nos indicaron por señas que continuáramos.

La carretera de Mosul a Kirkuk es larga y va serpenteando por el campo. Hay tramos en los que es ancha, mientras que en otros se estrecha y los dos carriles pasan a ser uno solo. Son carreteras famosas por sus accidentes. Los coches intentan acelerar para adelantar a tráileres enormes y lentos, dan luces a los vehículos que van en sentido contrario y los obligan a retirarse al arcén para no chocar. Camiones llenos de materiales para la construcción esparcen grava sobre el asfalto, que luego golpetea contra la carrocería y el parabrisas, y hay lugares donde el firme es tan irregular que tienes la sensación de haber caído por un barranco.

Las ciudades iraquíes están conectadas por una serie de carreteras como esa, algunas más peligrosas que otras, pero siempre repletas. Cuando llegó el EI, su estrategia consistió en controlar las carreteras antes incluso de tomar las ciudades, y así cortaron el tráfico y aislaron a la gente que, de otro modo, podría haber huido. Después levantaron controles, y gracias a eso les resultó fácil atrapar a todo el que intentaba salir. En gran parte de Irak, esas autopistas asfaltadas son la única opción para un ciudadano que huye. En las llanuras abiertas y los desiertos, hay muy pocos lugares donde pueda refugiarse la gente. Si las ciudades, grandes y pequeñas, son los órganos vitales de Irak, las carreteras son las venas y las arterias y, en cuanto el EI se hizo con ellas, empezó a controlar quién vivía y quién moría.

Estuve un rato mirando el paisaje, que era una llanura de arena y rocas, seca y desértica, muy diferente a las partes de Sinyar que yo más amaba, donde en primavera todo quedaba cubierto de hierba y flores. Me sentía como si estuviese en un país extranjero y supongo que, en cierto modo, así era; todavía no habíamos salido del territorio del Estado Islámico. Al mirar con más atención, no obstante, me di cuenta de que el paisaje no era ni mucho menos tan monótono. Las rocas fueron haciéndose cada vez más grandes, hasta convertirse en pequeños despeñaderos, y luego volvieron a disminuir de tamaño hasta hacerse arena. En esa arena aparecieron entonces unas plantas llenas de pinchos, que a veces se hacían tan grandes que casi eran arbolillos raquíticos. De vez en cuando, veía la cabeza basculante de una bomba de perforación petrolera o un pequeño grupo de casas de ladrillos de adobe que conformaban una aldea. Contemplé el paisaje hasta que me mareé y ya no pude seguir mirando por la ventanilla.

Me encontraba mal. Saqué una de las bolsas de plástico que Nasser me había dado antes de salir de casa de Mina y un momento después vomité. Tenía el estómago casi vacío —los nervios me habían impedido desayunar—, pero el vómito acuoso llenó el taxi de un olor agrio que vi que molestaba al conductor. El hombre bajó la ventanilla y la llevó así hasta que ya no pudo soportar más la arenilla que entraba junto con el aire caliente.

—Por favor, dígale a su mujer que, la próxima vez que se encuentre mal, puedo parar el coche —le dijo el taxista a Nasser, no sin educación—. Aquí dentro huele fatal.

Nasser asintió.

Unos minutos después, le pedí que parara y bajé. Los vehículos pasaban a toda velocidad y creaban un viento fuerte que me inflaba la abaya alrededor del cuerpo como si fuese un globo. Me alejé del taxi todo lo que pude —no quería que el conductor me viese la cara— y me levanté el nicab. El vómito me escocía en la garganta y en los labios; el olor a gasolina me producía más arcadas aún.

Nasser se acercó a ver cómo estaba.

—¿Te encuentras bien? —me preguntó—. ¿Podemos irnos ya o necesitas quedarte un rato más?

Vi que estaba preocupado, tanto por mí como porque nos habíamos detenido en el arcén. De vez en cuando, pasaba de largo un vehículo militar del Estado Islámico, y yo estaba segura de que la imagen de una mujer vomitando, por mucho que estuviese cubierta con abaya y nicab, les haría volver la mirada.

—Estoy bien —le dije, y caminé despacio de vuelta al taxi.

Me sentía débil y deshidratada. Me había empapado de sudor todas las capas de ropa y no recordaba la última vez que había comido algo. De nuevo en el coche, me senté en el centro del asiento y cerré los ojos con la esperanza de quedarme dormida.

Nos acercamos a una pequeña ciudad que se levantaba a lado y lado de la carretera. Había tiendas que vendían tentempiés y talleres mecánicos muy ajetreados, abiertos directamente a la autopista, esperando a que los clientes se detuvieran allí. Un restaurante de estilo cafetería anunciaba comida típica iraquí, como carne a la brasa y arroz con salsa de tomate.

—¿Tienen hambre? —nos preguntó el taxista, y Nasser asintió.

Él tampoco había desayunado. Yo no quería parar, pero la decisión no era mía.

El restaurante era grande y estaba limpio, tenía los suelos de azulejo y las sillas recubiertas de plástico. Los diferentes miembros de cada familia se sentaban juntos, pero había biombos plegables de plástico para separar a los hombres de las mujeres, lo que era normal en las partes más conservadoras de Irak. Yo me senté a un lado del biombo mientras Nasser y el taxista iban a buscar la comida.

—Si como algo, vomitaré —le susurré a Nasser, pero él insistió.

—Si no comes nada, te pondrás más enferma —dijo, y un minuto después regresó con un poco de sopa de lentejas y pan, que dejó en la mesa, delante de mí, antes de desaparecer al otro lado del biombo.

Me aparté el nicab de la cara solo lo indispensable para poder comer sin ensuciar la tela. La sopa estaba buenísima, llevaba lentejas y cebolla, lo mismo que le habrían puesto en Kocho, y era algo más picante de lo que yo estaba acostumbrada, pero solo pude comer unas cuantas cucharadas. Me preocupaba tener que parar de nuevo en la carretera si volvía a marearme.

A causa del biombo, tenía la sensación de estar sola. Había un grupo de mujeres sentadas en el otro extremo del restaurante, lo bastante lejos para que no oyera lo que decían. Iban vestidas como yo y comían despacio, levantando metódicamente el nicab para meterse un bocado de kebab o pan en la boca. Unos hombres con unas *dishdashas* blancas y largas, que supuse que iban con ellas, se habían sentado al otro lado del biombo; los había visto al entrar. Comían sin decirse nada, igual que nosotros, y en el restaurante había tanto silencio que pensé que, si se oyera el subir y bajar de los velos de las mujeres, sonaría igual que la respiración.

Dos militantes del Estado Islámico se acercaron a nosotros en el aparcamiento cuando nos íbamos. Su camión, uno de esos vehículos militares pintados de beige y con una bandera del EI, estaba aparcado cerca de nuestro taxi. Uno de ellos tenía una pierna herida y caminaba con bastón, y el otro andaba despacio a su lado, para no dejarlo atrás. Se me paró el corazón. Enseguida me coloqué en el lado contrario de Nasser, para tenerlo a él entre los militantes y yo, pero cuando pasamos junto a ellos ni siquiera nos miraron dos veces.

Al otro lado de la calle, había un coche patrulla del Estado Islámico aparcado con dos policías dentro. ¿Estarían allí por nosotros? ¿Habría bajado un agente a patrullar la calle en busca de Nasser y de la *sabiyya* huida? Casi esperaba que en cualquier momento nos vieran salir del restaurante y salieran corriendo hacia nosotros, apuntándonos con las armas a la cabeza. Tal vez ni siquiera se molestasen en hacernos preguntas. Quizá nos matasen allí mismo, en mitad del aparcamiento.

Todo el mundo me daba miedo. Los hombres del restaurante con las *dishdashas* blancas, ¿eran del EI? Las mujeres que los acompañaban, ¿eran sus esposas o sus *sabaya*? ¿Adoraban al EI, como la madre de Morteja? Todas las personas de la calle, desde el vendedor de cigarrillos hasta el mecánico que salía de debajo de un coche, eran mis enemigos. El sonido de los vehículos, o de unos niños comprando caramelos, me resultaba tan terrorífico como si hubiese estallado una bomba. Corrí para meterme de nuevo en el coche. Quería llegar a Kirkuk enseguida y, por la forma en que Nasser me siguió, me di cuenta de que también él estaba impaciente por retomar el viaje.

A esas alturas, ya había pasado el mediodía y el sol era aún más abrasador. Si miraba por la ventanilla, al instante sentía náuseas, pero, si intentaba cerrar los ojos, la oscuridad que encontraba tras ellos empezaba a girar y a marearme. Así que miré fijamente al frente, a la parte de atrás del asiento de Nasser, sin pensar en nada más que en mí misma y en lo que podía ocurrir a lo largo del camino. Mi miedo no remitía. Sabía que tendríamos que pasar más controles del Estado Islámico y, después, de los *peshmerga*. El teléfono que me había dado Nasser vibró y vi que tenía un mensaje de texto suyo. «Tu familia me ha enviado varios mensajes —decía—. Sabah nos espera en Erbil.»

Sabah, mi sobrino, estaba trabajando en un hotel en la capital kurda cuando el EI mató a todos los hombres de Kocho. Teníamos planeado quedarnos con él una o dos noches antes de que yo siguiera de camino a Zajo, donde me esperaba Hezni. Eso, suponiendo que consiguiéramos llegar tan lejos.

En el tercer control del Estado Islámico, no nos preguntaron nada, ni siquiera nuestros nombres. Simplemente comprobaron la documentación y nos indicaron que siguiéramos adelante. O bien el sistema para atrapar a las *sabaya* huidas aún no estaba en funcionamiento o bien los militantes eran más descuidados y estaban peor organizados de lo que querían hacer creer a la gente.

Desde allí recorrimos un tramo en silencio. Creo que los tres estábamos cansados. Nasser no volvió a enviarme ningún mensaje más, y el taxista dejó de buscar emisoras de radio y de hacerle preguntas a Nasser. Mantenía la mirada fija en la carretera y conducía a una velocidad constante por aquellos campos y pastos del norte de Irak. De vez en cuando, se enjugaba el sudor de la frente con un puñado de servilletas de papel, hasta que quedaron convertidas en un montón de trocitos húmedos.

Yo estaba agotada por el miedo y el mareo, y me preguntaba si Nasser se estaba poniendo nervioso por tener que cruzar los controles kurdos, donde los *peshmerga* estaban entrenados para sospechar de cualquier hombre suní que intentara entrar en el Kurdistán. Yo había decidido, después de mi conversación con Hezni, que no dejaría a Nasser solo en territorio del Estado Islámico, aunque eso significase tener que regresar a Mosul. Quería decirle que no se inquietara, pero recordé mi promesa de estar callada, y quería reservar el siguiente mensaje de texto para una emergencia, así que no dije nada. Esperaba que, a esas alturas, Nasser supiese que yo no era la clase de persona que abandona a un amigo en peligro.

Llegamos a un cruce en el que había una señal apuntando en dirección a Kirkuk, y el conductor frenó.

—No puedo llevarlos más lejos —dijo—. Desde aquí tendrán que llegar al puesto de control a pie. —Como tenía matrícula de Mosul, los *peshmerga* podían interrogarlo y detenerlo—. Esperaré aquí —le indicó a Nasser—. Si no les dejan pasar, regresen y volveremos juntos a Mosul.

Nasser le dio las gracias y le pagó. Recogimos nuestras pertenencias del coche y empezamos a caminar en dirección al control; éramos los únicos que íbamos por el arcén.

—¿Estás cansada? —me preguntó Nasser, y yo asentí.

—Estoy muy cansada.

Me sentía exhausta y vacía, y todavía no tenía verdaderas esperanzas de conseguir llegar al final. No podía evitar imaginar lo peor a cada paso que daba: que el EI nos atrapaba allí mismo, mientras íbamos a pie, o que los *peshmerga* detenían a Nasser. Kirkuk era una ciudad peligrosa, frecuente escena de luchas sectarias aun antes de la guerra con el EI, y nos imaginé cruzando el control solo para morir por culpa de un coche bomba o un IED. Todavía teníamos un largo camino por delante.

—De momento, vayamos hasta el control a ver qué pasa —me dijo Nasser—. ¿Dónde está tu familia?

—En Zajo —contesté—. Cerca de Duhok.

—¿A cuánto queda eso de Kirkuk? —preguntó él.

Yo negué con la cabeza.

—No lo sé. Lejos.

Recorrimos en silencio el resto del camino, uno al lado del otro.

En el control, la gente hacía cola en los vehículos y a pie para ser interrogada por los *peshmerga*. Desde el inicio de la guerra con el EI, el Gobierno Regional del Kurdistán había aceptado a cientos de miles de iraquíes desplazados, incluidos suníes de la provincia de Anbar y otras zonas de hegemonía suní que se habían vuelto inhabitables para todo el que no se alineara con el EI. Sin embargo, no les ponían las cosas fáciles para entrar en el Kurdistán. La mayoría de los árabes suníes necesitaban que los avalara un kurdo si querían pasar los controles, y ese proceso podía ser largo.

Como Kirkuk no es oficialmente parte de la región autónoma kurda y cuenta con una amplia población árabe, suele ser un poco más fácil para quienes no son kurdos pasar sus controles que, por ejemplo, el de Erbil. Estudiantes árabes suníes lo cruzan todas las semanas, o todos los días, para ir a las escuelas de la ciudad, y familias enteras acuden para comprar o visitar a sus parientes. En Kirkuk hay mucha diversidad —allí turkmenos y cristianos viven junto a árabes y kurdos—, y ese ha sido su encanto y su perdición desde hace tiempo.

Después de que el EI llegara a Irak, los *peshmerga* corrieron a Kirkuk para asegurar la ciudad y sus valiosos campos petrolíferos, para que no cayeran en manos de los terroristas. Eran la única fuerza militar en Irak capaz de proteger Kirkuk de ellos, pero algunas de las personas que vivían allí se quejaron de que, con su insistencia en que la ciudad era kurda, y no árabe o turkmena, casi parecían una fuerza de ocupación. No sabíamos si eso significaba también que a Nasser le costaría más cruzar aquel puesto de control. Como llegábamos desde la capital del EI en Irak, sospecharían de nuestra explicación de que íbamos a visitar a mi familia, y tal vez no nos dejaran entrar a menos que yo admitiese ser una *sabiyya* yazidí que había escapado. Sin embargo, no estaba dispuesta a hacer eso; no tan pronto, al menos.

Desde las matanzas en Sinyar, los yazidíes habían sido bien recibidos en el Kurdistán, donde el gobierno les ayudó a establecer campos para los desplazados. Aun así, algunos yazidíes sospechaban de los motivos del GRK, el Gobierno Regional del Kurdistán. «Los kurdos quieren que les perdonemos por habernos abandonado —decían esos yazidíes—. Solo lo hacen por la mala prensa. El mundo vio a las mujeres yazidíes tiradas en la montaña, y ahora el gobierno quiere que olviden lo que vieron.» Otros pensaban que el GRK quería reasentar a los yazidíes dentro del Kurdistán en lugar de ayudarles a recuperar Sinyar, de manera que nuestra población les diera más peso específico para reforzar sus aspiraciones de independizarse de Irak.

Fueran cuales fuesen sus motivos, los yazidíes necesitaban al gobierno kurdo. El GRK estaba construyendo campos cerca de Duhok especialmente para los yazidíes, y el PDK, el Partido Democrático del Kurdistán, había montado una oficina dedicada a ayudar a liberar a *sabaya* yazidíes como yo. Poco a poco, el gobierno intentaba reparar su relación con los yazidíes y restablecer nuestra confianza en ellos con la esperanza de que volviéramos a considerarnos kurdos y quisiéramos formar parte del Kurdistán. Sin embargo, ese día yo aún no estaba preparada para perdonarlos. No quería que pensasen que me estaban salvando al dejarme entrar, cuando podrían haber impedido que mi familia quedase desmembrada antes de que el EI llegara a Sinyar.

Nasser se volvió hacia mí.

—Nadia —me dijo—, tú puedes ir y decirles que eres yazidí. Diles quién eres y quién soy yo. Háblales en kurdo. —Sabía que a mí me dejarían pasar al instante si les decía quién era en realidad.

Negué con la cabeza.

—No. —Me enfadé al ver a los *peshmerga* con sus uniformes, haciendo su trabajo en el control de Kirkuk. Si no habían abandonado Kirkuk, ¿por qué nos habían abandonado a nosotros?—. ¿Sabes cuántos de esos hombres nos abandonaron en Sinyar? —le pregunté a Nasser.

Pensé en todos los yazidíes que habían sentido miedo con el EI tan cerca y habían intentado cruzar al Kurdistán, pero no se lo permitieron. «¡No os preocupéis! —les decían en los controles del GRK—. Los *peshmerga* os protegerán, es mejor que os quedéis en casa.» Si no tenían pensado luchar para defendernos, tendrían que habernos dejado entrar en el Kurdistán. Por su culpa, miles de personas fueron asesinadas, secuestradas, desarraigadas.

—No pienso decirles que soy yazidí y no pienso hablar en kurdo —declaré—. No cambiará nada.

—Tienes que relajarte —insistió Nasser—. Ahora los necesitas. Sé práctica.

—¡Ni hablar! —repliqué casi a gritos—. No haré nada que les permita pensar que los necesito.

Después de eso, Nasser no dijo nada más al respecto.

En el puesto de control, un soldado comprobó nuestra documentación y nos echó un vistazo. Yo no les dije una sola palabra a ninguno de ellos, y seguí hablando con Nasser en árabe.

—Abra la bolsa —pidió el soldado, y Nasser me la quitó y se la abrió a los *peshmerga*.

Se pasaron un buen rato revolviendo mis cosas, sacando vestidos y examinando las botellas de champú y acondicionador. Fue un alivio que no miraran dentro de la caja de compresas, donde seguía llevando las joyas bien escondidas.

—¿Adónde van? —nos preguntaron.

—Nos quedaremos en Kirkuk —dijo Nasser—. Con la familia de mi mujer.

—¿Quién los va a llevar hasta allí? —preguntaron.

—Un taxi —dijo Nasser—. Buscaremos uno al otro lado del control.

—De acuerdo —contestó el hombre, y señaló a una muchedumbre que aguardaba sin mucho orden junto a las oficinas del control—. Vayan allí a esperar.

Nos pusimos con los demás, bajo un sol abrasador, a esperar que los *peshmerga* nos dejaran entrar en Kirkuk. Familias enteras se apretaban allí, con enormes maletas y bolsas de plástico transparente llenas de mantas. Los viejos se sentaban en sus paquetes; las mujeres se abanicaban el rostro y se quejaban en voz baja del calor. Los coches iban tan cargados de muebles y colchones que casi parecía que cederían bajo todo ese peso. Vi a un niño que llevaba una pelota de fútbol, y a una anciana con un pájaro amarillo en una jaula, como si esas cosas fuesen las más importantes del mundo. Todos veníamos de sitios diferentes, teníamos edades y religiones diferentes, pero esperábamos juntos, inseguros y asustados, en el control de Kirkuk; todos éramos iguales. Queríamos las mismas cosas —seguridad, tranquilidad, encontrar a nuestras familias— y escapábamos de los mismos terroristas. «Esto es lo que significa ser iraquí bajo el EI —pensé—. Somos vagabundos. Vivimos en puestos de control hasta que conseguimos llegar a un campo de refugiados.»

Por fin nos llamó un soldado.

—Soy de Kirkuk, pero ahora vivo en Mosul con mi marido —le dije en árabe, señalando a Nasser—. Venimos a ver a mi familia.

—¿Qué llevan con ustedes? —preguntó.

—Solo algo de ropa para la semana —contesté—. También champú y efectos personales...

Me quedé sin voz y el corazón empezó a latirme con fuerza. Si nos rechazaban, no sabía qué haríamos. Tal vez Nasser tendría que regresar a Mosul. Nos miramos con nerviosismo.

—¿Lleva algún arma? —le preguntó a Nasser.

Él dijo que no, pero de todas formas lo registraron. Después revisaron su teléfono en busca de fotografías o vídeos que pudieran indicar que estaba con el EI. A mí me dejaron en paz y no me pidieron el teléfono que me había dado Nasser. Al cabo de un rato, el soldado nos devolvió nuestras cosas y negó con la cabeza.

—Lo siento, no podemos dejarles pasar —nos anunció. No era cruel, solo muy eficiente—. Todos los visitantes del Kurdistán necesitan a alguien que los avale. De otro modo, no podemos saber quiénes son en realidad.

—Tenemos que llamar al amigo de mi padre en Sinyar —me dijo Nasser cuando el soldado nos dejó solos—. Él tiene contactos y puede decirles que nos dejen pasar. A él le harán caso.

—Está bien —accedí—. Mientras no les diga que yo soy yazidí y que tú me ayudas a escapar.

Nasser hizo la llamada y le pasó el teléfono al soldado, que habló apenas un instante. Parecía sorprendido y un poco molesto.

—Tendrían que haberle llamado desde el principio y ya está —nos dijo, y le devolvió el teléfono a Nasser—. Pueden pasar.

En cuanto estuvimos al otro lado, enseguida me quité el nicab. La brisa de la tarde contra el rostro me sentó muy bien, y sonreí.

—¿Qué? ¿No te gustaba llevarlo? —dijo Nasser, sonriendo también, para hacerme rabiar.

6

Cuando el taxista, un kurdo jovial de cuarenta y tantos años, nos preguntó adónde queríamos ir, Nasser y yo nos miramos sin saber qué contestar.

—Llévenos al Kurdistán —dijo Nasser.

El taxista se echó a reír.

—¡Pero si ya están en el Kurdistán! —repuso, y lo intentó de nuevo—. ¿A qué ciudad quieren ir? ¿A Erbil? ¿A Solimania?

Nasser y yo nos reímos. Ninguno de los dos conocía la geografía del Kurdistán.

—¿Cuál es la más cercana? —preguntó él.

—Solimania —contestó el conductor.

—Pues a Solimania —dijimos ambos.

Estábamos agotados y aliviados, y mientras nos preparábamos para el viaje nos olvidamos de llamar a Sabah, mi sobrino, como Hezni nos había dicho que hiciéramos.

Empezaba a oscurecer. Desde la carretera de circunvalación, lo único que pude ver de Kirkuk fue el resplandor de las farolas y las luces de las casas a lo lejos. Cuando era más pequeña, por la televisión veíamos a los kurdos celebrar el Newroz, su Año Nuevo, bailando en grandes grupos alrededor de hogueras y asando montones de carne en las laderas de verdes montañas. Siempre decía con cierta acritud: «Mirad qué fantástica es la vida en el Kurdistán, mientras que nosotros, aquí, vivimos en estas pobres aldeas», y mi madre me reñía. «Se merecen una buena vida, Nadia —decía—. Sufrieron un genocidio bajo Sadam, ¿sabes?»

Yo era una extraña en el Kurdistán. No sabía cómo se llamaban sus ciudades ni cómo era la gente que vivía allí. No tenía amigos en Kirkuk ni en Solimania y, aunque Sabah trabajaba en un hotel de Erbil y Saoud en obras de construcciones cerca de Duhok, eran casi como esos peones indios o bangladesíes que solo iban al Kurdistán en busca de una paga, y no habían hecho de Erbil o de Duhok su hogar. Tal vez fuese una extraña en todo Irak. Jamás podría regresar a Mosul, donde me habían torturado. Nunca había estado en Bagdad, en Tikrit ni en Nayaf. No había visto los grandes museos ni las ruinas antiguas. Lo único que conocía de todo Irak era Kocho, y en ese momento pertenecía al EI.

Nuestro conductor era un kurdo orgulloso que nos iba señalando emplazamientos por el camino en un alegre batiburrillo de kurdo y árabe, e intentaba entablar conversación con Nasser sobre la vida en Mosul.

—¿Y toda la ciudad está tomada por el Daesh? —preguntó, sacudiendo la cabeza.

—Sí —contestó Nasser—. Mucha gente quiere salir, pero es difícil.

—¡Los *peshmerga* los expulsarán de Irak! —declaró el hombre.

Nasser no dijo nada. Yo iba más relajada en ese taxi. Era posible que a Nasser lo interrogasen en el control siguiente, que marcaba la separación entre el territorio disputado y el Kurdistán auténtico, pero teníamos al amigo de Hisham de Sinyar de nuestro lado. Era evidente que se trataba de un hombre de cierta autoridad. Y yo, al menos, ya no tenía que mirar por encima del hombro para ver si veía coches del Estado Islámico ni preocuparme de que la gente que me rodeaba fuesen terroristas camuflados.

—¿Ven aquellos edificios cerca de las montañas? —nos preguntó el conductor señalando por la ventanilla de Nasser con sus dedos delgados. A nuestra derecha, se estaban construyendo unos gigantescos complejos residenciales en las estribaciones de las montañas orientales de Irak. Enormes carteles anunciaban de manera orgullosa el proyecto con maquetas de las urbanizaciones terminadas—. Cuando estén acabados, serán como los bloques de apartamentos americanos —añadió—. Muy nuevos, muy bonitos. En el Kurdistán están pasando cosas maravillosas.

Al cabo de un rato, mirándome por el espejo retrovisor, preguntó:

—¿Cómo se llama su mujer?

—Sousan —contestó Nasser, usando todavía el nombre que aparecía en mi carnet.

—¡Sousan! —exclamó el taxista—. Qué nombre más bonito. La llamaré «Su Su» —me dijo a mí, riendo.

Después de eso, cada vez que señalaba algo, se aseguraba de tener mi atención: «¡Su Su! ¿Ve aquel lago de allí? En primavera es muy bonito», o «Su Su, ¿sabe esa ciudad que acabamos de pasar? Allí hacen el mejor helado que haya probado jamás».

Recuerdo ese trayecto y me pregunto si Sinyar podrá hacer jamás lo que el Kurdistán ha conseguido: recuperarse del genocidio para llegar a ser aún mejor de lo que era antes. Deseo creer que sí, pero tengo que admitir que parece poco probable. Sinyar no es como el Kurdistán, donde la población es casi toda kurda, y el enemigo, el ejército de Sadam, procedía del exterior. En Sinyar, yazidíes y árabes convivimos juntos. Dependemos unos de otros para el comercio y pasamos por las ciudades de los otros. Intentamos ser amigos, pero nuestro enemigo creció dentro del propio Sinyar, al igual que una enfermedad con la misión de matar cualquier cosa con la que entrara en contacto. Aunque los estadounidenses y otros pueblos nos ayudasen como hicieron después de que Sadam atacase a los kurdos —los yazidíes no podrían ofrecer mucho a cambio, así que seguramente no lo harían—, ¿cómo íbamos a volver a nuestra antigua vida y vivir de nuevo entre árabes?

—¡Su Su! —El taxista estaba intentando llamar otra vez mi atención—. ¿Le gusta ir de picnic? —Yo asentí con la cabeza—. ¡Por supuesto que sí! Bueno, pues debería venir de picnic aquí, a las montañas de las afueras de Solimania. No se creería lo precioso que es esto en primavera.

Volví a asentir. Más tarde, Nasser y yo nos reiríamos del taxista y del apodo que me había puesto.

—No dejamos que se te llevara el Daesh —bromeó Nasser—. Pero, si nos hubiésemos quedado más tiempo con él, ese taxista ya no te habría dejado marchar.»

Llegamos a Solimania cerca de las cuatro de la madrugada, cuando todo, incluso el garaje donde teníamos que tomar un taxi para ir a Erbil, estaba cerrado. Al acercarnos al control, el conductor nos dijo que no nos preocupásemos.

—Conozco a estos chicos —aseguró.

En efecto, tras cruzar con ellos unas pocas palabras en kurdo, nos dejaron pasar.

—¿Adónde los llevo? —preguntó después, pero nosotros negamos con la cabeza.

—Déjenos cerca del garaje y ya está —dijo Nasser.

—Ahora está cerrado —repuso el taxista. Era amable y se preocupaba por nosotros.

—No pasa nada —insistió Nasser—. Esperaremos.

El hombre se detuvo, y Nasser le pagó.

—¡Buena suerte, Su Su! —exclamó, y se alejó en su coche.

Nos sentamos junto a la puerta de un supermercado que había cerca del garaje y nos apoyamos en la pared. La calle estaba vacía, y toda la ciudad guardaba silencio. A nuestro alrededor, se cernían unos edificios altos, con las ventanas oscuras. Uno tenía forma como de vela y estaba iluminado de azul; más tarde supe que estaba inspirado en un edificio de Dubái. Una brisa agradable soplaba sobre nosotros, y la visión de esas montañas que rodeaban Solimania como un collar me resultaba familiar y reconfortante. Necesitaba encontrar un baño, pero me daba mucha vergüenza decírselo a Nasser, así que nos quedamos allí sentados, exhaustos, esperando a que las tiendas abrieran y pudiéramos comer algo.

—¿Nunca habías estado aquí? —me preguntó.

—No, pero sabía que era un lugar bonito. —Le hablé de las celebraciones del Newroz que había visto por televisión, pero no mencioné a Sadam ni Al Anfal—. Aquí hay mucha agua, y las cosas están verdes mucho más tiempo. Hay parques con juegos y atracciones para los niños. Los iraníes cruzan la frontera solo para pasear por el parque. Y las montañas me recuerdan a mi casa.

Luego le pregunté a Nasser:

—¿Adónde iremos mañana?

—Tomaremos un taxi a Erbil —contestó él— y nos reuniremos con tu sobrino en su hotel. Después tú irás a Zajo, para estar con Hezni.

—¿Sin ti? —pregunté, y él asintió. Sentí lástima por él—. Ojalá tu familia pudiese venir al Kurdistán. Ojalá no tuvieseis que vivir bajo el Daesh.

—No sé cómo podría pasar eso —repuso Nasser—. Tal vez algún día. —Parecía muy triste.

A mí me dolía todo el cuerpo de estar tanto rato sentada en coches, y también los pies, a causa de la caminata hasta el primer control kurdo. Al final, los dos nos quedamos dormidos, pero no por mucho tiempo. Una o dos horas después, el sonido del tráfico de la mañana y la suave luz del alba nos despertaron. Nasser se volvió hacia mí. Estaba contento de ver que yo había dormido.

—Hoy el sol ha salido sin miedo sobre ti —me dijo.

—Es una mañana sin miedo —añadí—. Esto es muy bonito.

Teníamos el estómago vacío.

—Vamos a comer algo —propuso Nasser, y caminamos una corta distancia hasta una tienda donde compramos unos bocadillos de huevo y berenjena frita.

No estaban muy buenos, pero tenía tanta hambre que me comí el mío enseguida. Ya no tenía la sensación de ir a vomitar en cualquier momento.

En el baño del restaurante, me quité la abaya y el vestido de Kathrine, que olían muchísimo a sudor, y me pasé unas toallas húmedas por debajo de las axilas y por todo el cuello. Después me puse unos pantalones y una camiseta que llevaba en la bolsa. Tuve cuidado de no mirarme en el espejo. No había visto mi reflejo desde aquella mañana en Hamdaniya y me daba miedo ver qué aspecto podía tener. Doblé el vestido de Kathrine y lo guardé con cuidado. «Lo conservaré hasta que esté libre, y entonces se lo devolveré», pensé. Fui a tirar la abaya a la basura, pero me detuve en el último instante y decidí guardarla como prueba de lo que me había hecho el EI.

Fuera las calles empezaron a llenarse de gente que iba camino del trabajo y de la escuela. Los coches tocaban la bocina a medida que el tráfico se hacía más intenso, y las tiendas levantaban las persianas metálicas y abrían sus puertas. La luz del sol se reflejaba en el rascacielos con forma de vela, que entonces vi que estaba cubierto de un cristal azulado y tenía un observatorio redondo en lo alto. Cada brizna de vida hacía que la ciudad fuese más bonita aún. Nadie nos miraba, yo no sentía miedo de nadie.

Llamamos a Sabah.

—Iré a Solimania a buscaros —se ofreció, pero Nasser dijo que no.

—No hace falta —aseguró—. Iremos nosotros.

Al principio, Nasser quería que yo fuese a Erbil sola.

—Ya no me necesitas —dijo.

Pero yo discutí con él hasta que accedió a acompañarme. Mi tozudez de siempre había regresado, y aún no estaba preparada para despedirme de Nasser.

—Iremos juntos a Erbil —le dije a Sabah—. Quiero que conozcas al hombre que me ha ayudado a escapar.

En el garaje de Solimania, había mucho ajetreo esa mañana mientras esperábamos un taxi que nos llevara a Erbil. Ya nos habían rechazado cuatro conductores. No nos decían por qué, pero sospechábamos que era porque veníamos de Mosul y porque Nasser era árabe. Uno tras otro, los taxistas nos habían pedido la documentación y habían mirado nuestros carnets mientras nos examinaban también a nosotros.

—¿Quieren ir a Erbil? —preguntaban, y nosotros asentíamos—. ¿Por qué?

—Para ver a la familia —les contestábamos, pero ellos suspiraban y nos devolvían la documentación.

—Lo siento —decían—. Estoy ocupado. Prueben con otro.

—Tienen miedo porque somos de Mosul —dijo Nasser.

—¿Quién puede culparlos? —dije—. Tienen miedo del Daesh.

—¿Sigues sin querer hablar en kurdo? —preguntó Nasser, y yo dije que no con la cabeza. Aún no estaba preparada para mostrarles quién era en realidad. Todavía no teníamos verdaderos problemas.

Nos quedamos sentados en silencio mientras el sol calentaba cada vez más y empezamos a preocuparnos por no encontrar un conductor que quisiera llevarnos a Erbil. Al final, uno accedió a hacerlo, pero, como éramos los primeros pasajeros, tendríamos que esperar hasta que llenara el coche. «Siéntense ahí», dijo señalando la acera, donde ya se habían reunido bastantes personas en las pequeñas sombras que encontraban, a esperar que sus taxistas les dijeran que estaban listos.

Mientras se iba llenando el garaje, yo iba contemplando a la gente. Nadie nos miraba. Ya no tenía miedo, pero tampoco la sensación de alivio que había pensado que me invadiría. Lo único en lo que podía pensar era en cómo sería la vida cuando finalmente llegase a Zajo. Gran parte de mi familia había muerto o desaparecido, y yo no iba a regresar a mi hogar, sino a un lugar repleto de huecos, los que habían dejado las personas a quienes había perdido. Me sentía feliz y al mismo tiempo vacía, pero también agradecida de que Nasser estuviera allí para poder hablar con él.

—¿Y si el Daesh entrara en este garaje ahora mismo? —le pregunté—. ¿Qué crees que ocurriría?

—Que todo el mundo tendría miedo —dijo él.

Imaginé a un militante vestido de negro de la cabeza a los pies y armado con un fusil automático entre toda esa muchedumbre de personas distraídas y atareadas.

—Pero ¿a por quién crees que intentaría ir primero? —insistí—. ¿Quién valdría más: yo, la *sabiyya* huida, o tú, un suní que ha salido de Mosul y me ha ayudado a escapar?

Nasser se echó a reír.

—Parece un acertijo —contestó.

—Pues yo sé la respuesta —dije—. Iría a por los dos. Los dos estaríamos muertos.

Y nos echamos a reír, pero solo un momento.

7

El Kurdistán es técnicamente un territorio compuesto por gobernaciones bien definidas. Hasta hace poco solo había tres —Duhok, Erbil y Solimania—, pero en 2014 el GRK constituyó también como gobernación Halabya, que fue el objetivo principal durante la campaña de Al Anfal.

A pesar de lo mucho que se habla de un Kurdistán independiente y del énfasis que se pone en la identidad kurda, estas provincias pueden resultar muy diferentes las unas de las otras, y pueden estar muy enfrentadas. Los principales partidos políticos —el PDK (Partido Democrático del Kurdistán) de Barzani, la UPK (Unión Patriótica del Kurdistán) de Talabani, el nuevo partido Gorran, y una coalición de tres partidos islamistas— se reparten las lealtades de la región, y la división entre el PDK y la UPK es la más palpable de todas. A mediados de la década de 1990, la gente y los *peshmerga* leales a cada uno de esos dos partidos se enfrentaron en una guerra civil. A los kurdos no les gusta hablar de ello, porque, si tienen alguna esperanza de independizarse de Irak, deben mantenerse unidos, pero fue una guerra terrible y dejó unas cicatrices profundas. Algunos esperaban que la lucha contra el EI reconciliara a los kurdos, pero cuando viajas por toda la región todavía tienes la sensación de estar moviéndote por países diferentes. Ambos partidos tienen a sus propios *peshmerga* y sus propias fuerzas de seguridad e inteligencia, llamadas *asayish*.

Solimania, que limita con Irán, es la cuna de la UPK y de la familia Talabani. Se considera más liberal que Erbil, que es territorio del PDK. Las zonas de la UPK están bajo influencia iraní, mientras que el PDK tiene una alianza con Turquía. La política kurda es muy compleja. Después de recuperar la libertad y ponerme a trabajar por los derechos humanos, empecé a comprender por qué pudo ocurrir algo como el fracaso de Sinyar.

El primer puesto de control de camino a Erbil estaba guarnecido con *peshmerga* y *asayish* leales a la UPK. Después de comprobar nuestra documentación, le dijeron al taxista que aparcase el coche a un lado y esperase.

Compartíamos el taxi con un hombre y una mujer jóvenes, que quizá fuesen pareja. La chica parecía asustada cuando nos oyó hablar en árabe a Nasser y a mí. «¿También hablas kurdo?», me había preguntado, y al ver que sí, pareció satisfecha y se tranquilizó. Yo iba sentada detrás, con ellos, y Nasser delante. Ellos dos eran del Kurdistán, así que estaba claro que nos habían hecho parar porque Nasser y yo teníamos documentación de fuera. La chica suspiró con impaciencia cuando el agente le dijo al conductor que esperase, y se puso a dar golpecitos con el carnet contra su mano y a mirar por la ventanilla intentando descubrir por qué tardaban tanto. Yo la fulminé con la mirada.

Los *peshmerga* nos señalaron a Nasser y a mí.

—Ustedes dos, acompáñennos —dijo uno—. Ustedes pueden irse —le anunció al taxista.

Recogimos nuestras cosas antes de que el coche se alejara por la carretera. De repente, mientras seguíamos al soldado hacia las oficinas, volví a sentir miedo. No había esperado encontrarme con tantos problemas estando ya dentro del Kurdistán, pero era evidente que, mientras insistiera en fingir que era Sousan de Kirkuk, viajar por el Kurdistán no iba a resultarnos fácil. Si sospechaban que éramos simpatizantes del Estado Islámico, o sencillamente dudaban de nuestros contactos en Erbil, podían expulsarnos sin pensárselo dos veces.

En la oficina, el soldado empezó a hacernos preguntas.

—¿Quiénes son? —quiso saber—. ¿Por qué van a Erbil si uno de sus carnets dice Mosul, y el otro, Kirkuk? —Sospechaba sobre todo de Nasser, que tenía la edad adecuada para ser combatiente del Estado Islámico.

Estábamos agotados. Lo único que yo quería era llegar a Erbil y ver a Sabah, y me di cuenta de que la única forma de conseguirlo era dejar de fingir y admitir quién era en realidad.

—Ha llegado el momento —le dije a Nasser—, se lo contaré.

—Y entonces, dirigiéndome al soldado en kurdo, expliqué—: Me llamo Nadia y soy una yazidí de Kocho. Mi documentación es falsa. La conseguí en Mosul, donde el Daesh me tenía encerrada. —Señalé a Nasser—. Este hombre me ha ayudado a escapar.

El soldado se quedó de piedra. Nos miró a los dos y, cuando se recuperó de la sorpresa, dijo:

—Tienen que contarles esa historia a las *asayish*. Síganme.

Hizo una llamada telefónica y luego nos llevó a un edificio cercano que hacía las veces de cuartel general de seguridad de las *asayish*, y donde un grupo de oficiales nos estaban esperando ya en una amplia sala de reuniones. Acercaron sillas para Nasser y para mí a un extremo de una mesa alargada y pusieron también una cámara de vídeo encima, enfocando esos dos asientos. Cuando Nasser vio la cámara, al instante negó con la cabeza.

—No —me dijo en árabe—. No pueden grabarme. Nadie puede saber qué aspecto tengo.

Me volví hacia los oficiales.

—Nasser se ha arriesgado mucho al venir conmigo, toda su familia sigue aún en Mosul —les expliqué—. Si alguien descubre quién es, podrían hacerle daño a él o a su familia. Además, ¿por qué quieren grabar esto? ¿Quién lo va a ver? —Me ponía muy nerviosa que las *asayish* de la UPK quisieran filmar toda la entrevista; aún no estaba preparada para recordar lo que había vivido en Mosul y contarlo ante un público.

—Es solo para nuestros archivos, y de todas formas desenfocaremos la cara de Nasser —nos aseguraron—. Les juramos por el Corán que nadie, jamás, verá esto. Solo nosotros y nuestros jefes.

Cuando quedó claro que no pensaban dejarnos pasar a menos que les contáramos nuestra historia, accedimos.

—Pero siempre que juren que nadie podrá identificar a Nasser y que solo los *peshmerga* y las *asayish* verán este vídeo —pedí.

—Claro, claro —dijeron, y empezamos.

La entrevista duró horas. Un oficial de alto rango hacía las preguntas.

—¿Es usted una yazidí de Kocho?

—Sí —respondí—. Soy una chica yazidí de la aldea de Kocho, en Sinyar. Estábamos en nuestro pueblo cuando los *peshmerga* se marcharon. El Daesh escribió en nuestra escuela: «Este pueblo pertenece a Dawla Al Islamiya» —Expliqué que nos obligaron a entrar en la escuela y desde allí nos llevaron a las mujeres y a las chicas a Solagh, y luego a Mosul.

—¿Cuánto tiempo estuvo en Mosul? —preguntó el oficial.

—No lo sé exactamente —contesté—. Nos retenían en salas oscuras y era difícil saber cuánto tiempo pasábamos en cada lugar.

Las *asayish* sabían lo que había ocurrido en Sinyar, que habían matado a todos los hombres yazidíes, se habían llevado a las chicas a Mosul y, después, las habían distribuido por todo Irak. Sin embargo, querían conocer los detalles de mi historia, en concreto qué era lo que me había ocurrido durante mi cautiverio y cómo me había ayudado Nasser a escapar. Nasser, en árabe, me susurró que tuviera cuidado con ambos temas.

—No les cuentes que, cuando llegaste a nuestra casa, estaba anocheciendo y nos encontraste sentados fuera —me dijo cuando llegó el momento de hablar de su familia—. Di que era medianoche. Si no, pensarán que, como estábamos sentados tan tranquilos en el jardín, seguro que somos del Daesh.

Le dije que no se preocupara. Cuando llegué al tema de las violaciones, aunque los oficiales de la UPK me presionaron para obtener detalles, me negué a admitir que hubiese ocurrido nada. Mi familia me quería, pero, hasta que los viera, sinceramente no sabía cómo reaccionarían cuando regresara, ni ellos ni la comunidad yazidí en general, si sabían que ya no era virgen. Recordé que Hajji Salman, justo después de violarme, me susurraba que, si me escapaba, mi familia me mataría en cuanto me viera. «Estás mancillada —me decía—. Nadie se casará nunca contigo, nadie te querrá. Tu familia ya no te quiere con ellos.»

Incluso a Nasser le preocupaba devolverme a mi familia. Le inquietaba que no reaccionasen bien al descubrir que me habían violado.

—Nadia, nos están grabando... No me fío de ellos —me susurró en la sala de la UPK—. Espera a ver cómo te recibe tu familia. Podrían matarte si se enteran.

Era doloroso dudar así de las personas que me criaron, pero los yazidíes son conservadores, las relaciones sexuales no están permitidas antes del matrimonio, y nadie podía predecir que algo así les sucedería a tantas chicas yazidíes a la vez. Una situación como esa pondría a prueba a cualquier comunidad, por mucho que amaran a los suyos y por muy fuertes que fueran.

Uno de los oficiales nos dio un poco de agua y algo de comer. Yo estaba impaciente por salir de allí.

—Se supone que debemos reunirnos con mi familia en Zajo —dije—, y se está haciendo tarde.

—Es un caso muy importante —repuso uno de ellos—. Los oficiales de la UPK querrán conocer los detalles de cómo la capturaron y cómo salió usted de allí.

Sobre todo les interesaba oír que los *peshmerga* del PDK nos habían abandonado. Se lo conté y luego les expliqué cómo iban los militantes al mercado de esclavas y escogían primero a las chicas más guapas. Sin embargo, al llegar a mi cautiverio, mentí.

—¿Quién se la llevó a usted? —preguntó el entrevistador.

—Me escogió un hombre enorme que me dijo: «Vas a ser mía» —relaté, temblando solo con recordar a Salwan—. Yo dije que no. Me quedé en el centro hasta un día en que vi que no había guardias y pude escapar.

Entonces le llegó el turno a Nasser.

—Hacia las doce y media o la una de la madrugada, oímos que llamaban a la puerta —dijo. Estaba algo encogido en su asiento, y su camiseta de rayas le hacía parecer más joven de lo que era—. Teníamos mucho miedo de que fueran del Daesh y llevaran armas. —Entonces me describió como una chica asustada, y explicó cómo consiguió documentación para mí y fingió ser mi marido para sacarme de Mosul.

Los *peshmerga* y las *asayish* de la UPK estaban muy contentos con Nasser. Le dieron las gracias y lo trataron como a un héroe. No dejaban de preguntarle cómo era la vida bajo el EI y declarar: «Nuestros *peshmerga* lucharán contra los terroristas hasta que todos estén fuera de Irak». Estaban orgullosos de que el Kurdistán fuese un refugio seguro para quienes huían de Mosul, y les gustó recordarnos que no fueron fuerzas leales a la UPK las que abandonaron Sinyar.

—Hay miles de chicas como Nadia en Mosul —les contó Nasser—. Nadia era una de ellas, y yo la he traído hasta aquí.

Eran cerca de las cuatro de la tarde cuando terminamos la entrevista.

—¿Adónde piensan ir ahora? —preguntó el oficial.

—Al campo que hay cerca de Duhok —contesté yo—. Pero antes iremos a Erbil a ver a mi sobrino.

—¿A quién tienen en Duhok? —preguntó el oficial—. No queremos dejarlos en una situación peligrosa.

Le di el número de Walid, mi hermanastro, que después de las matanzas se había unido a los *peshmerga* junto con muchos otros yazidíes, ansiosos por luchar y desesperados por conseguir un sueldo. Supuse que se fiarían de otro soldado como ellos, pero solo conseguí inquietar más al oficial de la UPK.

—¿Walid está con los *peshmerga* del PDK? —quiso saber después de colgar el teléfono—. Si es así, no deberían ir con él —añadió—. Verán, fueron ellos quienes los dejaron desprotegidos.

No dije nada. Aun sin saber demasiado sobre la política kurda, yo ya presentía que no era inteligente decantarme por ningún bando.

—Tendría que haber hablado más sobre eso en la entrevista —dijo el oficial—. El mundo debería saber que los *peshmerga* del PDK los dejaron morir. Puedo ayudarles si se quedan aquí —ofreció entonces—. Además, ¿tienen suficiente dinero para llegar a su casa?

Lo discutimos un momento, el oficial insistía en que estaría más segura en territorio de la UPK, y yo le decía que tenía que irme. Al final vio que no había forma de convencerme.

—Quiero estar junto a mi familia, con o sin PDK —insistí—. Llevo semanas sin verlos.

—Está bien —accedió al fin, y le dio a Nasser un trozo de papel—. Llévenlo consigo el resto del viaje. No utilicen su documentación en los controles, sino esto. Les dejarán pasar.

Nos buscaron un taxi que nos llevara el resto del trayecto hasta Erbil, pagaron por adelantado y nos agradecieron que hubiésemos estado tanto rato con ellos. Ni Nasser ni yo dijimos nada al subir al coche, pero vi que él estaba tan aliviado como yo por haber pasado el control.

A partir de entonces, en todos los puestos de control enseñamos aquel papel y nos dejaron pasar al instante. Yo me arrellané en el asiento. Quería dormir un poco antes de que nos reuniéramos con Sabah en Erbil. En esa zona, el paisaje era más verde que antes, y las granjas y los pastos estaban bien cuidados, porque no los habían abandonado. Las pequeñas aldeas agrícolas, parecidas a Kocho con sus casitas de ladrillos de adobe y sus tractores, dieron paso a ciudades, que luego se convirtieron en ciudades más grandes, algunas de las cuales tenían edificios y mezquitas enormes, mayores que cualquier construcción de Sinyar. Me sentía segura en aquel taxi. Incluso el aire, cuando bajaba la ventanilla, era más fresco y despejaba más.

No pasó mucho tiempo hasta que el teléfono de Nasser vibró.

—Es Sabah —me dijo, y entonces soltó una maldición—. ¡Ha visto nuestra entrevista! Al final la han compartido.

Sabah llamó y Nasser me pasó el teléfono. Mi sobrino estaba furioso.

—¿Por qué habéis dado esa entrevista? —me preguntó—. Tendríais que haber esperado.

—Han dicho que no iban a hacerla pública —me defendí—. Lo han prometido.

Estaba mareada de la ira, preocupada por haber expuesto a Nasser y a su familia al EI, y por que en aquellos momentos los militantes estuvieran llamando a las puertas de Hisham y de Mina, dispuestos a castigarlos. Nasser conocía a muchos militantes del Estado Islámico, y ellos también lo conocían a él. Aun con la cara desenfocada (al menos las *asayish* de la UPK habían mantenido esa promesa), quizá lograran identificarlo. No podía creer que mi historia, que hasta ese momento había sido algo tan íntimo que solo la conocían unas pocas personas en quienes confiaba, hubiese salido en las noticias. Tenía mucho miedo.

—¡Se trata de la vida de la familia de Nasser, de nuestra vida! —siguió diciendo Sabah—. ¡Por qué lo han hecho!

Me quedé helada en mi asiento, al borde del llanto. No sabía qué decirle. Ese vídeo me parecía una traición absoluta a Nasser, y odié a las *asayish* de la UPK por mostrarlo en las noticias, sin duda para dejarse a sí mismos en mejor lugar que el PDK, de quienes insistían en decir que habían abandonado a los yazidíes.

—Ojalá estuviera muerta en Mosul y no aquí, con ese vídeo hecho público —le dije, y así lo sentía de verdad. La UPK nos había utilizado.

Ese vídeo me obsesionó durante mucho tiempo. Mis hermanos estaban furiosos porque había mostrado mi rostro y había identificado a nuestra familia, y Nasser estaba preocupado por su seguridad. «Qué horrible será para nosotros tener que llamar a Hisham y comunicarle que, por ayudarte, su hijo está muerto», diría Hezni más adelante. Estaban enfadados porque yo había criticado a los *peshmerga* del PDK ante la cámara. Al fin y al cabo, los campos de refugiados de los yazidíes se habían levantado en territorio del PDK; volvíamos a depender de ellos. Me estaba dando cuenta a marchas forzadas de que mi historia, que para mí seguía siendo una tragedia personal, podía convertirse en la herramienta política de otros, sobre todo en un lugar como Irak. Tendría que llevar cuidado con lo que decía, porque las palabras significan cosas diferentes para personas diferentes, y tu historia puede convertirse enseguida en un arma que se vuelve en tu contra.

8

Los papeles de la UPK dejaron de funcionar en el control de las afueras de Erbil. Ese puesto era grande, con filas de coches separadas mediante barreras de hormigón, por si hubiera un atentado suicida, decoradas con fotografías de Masud Barzani. Esta vez, a ninguno de los dos nos sorprendió que el *peshmerga* nos ordenara bajar del taxi, y lo seguimos a la oficina de su supervisor, que no era más que una sala pequeña. Al fondo de esa salita, el comandante estaba sentado tras un escritorio de madera. No había cámara ni público, pero antes de empezar llamé a Sabah, que me había enviado mensajes de texto preguntándome por qué tardábamos tanto, para decirle que fuese a buscarnos al puesto de control. No sabíamos cuánto duraría aquella entrevista.

El comandante nos hizo las mismas preguntas que las fuerzas de seguridad de la UPK, y yo las contesté todas, una vez más sin mencionar las violaciones ni ningún detalle sobre la familia de Nasser. En esta ocasión, fui con mucho cuidado para no decir nada sobre los *peshmerga* del PDK. El hombre tomó nota de todo lo que declaré y, cuando terminamos, sonrió y se puso en pie.

—Lo que ha hecho no caerá en el olvido —le dijo a Nasser, y le dio un beso en ambas mejillas—. Alá valora mucho lo que ha conseguido usted.

La expresión de Nasser no cambió ni un ápice.

—No lo he hecho yo solo. Toda mi familia ha arriesgado la vida para conseguir que llegásemos al Kurdistán —repuso—. Cualquiera con un poco de bondad humana en su interior habría hecho lo mismo.

Confiscaron mi carnet falso de Mosul, pero Nasser conservó el suyo. Entonces se abrió la puerta y por ella entró Sabah.

En mi familia ha habido muchísimos combatientes: mi padre, con la ristra de historias heroicas que dejó tras de sí a su muerte; Jalo, que luchó junto a los estadounidenses en Tal Afar; Saeed, que desde niño había estado ansioso por demostrar su valentía y salió a rastras de la fosa común con balas en las piernas y en un brazo. Sabah, sin embargo, era un estudiante que solo tenía dos años más que yo. Trabajaba en el hotel de Erbil porque quería ganar el dinero suficiente para poder ir a la universidad algún día y conseguir un buen empleo y tener una vida mejor que como granjero o pastor. Antes de que el EI llegara a Sinyar, esa era su forma de luchar.

El genocidio había cambiado a todo el mundo. Hezni dedicaba su vida a colaborar con traficantes para liberar a las *sabaya*. Saeed vivía inmerso en la pesadilla del día que sobrevivió, y se obsesionó con la lucha. Saoud pasaba los días en la monotonía del campo de refugiados, intentando superar su síndrome del superviviente. Malik, el pobre Malik, que no era más que un niño cuando empezó el genocidio, se había convertido en un terrorista y había sacrificado toda su vida, e incluso el amor por su madre, por el EI.

Sabah, que nunca quiso ser soldado ni policía, había dejado el hotel de Erbil y su escuela para irse a luchar al monte Sinyar. Siempre había sido tímido y lento en demostrar sus sentimientos, pero entonces a eso había que añadir una especie de masculinidad que antes no poseía. Cuando le di un abrazo en el puesto de control y me eché a llorar, me dijo que me tranquilizara.

—Aquí hay oficiales, Nadia. No deberíamos llorar delante de ellos. Has visto muchas cosas, pero ahora estás a salvo. No deberías llorar. —Había crecido años en cuestión de semanas. Supongo que como todos nosotros.

Intenté serenarme.

—¿Quién de ellos es Nasser? —me preguntó Sabah, y yo se lo señalé. Se dieron la mano—. Deberíamos ir al hotel —dijo mi sobrino—. Allí se hospedan algunos yazidíes más. Nasser, tú te alojarás conmigo, y Nadia, tú puedes quedarte con algunas mujeres en otra habitación.

Condujimos una distancia corta desde el puesto de control hasta el centro de la ciudad. Erbil tiene forma de gran círculo irregular; sus calles y sus casas se extienden desde una antigua ciudadela que, según dicen algunos arqueólogos, es el lugar habitado sin interrupción más antiguo del mundo. Sus altos muros de color arena se ven desde gran parte de la ciudad, y suponen un fuerte contraste con el resto de Erbil, que es nuevo y moderno. Las calzadas de Erbil están repletas de SUV blancos que circulan a toda velocidad y con pocas normas que los hagan frenar; en sus calles se ven centros comerciales y hoteles, y siempre hay alguno nuevo en construcción. Cuando llegamos, muchas de esas obras se habían convertido en campamentos improvisados para refugiados mientras el GRK resolvía qué hacer con la enorme cantidad de iraquíes y sirios que llegaban huyendo a la región.

Detuvimos el coche junto al hotel, un lugar pequeño y anodino con sofás de color oscuro. Las ventanas estaban cubiertas con cortinas finas, y los suelos, alicatados con baldosas de un gris brillante. Había unos cuantos hombres yazidíes sentados en el vestíbulo que me saludaron, pero yo quería dormir, así que Sabah me acompañó a mi habitación. Dentro encontré a una familia, una mujer mayor con su hijo, que también trabajaba en el hotel, y la esposa de este. Estaban sentados juntos en torno a una mesa pequeña, tomando sopa, arroz y verduras del restaurante del hotel. Cuando la mujer me vio, me indicó que me acercara.

—Ven a sentarte —me dijo—. Come con nosotros.

Debía de tener más o menos la edad de mi madre y, al igual que ella, llevaba un vestido blanco y ancho, y un pañuelo blanco. Al verla, toda la circunspección que había intentado demostrar desde que saliera de la casa del Estado Islámico en Mosul me abandonó. Me volví loca. Grité con todo mi cuerpo, apenas si lograba tenerme en pie. Lloré por mi madre, cuyo destino todavía no conocía. Lloré por mis hermanos, por los que había visto mientras los conducían hacia su muerte y también por los que habían sobrevivido y tendrían que pasar el resto de su vida intentando recomponer los pedazos de nuestra familia. Lloré por Kathrine, Walaa y mis hermanas, que seguían cautivas. Lloré porque yo había conseguido escapar y no creía que mereciera tanta suerte; aunque, claro, tampoco estaba segura de que aquello fuese exactamente una suerte.

La mujer se acercó y me abrazó. Su cuerpo era suave, como el de mi madre. Cuando me calmé un poco, me di cuenta de que también ella lloraba, igual que su hijo y su nuera.

—Ten paciencia —me dijo—. Esperemos que todos tus seres queridos regresen. No seas tan dura contigo misma.

Me senté con ellos a la mesa. Sentía como si mi cuerpo no estuviese hecho de nada material, como si en cualquier momento pudiese salir flotando. Solo porque me insistieron, tomé un poco de sopa. La mujer parecía muy anciana, mayor de la edad que tenía en realidad, y se le había caído casi todo el pelo, que era blanco. Su cráneo, de un delicado tono rosado salpicado de marrón, se veía bajo lo poco que le quedaba. Era de Tel Ezeir, y su vida reciente era una larga tragedia.

—Tres de mis hijos, todos ellos solteros, murieron en 2007 durante los bombardeos —me contó—. Cuando fallecieron, me dije que no me bañaría hasta que viera sus cadáveres. Me lavo la cara y las manos, pero aún no me he dado un baño. No quiero estar limpia hasta que pueda limpiar sus cuerpos para el entierro. —Entonces vio lo cansada que me encontraba—. Hija, ve a dormir.

Me acosté en su cama y cerré los ojos, pero no pude dormir.

Lo único en lo que podía pensar era en sus tres hijos, en sus cuerpos desaparecidos y en mi madre.

—Dejé a mi madre en Solagh —expliqué—. No sé qué le ha ocurrido. —Y me eché a llorar de nuevo.

Lloramos las dos toda la noche, ella echada en la cama a mi lado, y por la mañana me puse el vestido de Kathrine y le di un beso en cada mejilla.

—Solía pensar que lo que les ocurrió a mis hijos era lo peor a lo que podía enfrentarse una madre —dijo—. Todo el rato deseaba que volvieran a estar vivos. Pero me alegro de que no vivieran para ver lo que nos ocurrió en Sinyar. —Se colocó bien el pañuelo blanco sobre el pelo que le quedaba—. Si Dios quiere, tu madre regresará algún día contigo —me deseó—. Déjalo en manos de Dios. Los yazidíes no tenemos nada ni a nadie más que a Dios.

Abajo, en el vestíbulo del hotel, vi a un niño que me resultó familiar y me acerqué a él. Se trataba del hermano de una amiga de Kocho.

—¿Sabes qué le ha pasado? —me preguntó.

La última vez que había visto a su hermana fue en Mosul, en el mercado donde Hajji Salman se quedó conmigo. Cuando Rojian y yo nos fuimos, a ella aún no la había elegido nadie, pero suponía que lo habrían hecho poco después.

—Espero que algún día también ella esté a salvo —dije. Empezaba a comprender que sería la portadora de malas noticias para muchos yazidíes del Kurdistán.

—Ni siquiera ha llamado por teléfono —repuso él.

—No es fácil llamar —le expliqué—. No nos dejan tener teléfono ni ponernos en contacto con nadie. Yo no llamé a Hezni hasta después de escapar.

Sabah acudió al vestíbulo y me dijo que ya era hora de partir hacia Zajo.

—Nasser está en esa sala —dijo, señalando hacia una puerta abierta del pasillo—. Ve a despedirte de él.

Me acerqué a aquel cuarto y empujé la puerta. Nasser estaba en el centro y nada más verlo me eché a llorar. Sentía lástima por él. Cuando estuve con su familia, me había sentido como una extraña paseándome por la vida de otra persona. Mis esperanzas de futuro empezaban y terminaban con mi huida, y allí estaba de pronto, en Erbil, reunida con mi sobrino y otros yazidíes. Nasser, sin embargo, tenía que recorrer de vuelta nuestro espantoso trayecto en dirección al Estado Islámico. Me tocaba a mí sentir miedo por él.

También Nasser se echó a llorar. Sabah estaba en la puerta, mirándonos.

—Sabah, ¿podría hablar con Nadia dos minutos? —pidió Nasser—. Después tendré que irme.

Mi sobrino asintió con la cabeza y nos dejó solos.

Nasser se volvió hacia mí con expresión seria.

—Nadia, ahora estás con Sabah e irás a reunirte con el resto de tu familia. No es necesario que yo te acompañe, pero tengo que preguntarte algo. ¿Te sientes segura? Si te da miedo que pueda ocurrirte algo, o que vayan a hacerte algo porque has sido una *sabiyya*, me quedaré contigo.

—No, Nasser —contesté—. Ya has visto cómo me ha tratado Sabah. Estaré bien. —En realidad, no estaba del todo segura, pero quería que Nasser siguiera su propio camino. Todavía me sentía muy culpable por lo del vídeo de la UPK, y no sabía cuánto tiempo tendría él antes de que lo reconocieran—. No te creas nada de lo que diga el Daesh sobre los yazidíes —le pedí—. Lloro por ti, porque has hecho todo esto por mí y me has salvado la vida.

—Era mi deber —repuso—. Nada más.

Salimos juntos de la sala. No encontraba palabras para expresar la enorme gratitud que sentía por su ayuda. Durante los últimos dos días, habíamos compartido hasta el último momento de terror y de tristeza, hasta la última mirada de preocupación y la última pregunta aterradora. Cuando me encontré mal, él me reconfortó, y en todos los puestos de control su tranquilidad había conseguido que no me viniera abajo por completo a causa del miedo. Jamás olvidaré lo que su familia y él hicieron por mí.

No sé por qué Nasser fue tan bueno y muchos otros de Mosul fueron tan malos. Creo que, si en el fondo eres una buena persona, ya puedes haber nacido y crecido en el cuartel general del Estado Islámico que aun así serás bueno, del mismo modo que pueden obligarte a convertirte a una religión en la que no crees y aun así seguir siendo yazidí. Es algo que se lleva dentro.

—Ten cuidado —le dije a Nasser—. Cuídate mucho y aléjate de esos criminales todo lo que puedas. Toma, este es el número de Hezni. —Le di un trozo de papel con el número del móvil de mi hermano, además del dinero que había pagado su familia para el taxi—. Puedes llamarle cuando quieras. Jamás olvidaré lo que has hecho por mí. Me has salvado la vida.

—Te deseo una vida feliz, Nadia —añadió él—. Una buena vida a partir de ahora, mirando hacia delante. Mi familia intentará ayudar a otras chicas como tú. Si hay más niñas en Mosul que quieren escapar, pueden llamarnos y nosotros intentaremos ayudarlas. Quizá algún día, cuando todas las chicas sean libres y el Daesh ya no esté en Irak, podremos reencontrarnos y hablar de todo esto —dijo. Luego rio en voz baja—. ¿Qué tal va todo, Nadia? —preguntó.

—Hace calor —respondí, sonriendo un poco.

—No lo olvides nunca —me dijo él—. Hace calor, Nasser, hace mucho calor. —Entonces la sonrisa se esfumó de su rostro y dijo—: Dios sea contigo, Nadia.

—Dios sea contigo, Nasser —contesté yo. Y cuando se volvió y fue hacia la puerta, recé a Melek Taus por que su familia y él acabaran en un lugar seguro.

Antes de que terminara mi oración, Nasser ya se había marchado.

9

Después de que Nasser se fuera de Erbil, intenté seguir informada de cómo estaban su familia y él. Me moría de vergüenza cuando pensaba en el vídeo de la UPK y rezaba por que no los hubiera puesto en peligro. Nasser no era más que un joven de un barrio pobre, pero a Hezni y a mí nos preocupaba que fuese solo cuestión de tiempo que los terroristas lo involucraran en sus actividades. Durante años, el EI había estado echando raíces en la ciudad, alimentándose del descontento entre los suníes y la inestabilidad del país. Allí los hombres habían esperado que los terroristas fuesen como los baazistas y les devolviesen el poder. Aunque estuvieran desencantados con el EI, cuando Nasser regresó del Kurdistán, los niños ya se habían convertido en soldados y, peor, en verdaderos creyentes. ¿Consiguieron los hijos de Mina escapar del campo de batalla? Aún sigo sin saberlo.

A Hezni le inquietaba mucho que les ocurriera algo.

«Te han ayudado —me decía—. Si los castigan, ¿cómo vamos a vivir con ello?» Se tomaba muy en serio su responsabilidad como cabeza de nuestra familia. Desde Zajo, él no podía hacer nada, por supuesto, y tampoco después, desde el campo de refugiados. Hezni habló con Hisham y Nasser un par de veces, y entonces, una tarde, llamó y una grabación le informó de que el número estaba desconectado. Después de eso, mi hermano tuvo que fiarse de información de segunda mano sobre Nasser y su familia. Un día nos enteramos de que el EI, en efecto, había descubierto que Nasser me había ayudado. Detuvieron a Basheer y a Hisham, pero los hombres convencieron a los militantes de que Nasser había actuado en solitario.

La familia seguía en Mosul en 2017, cuando las fuerzas iraquíes empezaron a liberar la ciudad, y entonces se hizo aún más difícil conseguir información. A través de otras personas, Hezni se enteró de que uno de los hermanos de Nasser murió en 2017 durante la batalla entre el EI y las fuerzas iraquíes por el control de la carretera que conecta Mosul con Wadi Hayar, pero no sabemos cómo o si es cierto. La familia vivía en Mosul Este, que fue la primera parte de la ciudad liberada ese año, y podrían haber escapado o podrían haber muerto durante los combates. Oí decir que el EI utilizó a personas como escudos humanos cuando llegaron las fuerzas iraquíes, para lo cual se aseguraban de tener consigo a civiles en los edificios que los estadounidenses querían bombardear. La gente que huía de Mosul lo describía como un infierno. Lo único que pudimos hacer fue rezar por que estuvieran a salvo.

Antes de ir a la casa de mi tía en Zajo, donde se alojaba Hezni desde que el EI había llegado a Sinyar, nos detuvimos en el hospital de Duhok en el que Saeed y Khaled aún estaban recuperándose de sus heridas. El campo de refugiados no estaba montado todavía, y los yazidíes que habían huido al Kurdistán iraquí dormían donde podían. En las afueras de la ciudad, las familias yazidíes llenaban edificios de apartamentos sin terminar, sujetando como podían en los suelos de hormigón las tiendas que les habían dado las agencias de ayuda humanitaria. Las paredes de esos edificios tan altos no estaban terminadas y, al pasar junto a ellos, me preocupó la seguridad de las familias que se habían instalado allí. Unas cuantas veces, sucedió que algún niño pequeño cayó desde las plantas superiores. Pero no tenían ningún otro lugar al que ir. Todo Sinyar había sido alojado en esos edificios desnudos, y nadie poseía nada. Cuando las agencias de ayuda llevaban comida para distribuirla, la gente corría y se empujaba para abrirse paso y asegurarse de que les dieran una bolsa. Las madres corrían todo lo deprisa que les permitían las piernas por una sola lata de leche.

Hezni, Saoud, Walid y mi tía me estaban esperando en el hospital. Cuando nos vimos, todos nos echamos a llorar y nos abrazamos, preguntándonos cosas sin parar, hasta que la conmoción remitió un poco y pudimos oír lo que decían los demás. Yo les conté brevemente lo que me había ocurrido, saltándome lo de las violaciones. Mi tía gimió y empezó a entonar un canto fúnebre, uno que suelen gritar los plañideros mientras caminan en círculo alrededor del cadáver, golpeándose el pecho con fuerza para mostrar su sufrimiento, a veces durante horas y horas, hasta que tienen la garganta ronca y las piernas y el pecho entumecidos. Mi tía no se movía mientras cantaba, pero el volumen de sus cánticos fue lo bastante fuerte para llenar toda la sala, y puede que todo Duhok.

Hezni estaba más tranquilo. Mi hermano, que solía ser muy sensible, que lloraba cuando algún miembro de la familia enfermaba y podría haber sido el protagonista de un libro de poemas de amor cuando cortejaba a Jilan, en ese momento estaba obsesionado con el misterio de su propia supervivencia.

—No sé por qué me ha salvado Dios —dijo—, pero sé que tengo que utilizar mi vida para algo bueno.

En cuanto vi su rostro ancho, afable y bronceado, con un pequeño bigote, se me saltaron las lágrimas.

—No llores —me dijo Hezni, abrazándome—. Este es nuestro destino.

Me acerqué a la cama de hospital de Saeed. Las heridas lo torturaban, pero no tanto como el recuerdo de la matanza y la culpabilidad por haber sobrevivido cuando tantos otros habían muerto. Incluso la gente que el EI no había conseguido matar había perdido su vida: una generación entera de yazidíes perdidos, como mis hermanos y yo, recorriendo el mundo sin nada más en el corazón que el recuerdo de nuestra familia, y nada más en la cabeza que llevar al EI ante la justicia. Saeed se había unido a la división yazidí de los *peshmerga* y estaba ansioso por salir a luchar.

—¿Dónde está mi madre? —pregunté llorando mientras lo abrazaba.

—Nadie lo sabe, Nadia —contestó—. En cuanto podamos, liberaremos Solagh del Daesh y la salvaremos.

Las heridas de Khaled eran peores que las de Saeed, aunque a mi hermanastro le habían disparado menos veces. Dos balas le habían destrozado el codo, y le hacía falta una articulación artificial, pero en el hospital de Duhok no disponían de nada parecido. Hasta el día de hoy, su brazo sigue colgando tieso a un lado de su cuerpo, inútil, como una rama de árbol muerta.

La primera vez que fui a Zajo, Hezni seguía viviendo cerca de nuestra tía, en la misma casa a medio construir a la que había escapado desde la montaña. Mis tíos habían estado construyendo una pequeña vivienda para su hijo y la esposa de este en su propiedad, pero no eran ricos, así que tenían que trabajar despacio, añadiendo un poco aquí y otro poco allá cuando disponían de algo de dinero extra que gastar. La guerra con el EI había detenido la obra por completo y, cuando llegué yo, la casa no era más que dos dormitorios hechos de hormigón desnudo con unas ventanas que aún no estaban tapadas y unos huecos en las uniones de los bloques de hormigón que dejaban pasar el viento y el polvo. Nunca había estado en esa casa sin mi madre, y sentí su ausencia como si me faltase una extremidad.

Me instalé en la casa en obras con mis hermanos Hezni y Saoud, y mis hermanastros Walid y Nawaf. Tras recibir el alta del hospital, Saeed y Khaled se mudaron con nosotros. Hicimos lo posible por convertirlo en un hogar. Cuando la agencia de ayuda humanitaria distribuyó lonas, las utilizamos para cubrir las ventanas, y cuando nos daban comida la racionábamos con cuidado y almacenábamos lo que podíamos en la pequeña sala que usábamos como cocina. Hezni instaló una gran cantidad de alargadores desde la casa principal hasta nuestras dependencias y colgó bombillas de los techos para que tuviéramos luz. También compramos un poco de argamasa para tapar los huecos de las paredes. Aunque hablábamos sin parar de la guerra, rara vez mencionábamos detalles que pudieran molestarnos a unos o a otros.

Saeed y Nawaf eran los únicos hombres solteros, y su soledad era menos palpable que la de mis hermanos casados. Hezni no había tenido aún noticias de Jilan; lo único que sabíamos era que estaba en Hamdaniya con Nisreen. No teníamos información sobre la mujer de Saoud, Shireen, ni sobre las mujeres de mis hermanastros. Yo les conté todo lo que sabía sobre el EI y lo que había visto en Mosul y Hamdaniya, pero fui algo vaga acerca de lo que me había ocurrido durante mi cautiverio. No quería hacer sufrir más a mis hermanos confirmándoles sus peores pesadillas sobre lo que el EI hacía con las chicas yazidíes. No pregunté por la matanza de Kocho porque no quería recordarles a Saeed y a Khaled lo que habían pasado allí. Nadie quería aumentar la desesperación de los demás.

A pesar de que la casa estaba habitada por supervivientes, era un lugar lleno de tristeza. Mis hermanos, que tan llenos de vida habían estado tiempo atrás, eran como cuerpos vacíos que solo estaban despiertos durante el día porque era imposible dormir todo el tiempo. Puesto que yo era la única mujer, de mí se esperaba que limpiara y cocinara, pero había muchas cosas que no sabía hacer. En nuestro antiguo hogar, mis hermanas mayores y mis cuñadas se ocupaban de los quehaceres de la casa mientras yo estudiaba, así que me sentía inútil y tonta trasteando en aquella cocina improvisada y lavando la ropa sin demasiada maña. Mis hermanos eran buenos conmigo y sabían que yo no había aprendido a hacer todas esas labores del hogar, así que me ayudaban, pero estaba claro que, una vez que supiera hacerlo, todo aquello sería responsabilidad mía. Mi tía era consciente de que yo no sabía hacer pan, así que preparaba de más para nosotros, pero también esa era una habilidad que se suponía que debía aprender. La escuela era un recuerdo muy lejano.

Había escapado del EI y estaba con mi familia, pero al reflexionar sobre mi vida aún sentía que, si tenía la suerte de crecer y hacerme mayor, esa no sería más que una larga serie de desdichas. En una de ellas me había visto capturada por el EI; en la siguiente llevaba una vida sumida en la pobreza, sin nada, sin un lugar que considerar mío, dependiendo de otros para conseguir toda la comida, sin tierra y sin ovejas, sin escuela y con solo una pequeña parte de mi gran familia, esperando a que terminaran de construir el campo de refugiados, después esperando a que sustituyeran las tiendas de ese campo por contenedores habilitados como viviendas y, más adelante, esperando a que liberasen Kocho, lo que pensé que quizá no sucedería nunca, y a que liberasen a mis hermanas y rescatasen a mi madre en Solagh. Lloraba todos los días. Unas veces lloraba con mi tía o con mis hermanos, otras veces lloraba sola en la cama. Cuando soñaba, siempre era que volvía a estar con el EI y tenía que escapar de nuevo.

Aprendimos a aprovechar al máximo lo que nos ofrecían las agencias de seguridad. Una vez a la semana, llegaban unos grandes camiones cargados con sacos de arroz, lentejas y pasta, además de aceite para cocinar y tomates en lata. No teníamos despensa ni nevera, así que a veces la comida que guardábamos se estropeaba o atraía a los ratones, y teníamos que tirar sacos enteros de azúcar y bulgur, hasta que encontramos un barril de petróleo vacío, que limpiamos y utilizamos para conservar alimentos. Tirar comida era doloroso; sin dinero para comprar más, teníamos que conformarnos con comer menos hasta que el siguiente camión pasara por Zajo. Cuando llegó el frío, mi tía me dio algunas prendas de abrigo, pero yo no tenía ropa interior, ni sujetadores ni calcetines, y no quería pedir nada, así que me las apañé con lo que había.

El teléfono de Hezni sonaba a menudo y, cuando lo hacía,

él salía fuera a atender las llamadas, apartado de los demás. Yo estaba desesperada por saber qué clase de información le daban, pero él me contaba muy poco, creo que porque no quería inquietarme. Un día recibió una llamada de Adkee y salió al patio a hablar. Cuando regresó, tenía los ojos rojos, como si hubiese estado llorando. «Está en Siria», nos dijo. De alguna forma, había conseguido no separarse de nuestro sobrino, de quien había dicho que era su hijo en Solagh, pero le preocupaba que en cualquier momento el EI descubriera que había mentido y le quitaran al niño. «Estoy intentando encontrar a un traficante en Siria —nos dijo Hezni—, pero sacar a chicas de allí es aún más difícil que de Irak, y Adkee no quiere dejar a nadie atrás.» Para empeorar las cosas, las redes de traficantes sirios estaban surgiendo al margen de las iraquíes, de modo que a Hezni le resultaría más difícil sacar a Adkee del país.

Mi tía fue la primera a quien le conté toda mi historia, incluidas las violaciones. Lloró por mí y me estrechó con fuerza entre sus brazos. Fue un alivio contárselo a alguien, y dejó de preocuparme que los yazidíes me rechazaran o me culparan de lo sucedido. El EI había matado y raptado a tantos de nosotros que los supervivientes, sin importar lo que nos hubiese ocurrido, teníamos que unirnos e intentar reparar lo que nos había quedado. Aun así, la mayoría de las *sabaya* huidas no decían ni una palabra del tiempo que habían pasado con el EI, al igual que yo al principio, y comprendía bien por qué. Era su tragedia y tenían derecho a no contársela a nadie.

Rojian fue la primera en escapar después de mí. Llegó a casa de mi tía a las dos de la madrugada, todavía con la abaya que le había dado el EI.

«¿Qué les ha ocurrido a los demás?», quiso saber antes de que yo pudiera hacerle ninguna pregunta. Y Hezni tuvo que contarle los detalles. Relatarlo era una carga. Fue horrible ver como la cara de Rojian se descomponía al oír lo que había sucedido con nuestra aldea y nuestra familia. De los hombres teníamos la confirmación de que estaban muertos, no sabíamos lo que había ocurrido con las mujeres mayores, y la mayoría de las chicas a las que se habían llevado como *sabaya* seguían con el EI. Después de eso, Rojian cayó en tal estado de abatimiento que casi me preocupaba que fuese a quitarse la vida allí mismo, en casa de mi tía, tal como había intentado hacer Hezni un mes antes, cuando se enteró de la matanza de Kocho. Rojian, sin embargo, sobrevivió a su propio pesar, al igual que nos había ocurrido a todos, y la mañana después de su llegada nos trasladamos al campo de refugiados.

10

La estrecha carretera que llevaba al campo era de tierra. Me recordó a la carretera de Kocho antes de que la asfaltaran, y cuando llegamos allí esa mañana intenté imaginar que realmente regresaba a casa. Sin embargo, todo lo que me resultaba familiar no hacía sino confirmar lo lejos que me encontraba de mi antigua vida y solo lograba aumentar mi tristeza.

Desde lejos, el centenar de contenedores vivienda blancos del campamento se veían repartidos por las suaves laderas del norte de Irak como los ladrillos de un muro, cada uno de ellos separado por un camino de tierra que solía estar saturado de agua, ya fuera de la lluvia, de las duchas o de las cocinas improvisadas. El campo de refugiados estaba rodeado de vallas —por nuestra propia seguridad, decían—, pero los niños ya habían abierto agujeros donde el metal tocaba el suelo, porque así podían acceder con más facilidad a los campos exteriores para jugar al fútbol. En la entrada del campamento, se encontraban los grandes contendedores de las oficinas para los trabajadores de la ayuda humanitaria y del gobierno, además de una clínica y un aula de escuela.

Nos trasladamos allí en diciembre, cuando en el norte de Irak empezaba a hacer frío, y aunque la vivienda en obras en Zajo nos ofrecía protección frente al invierno, yo estaba impaciente por contar con un espacio que pudiera considerar propio. Los contenedores eran bastante espaciosos, teníamos varios colocados unos junto a otros: uno lo usábamos como dormitorio, otro, como sala de estar, y un tercero, como cocina.

El campamento no se adaptaba bien a las estaciones del año en el norte del Irak. Con la llegada del invierno, los senderos que había entre los contenedores se convirtieron en lodazales, y teníamos que esforzarnos por no arrastrar el barro hasta el interior de las viviendas. Solo disponíamos de agua una hora al día, y teníamos un calefactor que compartíamos para intentar caldear los contenedores. Cuando no lo encendíamos, el aire frío se condensaba en las paredes y goteaba hasta nuestras camas, así que dormíamos con las cabezas echadas sobre almohadas húmedas y despertábamos con un penetrante olor a moho.

En todo el campamento, la gente se esforzaba por recrear las vidas que les habían arrebatado. Es reconfortante hacer lo mismo que solías hacer en casa, aunque solo sea de una forma mecánica. En Duhok, en el campo de refugiados, nuestras rutinas eran las mismas que habíamos tenido en Sinyar. Las mujeres cocinaban y limpiaban obsesivamente, como pensando que, si lo hacían lo bastante bien, se verían transportadas de vuelta a sus aldeas, despertarían a sus hombres de las fosas comunes y recuperarían su vida tal como había sido. Todos los días, cuando dejaban las fregonas en el rincón del fondo y ya habían horneado todo el pan, el hecho de no tener ni hogar ni un marido que regresara a casa se les venía encima de nuevo, y se echaban a llorar con unos lamentos tremendos que sacudían las paredes de nuestro contenedor vivienda. En Kocho, las casas siempre estaban llenas de voces, de niños jugando, y aquel campamento resultaba silencioso en comparación. Incluso echábamos de menos el sonido de los familiares riñendo por cualquier cosa: esas peleas sonaban en nuestra imaginación como la música más bella. No teníamos forma de encontrar trabajo ni de ir a la escuela, así que llorar a los muertos y los desaparecidos se convirtió en nuestra única ocupación.

Para los hombres, la vida en el campamento era más dura aún. No había trabajo, y no disponían de coches para ir a la ciudad a buscarse uno. Sus esposas, hermanas y madres estaban cautivas; y sus hermanos y padres, muertos. Antes de que mis hermanos se unieran a los *peshmerga* o a la policía, no nos entraba más dinero que las ayudas que el gobierno iraquí y algunas agencias, encabezadas por una organización por los derechos de los yazidíes llamada Yazda —fundada justo después de la matanza de Kocho—, repartían entre los supervivientes del genocidio. Yazda, dirigida por un grupo de yazidíes que vivían por todo el mundo y que lo habían dejado todo para ayudar a las víctimas del genocidio (y a la cual, con el tiempo, acabaría dedicando mi propia vida), estaba convirtiéndose rápidamente en la fuente principal de esperanza de los yazidíes. Todavía corríamos para conseguir comida cuando acudían a repartirla, y a veces no encontrábamos los camiones. Un día aparcaban a un lado del campamento, y al día siguiente, al otro. A veces la comida parecía podrida, y nos quejábamos de que el arroz olía a basura cuando lo cocinabas.

Cuando llegó el verano, decidí tomar cartas en el asunto. Me fui a trabajar a un campo cercano, donde un agricultor, kurdo, daba trabajo a los refugiados cosechando melones cantalupo. «Si trabajáis todo el día, os daremos de cenar», prometía, además de un pequeño sueldo, así que me quedé casi hasta la puesta del sol, arrancando los pesados melones de sus plantas. Cuando nos sirvieron la cena, sin embargo, casi me entraron náuseas. Era el mismo arroz rancio del campamento, hervido sin nada más, que apestaba desde nuestros platos. Tuve ganas de llorar porque el agricultor nos viera así, porque pensara que éramos tan pobres que vivíamos en campos de refugiados y que por eso podía darnos de comer cualquier cosa y se lo agradeceríamos.

«¡Somos humanos! —quise decirle—. Teníamos casas y una buena vida. No somos basura.» Pero me quedé callada y tragué lo que pude de aquella comida repugnante.

De vuelta en el campo de melones, sin embargo, estaba furiosa. «Terminaré el trabajo de hoy —pensé—, pero ni en sueños volveré mañana a trabajar para este hombre.» Algunos de los demás trabajadores empezaron a hablar del EI. Para los refugiados que habían huido de sus aldeas antes de que llegaran los terroristas, los que habíamos sido capturados por ellos constituíamos una curiosidad, y siempre nos hacían preguntas sobre cómo era la vida con el EI, como si siguieran la trama de una película de acción.

El agricultor caminaba detrás de nosotros.

—¿Quién de vosotros se escapó del Daesh? —preguntó, y los demás me señalaron.

Yo dejé de trabajar. Creí que me diría que sentía la forma en que nos había tratado, que si hubiera sabido que había supervivientes del EI en el campamento habría sido más amable. En lugar de eso, quería hablar de lo fantásticos que eran los *peshmerga*.

—Oh, el Daesh está acabado —dijo—. Ya sabéis cómo actúan los *peshmerga*. Hicieron un gran trabajo y perdimos a muchos combatientes de los *peshmerga* para liberar gran parte de Irak.

—¿Sabe cuánto perdimos nosotros? —no puede evitar contestarle—. Miles de los nuestros murieron. Perdieron la vida porque los *peshmerga* decidieron retirarse.

El agricultor dejó de hablar y se alejó, y un joven yazidí se volvió hacia mí, molesto.

—Por favor, no vuelvas a decir nada parecido —me increpó—. Trabaja y punto.

Cuando terminó la jornada y fui a decirle al yazidí al mando que no quería volver a trabajar para ese agricultor, me miró con ira.

—El hombre nos ha dicho que no volvamos, ninguno —repuso.

Me sentí culpable, porque, con lo que había dicho, había hecho perder a todo el mundo su trabajo. Sin embargo, aquello pronto se convirtió en una anécdota divertida que se extendió por el campamento. Cuando me marché de allí y empecé a contar mi historia fuera de Irak, un amigo mío visitó el campo de refugiados y se quejó a algunos de mis amigos de allí de que yo era demasiado benévola con los *peshmerga*.

—¡Nadia debería contarle al mundo lo que nos hicieron! —exclamó.

Uno de los yazidíes se echó a reír.

—¡Lo hizo desde el principio, y por su culpa nos despidieron a todos!

Dimal consiguió llegar al campamento a las cuatro de la madrugada del 1 de enero de 2015. Todavía se ríe de mí porque estaba durmiendo cuando llegó. «¡No puedo creer que fueras capaz de dormir mientras yo estaba corriendo para salvar la vida!» La abracé con fuerza. «Estuve despierta hasta las cuatro de la mañana —repuse—. ¡Llegaste tarde!» Me había quedado levantada hasta el momento en que la somnolencia se apoderó de mí y, un instante después, tenía a mi hermana mayor de pie junto a mi cama. Llevaba horas corriendo por la frontera con Turquía y Siria, y las piernas le sangraban allí donde se había arañado con el alambre de espino de la valla fronteriza. Podría haber sido peor, desde luego; podría haberla descubierto algún guardia y haberle disparado, o podría haber pisado una mina de tierra.

Tener a Dimal de vuelta era como si una herida enorme se hubiera cerrado. Pero no éramos felices. Nos estrechamos la una a la otra y lloramos hasta las diez de la mañana, y entonces mi hermana empezó a saludar al reguero de visitantes que se acercaron a llorar junto a ella. No pudimos hablar sobre nadie más hasta la mañana del día siguiente. Ese fue el momento más duro del regreso de Dimal a casa, despertar esa mañana la una junto a la otra en aquellos colchones y oírle preguntar con la voz ronca de tanto llorar: «Nadia, ¿dónde está el resto de la familia?».

Ese mismo mes, también Adkee consiguió escapar. Estábamos histéricos de preocupación, porque habíamos recibido muy pocos datos sobre lo que había ocurrido con ella. Unas semanas antes, una mujer se había escapado de Siria y había conseguido llegar al campamento. Nos dijo que había estado con Adkee en Siria. Ansiosos por conocer más detalles, le suplicamos que nos contara todo lo que sabía. «Creían que Adkee era madre —nos dijo—, así que esperaron antes de tocarla.» Mantener a nuestro sobrino Miran a salvo era lo único que le importaba a Adkee. «Me dijo que, si yo prometía cuidar de Miran, ella se mataría —nos contó la mujer—. Yo le dije que tuviera paciencia, que algún día saldríamos de allí, pero ella estaba muy angustiada.»

Después de oír eso, temimos lo peor de Adkee. Empezamos a llorarla, a esa hermana mía tan enérgica que les había gritado a los hombres porque le decían que no podía aprender a conducir, y también a nuestro dulce sobrino. Y entonces, sin previo aviso, Adkee llamó al teléfono de Hezni. «¡Están en Afrin!», nos comunicó mi hermano, entusiasmado. Afrin se encontraba en la Siria ocupada por los kurdos y no formaba parte del EI. Lo defendían los kurdos sirios y pensé que, como esos combatientes habían ayudado a los yazidíes a salir de las montañas, seguro que también ayudarían a mi hermana.

Adkee y Miran habían escapado de Raqqa y fueron acogidos por un pastor árabe y su familia. Estuvieron con ellos un mes y dos días, mientras intentaban encontrar la forma más segura para sacarlos del territorio del Estado Islámico. La hija del pastor estaba prometida con un hombre de Afrin, y la familia esperó hasta el día de la boda, cuando tendrían una buena excusa para viajar todos juntos hacia el norte. Más adelante, Hezni nos dijo que él ya sabía que Adkee estaba con la familia del pastor, pero que había preferido guardárselo para que no nos hiciéramos ilusiones.

Dos días después de esa primera llamada desde Afrin, Adkee llegó al campamento con Miran a su lado. Esta vez aguanté despierta hasta las seis de la mañana con Dimal. Temíamos el momento de contarle a Adkee lo que había ocurrido con todos los demás —los que sabíamos que estaban muertos y los que seguían desaparecidos—, pero no tuvimos que hacerlo. Ella lo había descubierto por su cuenta, no sé cómo, y no tardó en vivir con nosotros en nuestro pequeño mundo de duelo.

Fue un milagro que mis hermanas escaparan. En los tres años desde que el EI llegó a Sinyar, las yazidíes han huido de la esclavitud de maneras extraordinarias. Algunas con la ayuda de autóctonos compasivos, como yo; otras consiguieron que sus familias o el gobierno pagaran dinero, a veces unas cantidades exorbitantes, a los traficantes o directamente al miembro del EI en cuestión, para comprarle a la chica. Costaba unos cinco mil dólares sacar a cada una de ellas, más una gran suma —que Hezni describía como «el coste de un coche nuevo»— destinada al jefe de la operación, que utilizaba sus contactos por todo el Irak árabe y el kurdo para coordinar el rescate. El dinero se repartía entre los numerosos intermediarios que eran necesarios para liberar a una sola niña: conductores, traficantes, falsificadores de documentos.

Todas las historias de huida son increíbles. A una chica de Kocho se la llevaron a Raqqa, la capital del Estado Islámico en Siria, donde la retenían junto a un gran grupo de mujeres en una sala de bodas para esperar a ser distribuidas. Desesperada, intentó hacer estallar una bombona de propano con un mechero para incendiar el edificio, pero la descubrieron antes de que pudiera hacerlo. Después se obligó a vomitar y, cuando un militante del Estado Islámico le dijo que saliera, ella y unas cuantas más echaron a correr hacia los campos que rodeaban el lugar. Al final, las entregó un agricultor que pasaba por allí, pero la chica tuvo suerte. Semanas después, la mujer del hombre que la había comprado la ayudó a coordinar su huida y a salir viva de Siria. Al cabo de poco, la esposa murió de apendicitis; por lo visto, en el Estado Islámico no había ningún cirujano capaz de salvarla.

Jilan llevaba más de dos años en cautividad cuando Hezni logró sacarla con el plan más complicado y arriesgado que he oído hasta la fecha. La esposa del captor de Jilan se cansó de ver que su marido abusara de las chicas yazidíes y llamó a mi hermano para ofrecerle ayuda. Su marido era un miembro de alto rango del Estado Islámico y un objetivo para la coalición enemiga que estaba presionando al califato.

—Tendrá que dejar usted que maten a su marido —le dijo Hezni—. Es la única forma.

Ella estuvo de acuerdo.

Hezni puso en contacto a la mujer con un comandante kurdo que trabajaba con los estadounidenses para atacar objetivos del Estado Islámico.

—Comuníquele cuándo sale su marido de casa —fueron las instrucciones de Hezni, y al día siguiente el coche del militante fue alcanzado en un bombardeo.

Al principio, la mujer no creyó a mi hermano cuando le dijo que su marido había muerto.

—Entonces, ¿por qué nadie dice nada sobre ello? —preguntó. Le daba miedo que su marido hubiese escapado y descubriese lo que había hecho ella. Quería ver su cadáver.

—Ha quedado demasiado destrozado —le dijo Hezni—. El coche prácticamente se ha fundido.

Las mujeres tenían que esperar a recibir más información y solo dispondrían de un breve espacio de tiempo para sacar a Jilan de allí a salvo. Al cabo de dos o tres días, se confirmó que el militante, en efecto, había muerto, y otros miembros del Estado Islámico fueron a su casa para llevarse a Jilan y pasársela a un nuevo propietario. Cuando llamaron a la puerta, la mujer salió a abrirles. «Nuestra *sabiyya* iba en el coche con mi marido —les dijo, intentando que no le temblara la voz—. También ella ha muerto.»

Satisfechos, los militantes se marcharon y, cuando los perdieron de vista, Jilan y la mujer pasaron con los traficantes hasta un puesto de avanzada del Ejército iraquí y, por fin, llegaron al Kurdistán. Pocas horas después de que se marcharan, también su casa fue bombardeada. «Por lo que sabe el Daesh, todos ellos están muertos», me dijo Hezni.

Otras no tuvieron tanta suerte. Me enteré de que habían encontrado una fosa común en Solagh en diciembre de 2015, pocos meses después de que yo me marchara del campo de refugiados y me trasladara a Alemania con Dimal como parte de un programa gubernamental alemán para ayudar a las víctimas yazidíes de la esclavitud del EI. A primera hora de la mañana, comprobé mi teléfono. Estaba lleno de mensajes de Adkee y Hezni. Llamaban a menudo para ponerme al día sobre la familia que seguía allí, sobre todo Saeed, que había hecho realidad su deseo y estaba luchando en Sinyar con una unidad yazidí de los *peshmerga* del PDK que se había formado hacía poco. «Saeed está cerca de Solagh —me dijo Adkee cuando la llamé—. Pronto sabremos lo que ocurrió allí.»

Dimal y yo teníamos que ir a una clase de alemán ese día, pero no fuimos capaces de movernos. Nos pasamos el día entero en nuestro apartamento, esperando noticias. Yo me puse en contacto con un periodista kurdo que cubría la batalla por la reconquista de Solagh y, entre él, Saeed y Adkee, mi teléfono casi no dejó de sonar en todo el día. Aparte de mirar el teléfono, Dimal y yo rezamos por que encontraran viva a nuestra madre.

En algún momento de la tarde, llamó el periodista. Hablaba en voz baja y enseguida comprendí que tenía malas noticias. «Hemos encontrado una fosa común —me anunció—. Está cerca del instituto y parece que hay unos ochenta cadáveres. De mujeres.» Le escuché y dejé el teléfono. No podía soportar ser yo quien se lo contara a Dimal, ni llamar a Adkee y a Hezni y decirles que nuestra madre, que había sobrevivido a tantas penurias durante tantos años, había muerto. Me temblaban las manos. Entonces sonó el teléfono de Dimal; era un mensaje de nuestra familia. Todo el mundo gritaba.

No podía moverme. Llamé a Saeed y él se echó a llorar en cuanto oyó mi voz. «Todo mi trabajo aquí no ha servido de nada —dijo—. Llevo un año luchando, y no hemos encontrado nada, a nadie.» Después le rogué a Hezni que me dejara regresar al campamento para el funeral, pero me dijo que no. «No tenemos su cuerpo. Los militares siguen en Solagh. Si vinieras, no te dejarían acercarte a la fosa. No es seguro para ti», dijo. Yo ya había empezado mi trabajo como activista, y el EI me amenazaba todos los días.

Tras la confirmación de la muerte de mi madre, mis esperanzas se centraron en que Kathrine, mi sobrina y mi mejor amiga, que era tan buena y tan querida por todo el que la conocía, lograra escapar y pudiéramos reunirnos. La necesitaba conmigo si quería sobrevivir el resto de mi vida sin mi madre. Hezni, que quería a la hija de su hermano como si fuera suya, llevaba meses luchando por encontrar la forma de liberar a Kathrine, pero no lo había conseguido. Ella había intentado escapar muchas veces —de Hamdaniya y de Mosul—, pero siempre había fracasado. Hezni conservaba un mensaje de voz suyo en el teléfono. En él, Kathrine le suplica a mi hermano: «Por favor, rescátame. No permitas que se me queden, sálvame esta vez». Hezni no hacía más que escucharlo y llorar, al mismo tiempo que juraba intentarlo.

En 2015 vimos la oportunidad. Hezni recibió una llamada de un basurero de una pequeña ciudad a las afueras de Kirkuk que había sido un bastión del Estado Islámico desde los primeros días de la guerra. «Estaba recogiendo la basura de una casa que pertenece al doctor Islam —le dijo a mi hermano—. Una chica llamada Kathrine salió y me pidió que le llamara para decirle que estaba viva.» El basurero tenía miedo de que el EI descubriera que había hecho esa llamada e insistió a Hezni para que no se pusiera en contacto con él. «No volveré a esa casa», dijo.

Escapar resultaría muy difícil. En la ciudad residen por lo menos cien mil árabes suníes, y el doctor Islam había llegado a ser uno de los cabecillas del EI. Pero Hezni tenía un contacto en la ciudad y, usando la aplicación móvil de mensajería Telegram, pudo localizar a Kathrine. El contacto le dijo a Kathrine que fuese a un hospital. «Hay una farmacia cerca —le indicó—. Yo estaré dentro, con una carpeta amarilla en la mano. Cuando me veas, no me digas nada, solo regresa a la casa donde te retienen y yo veré adónde vas y sabré dónde es.» Kathrine accedió. Casi había llegado al hospital cuando este fue bombardeado en un ataque aéreo, y ella tuvo tanto miedo que dio media vuelta de inmediato y regresó a la casa sin haber visto al contacto.

En la siguiente ocasión, Hezni intentó colaborar con unos árabes que no apoyaban al EI y que estaban atrapados en la misma ciudad. Tenían una casa en una aldea cercana a la que podían ir sin que los detuvieran en puestos de control importantes, y accedieron a esconder a Kathrine allí. A través de ellos, Hezni logró enviar mensajes a Kathrine y recibir algunos de ella, que decía que después del bombardeo en el hospital se habían trasladado a otra casa de la ciudad. Se la describió al nuevo contacto, que entonces llevó a su esposa a ese barrio y empezaron a llamar a las puertas con la excusa de que querían alquilar una casa por allí cerca. Cuando llamaron a donde tenían a Kathrine, les abrió otra *sabiyya*. Era Almas, una niña de nueve años de Kocho. Tras ella, el hombre vio a mi sobrina y a Lamia, la hermana de mi amiga Walaa. Las tres eran prisioneras del doctor Islam. «Mañana por la mañana, si no hay militantes en la casa, colgad una manta de la ventana —le susurró el contacto a Kathrine—. Después de las nueve y media, si veo la manta, sabré que es seguro volver a pasar.» Kathrine tenía miedo, pero accedió.

Esa mañana, el hombre pasó despacio con el coche por delante de la casa. Había una manta colgada de la ventana, así que se apeó y llamó a la puerta. Las tres *sabaya* yazidíes —Kathrine, Lamia y Almas— salieron corriendo y se montaron en el vehículo. Cuando las chicas estuvieron a salvo en la aldea cercana, el hombre llamó a Hezni y él le hizo un envío de dinero.

Tres días después, mi hermano encontró a unos traficantes de personas que, por diez mil dólares, estaban dispuestos a sacar a las tres chicas y también a la familia árabe que las había ayudado, y llevarlos a un lugar seguro. Sin embargo, sin la documentación adecuada, tendrían que cruzar la frontera kurda a pie y de noche. «Los acompañaremos hasta el río —le dijeron los traficantes a Hezni—. Después de eso, otro hombre los llevará hasta vosotros.» A medianoche, el primer traficante llamó a Hezni y le dijo que había realizado la entrega. Mi familia se preparó para la llegada de Kathrine al campamento.

Hezni esperó toda la noche junto al teléfono para recibir la llamada que le dijera que Kathrine había conseguido entrar en territorio kurdo. Estaba desesperado por verla. Pero el teléfono no sonó. En lugar de eso, a la una y media de la tarde del día siguiente, un kurdo llamó y preguntó si Kathrine, Lamia y Almas eran familia nuestra.

—¿Dónde están? —preguntó Hezni.

—Lamia está muy malherida —respondió el hombre. Habían pisado un IED cuando intentaban cruzar al Kurdistán, y el artefacto había explotado bajo sus pies. Lamia tenía casi todo el cuerpo cubierto de quemaduras de tercer grado—. Benditas sean las otras dos, que han pasado a mejor vida —concluyó.

A Hezni se le cayó el teléfono de las manos. Se sentía como si acabaran de dispararle.

Yo ya me había ido de Irak para cuando sucedió todo eso. Mi hermano me había llamado después de que llegaran a casa del primer traficante y me había dicho que Kathrine estaba a salvo. Me entusiasmé con la idea de volver a ver a mi sobrina, pero esa noche tuve una pesadilla horrible. Soñé que veía a mi primo Sulaiman de pie junto a uno de los generadores que daban electricidad a Kocho. En el sueño, yo andaba con mi hermano Massoud y mi madre y, cuando nos acercamos a Sulaiman, vimos que estaba muerto y que unos animales devoraban su cadáver. Me desperté sudando y por la mañana llamé a Hezni. «¿Qué ha ocurrido?», le pregunté, y él me lo contó.

Esa vez mi hermano accedió a que yo regresara a Irak para asistir al funeral. Llegamos a las cuatro de la madrugada al aeropuerto de Erbil y fuimos primero a ver a Lamia al hospital. Tenía la cara tan quemada que no podía hablar. Después fuimos a Kirkuk para ver a la familia árabe que había ayudado

346

a Kathrine y a las demás a escapar. Queríamos encontrar el cadáver de mi sobrina para enterrarla como es debido, siguiendo la tradición yazidí, pero la familia no pudo ayudarnos. «Cuando pisaron la bomba, Almas y ella murieron en el acto —nos contaron—. Llevamos a Lamia a cuestas hasta el hospital, pero no pudimos llevarnos los cadáveres también. Ahora los tiene el EI.»

Hezni no hallaba consuelo. Sentía que había fallado a su sobrina. Aún hoy sigue escuchando su voz suplicante en el mensaje de voz, y se tortura con él. «Sálvame esta vez», dice Kathrine. Puedo imaginar la expresión esperanzada de mi sobrina cuando la oigo, y también el rostro de Hezni, arrasado en lágrimas.

Fuimos en coche hasta el campo de refugiados. Estaba igual que cuando habíamos llegado allí por primera vez con mis hermanos, casi dos años antes, aunque la gente había convertido sus contenedores en algo más parecido a un hogar colocando lonas para crear espacios con sombra en el exterior y decorando el interior con fotografías familiares. Algunas personas habían conseguido trabajo, y vimos más coches aparcados entre las viviendas.

Al acercarnos vi a Adkee, a mis hermanastras y a mis tías, reunidas todas juntas al aire libre. Se tiraban del cabello y levantaban las manos hacia el cielo, rezando y llorando. La madre de Kathrine, Asmar, había llorado tanto que al médico le preocupaba que pudiese quedarse ciega. Oí el sonido de los cantos fúnebres ya antes de cruzar las puertas del campo de refugiados y, cuando llegamos al contenedor de mi familia, me uní a ellas, me puse a caminar en círculo junto a mis hermanas, a golpearme el pecho y a llorar a gritos. Volví a sentir todas las heridas de mi cautiverio y mi huida abiertas de nuevo. No podía creer que jamás volvería a ver a Kathrine ni a mi madre. Ese fue el momento en que supe que mi familia había quedado destruida de verdad.

11

Los yazidíes creemos que Melek Taus llegó a la tierra para poner a los seres humanos en contacto con Dios en un hermoso valle del norte de Irak llamado Lalish. Viajamos allí todo lo que podemos, para rezar y reconectar con Dios y con su Ángel. Lalish es un lugar remoto y tranquilo; para llegar hay que recorrer una estrecha carretera que serpentea por un valle verde, pasar de largo junto a los tejados cónicos de pequeñas tumbas y templos, y subir la colina hasta el centro del pueblo. Durante las festividades importantes, como nuestro Año Nuevo, esa carretera se llena de yazidíes que realizan la peregrinación, y la localidad se convierte en un festival. En otros momentos del año está tranquilo, con solo un puñado de yazidíes rezando en sus templos, de iluminación tenue.

Lalish debe mantenerse inmaculado. Los visitantes deben quitarse los zapatos para caminar descalzos incluso por las calles, y todos los días hay un grupo de voluntarios que ayuda a conservar los templos y sus recintos. Barren los patios y podan los árboles sagrados; limpian los senderos y, varias veces al día, recorren los oscuros templos de piedra para encender lámparas alimentadas con un aceite de aroma dulce sacado de los olivos de Lalish.

Besamos los marcos de las puertas de los templos antes de entrar, con cuidado de no pisar en el umbral, que también besamos. Dentro, hacemos nudos en sedas coloridas, y cada nudo representa un deseo y una oración. En las ocasiones religiosas importantes, el jeque Baba visita Lalish para esperar a los peregrinos en el templo principal, donde reza junto a ellos y los bendice. Ese templo es la tumba del jeque Adi, un hombre que extendió la religión yazidí durante el siglo XII y que es una de nuestras figuras más sagradas. El Arroyo Blanco recorre todo Lalish. Nos bautizamos al aire libre, donde su manantial brota sobre unas cisternas de mármol. Y en las húmedas y oscuras cuevas que hay bajo la tumba del jeque Adi, donde la condensación cae por las toscas paredes en forma de gotas, nos mojamos con esa agua mientras rezamos en el lugar donde el arroyo se dispersa y termina.

La mejor época para ir es en abril, alrededor del Año Nuevo yazidí, durante el cambio de estaciones, cuando la lluvia nueva llena el Arroyo Blanco sagrado. En abril, las piedras aún transmiten a nuestros pies el frío perfecto para hacer que continuemos la marcha, y el agua está lo bastante fresca para despertarnos. El valle está exuberante y hermoso al renacer otra vez.

Lalish se encuentra a cuatro horas en coche desde Kocho, y llegar hasta allí —pagar la gasolina y la comida, apartar a la gente de su trabajo en los campos, por no mencionar los animales que sacrifican muchas familias— resultaba demasiado caro para que nosotros pudiéramos ir a menudo, pero yo solía soñar con hacer ese viaje. Nuestra casa estaba llena de fotografías de Lalish, y en la televisión podían verse programas sobre el valle y los jeques santos que vivieron en él, y contemplar cómo bailaban juntos los peregrinos. A diferencia de Kocho, Lalish está lleno de agua, y esa agua alimenta los árboles y las flores que dan color al valle. Los templos están hechos de piedras antiguas y decorados con símbolos procedentes de nuestras historias. Y, lo más importante, fue en Lalish donde Melek Taus estableció contacto por primera vez con el mundo y dio a los seres humanos un propósito y una conexión con Dios. Aunque podemos rezar en cualquier sitio, la oración en los templos de Lalish es la más valiosa.

Cuando tenía dieciséis años, fui a Lalish a que me bautizaran. Estaba impaciente por que llegara el día, y en las semanas que lo precedieron escuché con atención cada palabra que nos dijo mi madre. Nos indicó que fuésemos respetuosos con los demás peregrinos y con todos los objetos del valle, y que nunca llevásemos los zapatos puestos ni dejásemos nada en desorden.

—No escupáis, no maldigáis, no os comportéis mal —nos advirtió—. No piséis los umbrales de los templos. Hay que besarlos.

Incluso Saeed, el más travieso, prestó mucha atención a sus indicaciones.

—Ahí es donde os bautizarán —me dijo, y señaló la fotografía de una cisterna de piedra cavada en el suelo, donde un reguero de agua dulce del Arroyo Blanco corría en riachuelos por la calle principal—. Y ahí es donde rezaréis por vuestra familia.

Jamás sentí que hubiera nada malo en mí por no estar bautizada todavía a los dieciséis años; no significaba que no fuese aún una yazidí «auténtica». Éramos pobres, así que Dios no nos juzgaría por haber tenido que retrasar el viaje. Sin embargo, me encantaba que al fin fuese a suceder.

Me bautizaron en el Arroyo Blanco junto a varios de mis hermanos, tanto niños como niñas. Una mujer, una de las guardianas de Lalish, metió un pequeño cuenco de aluminio en el arroyo y vertió el agua fría sobre mi cabeza. Después me dejó para que yo misma me salpicara un poco más en la cara y la cabeza mientras rezaba. Luego la mujer me envolvió la cabeza con un pedazo de tela blanca, y yo dejé un poco de dinero, una ofrenda, sobre una piedra cercana. A Kathrine la bautizaron en el mismo momento.

—No te decepcionaré —le susurré a Dios—. No recularé. Seguiré adelante y me mantendré en este camino.

Cuando el EI llegó a Sinyar, a todos nos preocupó lo que ocurriría con Lalish. Nos inquietaba que los terroristas fuesen a destruir nuestros templos, como habían hecho con muchos otros. Los yazidíes que huían del EI se refugiaban en la ciudad sagrada, guardada por los sirvientes de los templos y las oraciones del jeque Baba y del Baba Chawish. Los yazidíes que huyeron de sus hogares hacia el valle sagrado se encontraban al límite, mentalmente destrozados y físicamente agotados tras las matanzas. Estaban convencidos de que el EI arrasaría los templos en cualquier momento.

Un día, uno de esos yazidíes huidos, un joven padre, estaba sentado a la entrada del patio de los templos con su hijo. No había dormido, solo podía pensar en la gente que había muerto y en las mujeres que estaban secuestradas. El peso de esos recuerdos se le hizo insoportable. Sacó la pistola de su cinturón y, antes de que nadie pudiera impedírselo, se pegó un tiro, justo allí, en la entrada a los templos, al lado de su hijo. Al oír el disparo y suponer que era el EI, los yazidíes refugiados empezaron a correr y huyeron hacia la región del Kurdistán. Solo los sirvientes y el Baba Chawish se quedaron atrás para limpiar la sangre del muerto, encargarse de su entierro y esperar a ver qué ocurría después. Estaban preparados para morir si llegaba el EI. «¿Qué me queda si destruyen este sitio?», decía el Baba Chawish. Pero los terroristas jamás llegaron al valle. Dios lo protegió.

Después de las matanzas, a medida que las mujeres iban escapando poco a poco del cautiverio del Estado Islámico, nos preguntamos cómo sería nuestro siguiente viaje a Lalish. Necesitábamos los templos y el consuelo que ofrecían, pero al principio nadie estaba seguro de cómo tratarían los hombres santos que vivían allí a las *sabaya* huidas. Nos habían convertido al islam y la mayoría habíamos perdido la virginidad. Tal vez no importase que a ambas cosas nos hubiesen forzado en contra de nuestra voluntad. Desde pequeñas, nos habían enseñado que esos pecados merecían la expulsión de la sociedad yazidí.

No deberíamos haber subestimado a nuestros líderes religiosos. A finales de agosto, cuando la conmoción por las matanzas aún era reciente, celebraron reuniones para determinar cuál sería la mejor forma de reaccionar. Enseguida llegaron a una decisión. Anunciaron que las antiguas *sabaya* seríamos bienvenidas de vuelta en la sociedad y que no se nos juzgaría por lo que nos había ocurrido. Nadie debía considerarnos musulmanas, porque nuestra conversión había sido forzada, y, puesto que nos habían violado, éramos víctimas, no mujeres mancilladas. El jeque Baba quiso conocer en persona a algunas supervivientes que habíamos escapado, nos ofreció su guía y nos tranquilizó diciéndonos que podíamos seguir siendo yazidíes. Más adelante, en septiembre, nuestros líderes religiosos redactaron un dictamen para comunicarles a todos los yazidíes que lo que nos había sucedido no era culpa nuestra, y que, si eran fieles, debían acoger de nuevo a las *sabaya* en la comunidad con los brazos abiertos. Jamás he amado a mi comunidad más que en ese momento de compasión.

Aun así, nada de lo que el jeque Baba dijera o hiciera podía conseguir que nos sintiéramos del todo normales otra vez. Todas nos sentíamos rotas. Hubo mujeres que recorrieron grandes distancias para purificarse. Muchas supervivientes se sometieron incluso a cirugía para recuperar la virginidad, se hicieron reparar el himen con la esperanza de borrar el recuerdo y el estigma de la violación. En el campamento, un par de médicos que trataban a los supervivientes nos ofrecieron ese servicio. «Venid a por el tratamiento —decían, como si no fuese más que una revisión normal y corriente—. No tardaremos más de veinte minutos.»

Yo sentía curiosidad, así que me acerqué a la clínica con algunas chicas más. «Si queréis recuperar la virginidad, se trata de un procedimiento muy simple», nos aseguraron los médicos. Algunas de las chicas que conocía decidieron hacérselo, pero yo dije que no. ¿Cómo podía un «procedimiento muy simple» borrar todas las veces que Hajji Salman me había violado o cuando dejó que sus guardias me violaran como castigo por haber intentado escapar? El daño de esos ataques no había afectado solo a una parte de mi cuerpo, ni siquiera solo a mi cuerpo, y no existía ninguna cirugía capaz de reparar eso. De todos modos, comprendía que las demás quisieran hacerlo. Estaban desesperadas por encontrar cualquier cosa que les ofreciera consuelo y, si eso las ayudaba a imaginar un futuro normal en el que se casarían y tendrían una familia, entonces me alegraba por ellas.

Yo lo pasé bastante mal pensando en mi propio futuro. Cuando era niña en Kocho, mi mundo era muy pequeño y estaba repleto de amor. Solo tenía que preocuparme por mi familia, y todo me indicaba que las cosas estaban mejorando para nosotros. Después, aunque todas las chicas hubiéramos sobrevivido y trabajáramos con esfuerzo en nuestra recuperación, ¿dónde estaban los chicos yazidíes que se casarían con nosotras? Habían acabado en las fosas comunes de Sinyar. Nuestra sociedad al completo había quedado prácticamente destruida, y las muchachas yazidíes íbamos a tener una vida muy diferente de la que habíamos imaginado desde niñas. No buscábamos felicidad, solo la forma de sobrevivir y, si podíamos, hacer algo importante con unas vidas que de una forma tan arbitraria nos habían permitido conservar.

Cuando llevaba ya varios meses en el campo de refugiados, unas activistas se me acercaron y una de ellas me preguntó por mi abaya. «Estoy recopilando pruebas del genocidio —dijo—. Algún día me gustaría abrir un museo.» Otra, tras escuchar mi historia, se preguntó si me sentiría cómoda yendo al Reino Unido para contar ante un grupo de dirigentes lo que me había ocurrido. Le dije que sí, sin saber lo mucho que me cambiaría la vida ese viaje.

Los últimos meses en el campamento los pasamos preparándonos para ir a Alemania. Dimal y yo íbamos a emigrar, pero Adkee se negó. «Jamás me marcharé de Irak», nos dijo. Siempre fue muy obstinada, y yo la envidiaba. Alemania prometía seguridad, educación, una vida nueva; pero Irak siempre sería mi hogar.

Habíamos rellenado montones y montones de formularios

para preparar nuestro viaje y habíamos ido a Bagdad para que nos hicieran el pasaporte. Era la primera vez que iba a la capital de Irak, y también mi primer vuelo en avión. Estuve allí doce días, y todos ellos acudía a una oficina diferente: a que me tomaran las huellas dactilares, a que me hicieran una fotografía, a que me vacunaran contra varias enfermedades extrañas. Parecía un procedimiento interminable, y entonces, un día de septiembre, nos dijeron que casi había llegado el momento de partir.

Nos llevaron a Erbil y nos dieron algo de dinero a cada una para que nos compráramos ropa. Dimal y yo lloramos al despedirnos de todo el mundo en el campo de refugiados, sobre todo de Adkee. Recordé que Hezni, muchos años atrás, había intentado entrar de forma ilegal en Alemania pensando que, si ganaba suficiente dinero —dinero de verdad, como el que se gana en Europa—, la familia de Jilan no tendría más remedio que dejar que se casaran. A él lo habían repatriado, y allí estaba yo, con un billete pagado por el gobierno. Marcharme fue lo más difícil que había hecho jamás.

Antes de partir hacia Alemania, fuimos a Lalish. Decenas de antiguas *sabaya* abarrotaban las calles de la aldea sagrada, llorando y rezando, vestidas de negro luto. Dimal y yo besamos el marco del templo del jeque Adi y atamos nudos en las sedas coloridas. Cada nudo, una oración: por que todos los que seguían vivos regresaran sanos y salvos; por que todos los que habían muerto, como nuestra madre, fueran felices en la otra vida; por la liberación de Kocho; y por que el EI tuviera que responder por lo que nos había hecho. Nos salpicamos la cara con el agua fresca del Arroyo Blanco y le rezamos a Melek Taus con más fervor que nunca.

Hacía un día plácido en Lalish y, mientras estábamos allí, el Baba Chawish salió a recibir al grupo. El hombre santo es alto y delgado, con una barba larga y unos ojos afables y escrutadores que logran que la gente se abra en su presencia. Mientras estaba sentado con las piernas dobladas en el patio de la tumba del jeque Adi, su túnica blanca ondeaba en la brisa y el denso humo del tabaco verde con que había cebado su pipa de madera flotaba por encima de una gran muchedumbre compuesta por mujeres que habían ido a saludarlo.

Nos arrodillamos delante de él, que nos besó en la cabeza y nos hizo preguntas.

—¿Qué fue lo que os ocurrió? —quiso saber, y le contamos que el EI nos había capturado pero que nosotras habíamos escapado y ya íbamos de camino a Alemania.

—Bien —dijo con una voz suave y triste. Le resultaba doloroso ver a tantos yazidíes abandonar su patria de Irak. La comunidad menguaba ante sus ojos, pero sabía que teníamos que seguir nuestro camino.

Nos hizo más preguntas. ¿De dónde sois? ¿Cuánto tiempo estuvisteis con el EI? ¿Cómo es el campo de refugiados? Y, al final, cuando ya tenía la pipa casi vacía y el sol estaba más bajo en el cielo, se volvió hacia nosotras y, con sencillez, preguntó:

—¿A quiénes habéis perdido?

Entonces se sentó y escuchó con atención mientras cada una de las mujeres, incluso las que antes habían sido demasiado tímidas para decir nada, recitaban los nombres de sus familiares y amigos, de vecinos y niños y padres, de los muertos y los desaparecidos. Sus respuestas parecieron alargarse durante horas mientras el aire se hacía más frío y la piedra de las paredes del templo oscurecía en la luz menguante, nombres yazidíes recitados en un cántico interminable, elevándose hacia el cielo, donde Dios podría oírlos. Cuando me llegó el turno a mí, dije:

—Jalo, Pise, Massoud, Khairy y Elias, mis hermanos; Malik y Hani, mis sobrinos; Hamdia, Jilan y Smaher, las mujeres de mis hermanos; Kathrine y Nisreen, mis sobrinas; Hajji, mi hermanastro; muchos que fueron secuestrados y escaparon; mi padre, que ya no vivía y no pudo salvarnos; mi madre, Shami, dondequiera que esté.

Epílogo

En noviembre de 2015, un año y tres meses después de que el EI llegara a Kocho, viajé de Alemania a Suiza para hablar en un foro de las Naciones Unidas dedicado a las minorías. Era la primera vez que iba a contar mi historia delante de un gran público. Me había pasado casi toda la noche despierta con Nisreen, la activista que había organizado el viaje, pensando en qué decir. Yo quería hablar de todo: de los niños que murieron deshidratados mientras huían del EI, de las familias que seguían atrapadas en las montañas, de los miles de mujeres y niños que continuaban cautivos, y de lo que vieron mis hermanos en el lugar de la matanza. Yo solo era una de los cientos de miles de víctimas yazidíes. Mi comunidad estaba diseminada, vivían como refugiados dentro y fuera de Irak, y Kocho seguía ocupado por el EI. Había muchísimas cosas que el mundo tenía que oír sobre lo que ocurría con los yazidíes.

La primera parte del viaje fue en tren, atravesando los oscuros bosques alemanes. Los árboles pasaban desdibujados muy cerca, al otro lado de la ventanilla. A mí me daba miedo el bosque, tan diferente de los valles y los campos de Sinyar, y me alegré de pasar por él a toda velocidad en lugar de recorrerlo a pie entre los árboles. Aun así, era hermoso, y mi nuevo hogar empezaba a gustarme. Los alemanes nos habían dado la bienvenida a su país; había oído historias sobre ciudadanos de a pie que iban a recibir a los trenes y los aviones en los que viajaban sirios e iraquíes que huían. En Alemania teníamos la esperanza de llegar a formar parte de la sociedad y no vivir solo en su periferia. Había yazidíes en otros países que lo tenían peor. Algunos refugiados acabaron en lugares donde estaba claro que no los querían, poco importaba los horrores de los que escaparan. Otros yazidíes estaban atrapados en Irak y seguían desesperados por encontrar una oportunidad para salir de allí, y esa espera era otra forma de sufrimiento. Algunos países decidieron no permitir la entrada a ningún refugiado, lo cual me enfurecía. No existía ningún buen motivo para negar a unas personas inocentes un lugar seguro donde vivir. Todo eso era lo que quería decir ante las Naciones Unidas aquel día.

Quería decir que todavía era necesario hacer mucho más. Necesitábamos que se estableciera una zona segura para las minorías religiosas en Irak; juzgar al EI —desde sus líderes hasta los ciudadanos corrientes que habían apoyado sus atrocidades— por genocidio y crímenes contra la humanidad; y liberar todo Sinyar. Las mujeres y las niñas que habían escapado del EI necesitaban ayuda para reintegrarse en la sociedad y reconstruirla, y los abusos que habían sufrido debían añadirse a la lista de crímenes de guerra del Estado Islámico. El yazidismo debía enseñarse en las escuelas, desde Irak hasta Estados Unidos, para que la gente comprendiera lo valioso que es preservar una religión ancestral y proteger a las personas que la profesan sin que importe lo pequeña que sea su comunidad. Los yazidíes, junto con otras minorías religiosas y étnicas, son lo que una vez hizo de Irak un gran país.

Sin embargo, solo me habían dado tres minutos para hablar, y Nisreen me aconsejó que pronunciara un discurso simple. «Cuenta tu historia», me dijo mientras tomaba un té en mi apartamento. Esa idea me aterraba. Sabía que, si mi historia tenía que causar impacto alguno, debía ser todo lo sincera que yo pudiera soportar. Tendría que hablar a aquel público sobre Hajji Salman y las veces que me violó, sobre la terrorífica noche en el puesto de control de Mosul y sobre todos los abusos que había presenciado. Atreverme a ser sincera fue una de las decisiones más duras que he tomado jamás, y también la más importante.

Temblaba al leer mi discurso. Con toda la calma de la que fui capaz, les hablé a aquellas personas de cómo habían tomado Kocho y habían secuestrado a chicas como yo para convertirlas en *sabaya*. Les hablé de cómo me habían violado y apaleado en repetidas ocasiones y de cómo por fin pude escapar. Les conté la historia de mis hermanos, que habían sido asesinados. Ellos escucharon con atención y, al terminar, una mujer turca se acercó a mí. Estaba llorando.

—A mi hermano Ali lo mataron —me dijo—. Toda nuestra familia está conmocionada por ello. No sé cómo se puede asimilar haber perdido a seis hermanos a la vez.

—Es muy duro —contesté—, pero hay familias que han perdido a más personas aún que nosotros.

Cuando regresé a Alemania, le dije a Nisreen que, siempre que me necesitara, yo iría a donde me dijera y haría todo lo posible por ayudar. No tenía ni idea de que pronto empezaría a trabajar con los activistas yazidíes que dirigían Yazda y comenzaría una nueva vida. Ahora sé que nací en el corazón de los crímenes que se cometieron contra mí.

Al principio, nuestras vidas en Alemania parecían insignificantes en comparación con las de la gente que vivía inmersa en la guerra de Irak. Dimal y yo nos trasladamos a un pequeño apartamento de dos habitaciones con dos de nuestras primas y lo decoramos con fotografías de las personas a las que habíamos perdido o dejado atrás. Por la noche, yo dormía bajo unas grandes fotos en color de mi madre y de Kathrine. Llevábamos collares que deletreaban los nombres de los difuntos, y todos los días nos reuníamos a llorar por ellos y rezarle a Melek Taus por que los desaparecidos regresaran sanos y salvos. Todas las noches soñaba con Kocho, y todas las mañanas despertaba y me acordaba de que Kocho, tal como yo lo había conocido, ya no existía. Es un sentimiento extraño, vacío. Añorar un lugar arrasado te hace sentir como si también tú hubieses desaparecido. He visto muchos países bonitos a lo largo de mis viajes como activista, pero en ningún lugar habría querido vivir más que en Irak.

Íbamos a clases de alemán y al hospital, para asegurarnos de que estábamos sanas. Algunas probamos las sesiones de terapia que nos ofrecieron, pero que eran casi insoportables. Cocinábamos nuestra comida y realizábamos los quehaceres con los que habíamos crecido: limpiar y hacer pan, esta vez en un pequeño horno metálico portátil que Dimal había colocado en el salón. No obstante, sin las tareas que solían llevar más tiempo, como ordeñar las ovejas o cuidar de la granja, y sin la vida social que acompañaba el día a día en una pequeña aldea muy unida, nos quedaban muchísimas horas vacías. Al principio de estar en Alemania, le suplicaba constantemente a Hezni que me dejase regresar, pero él insistía en que diera una oportunidad al país. Me decía que debía quedarme, que acabaría teniendo una vida allí, pero no estaba segura de creerle.

No tardé en conocer a Murad Ismael. Junto con un grupo de yazidíes afincados en distintas partes del mundo —incluidos Hadi Pir, Ahmed Khudida, Abid Shamdeen y Haider Elias, el antiguo traductor del ejército estadounidense que permaneció en contacto telefónico con mi hermano Jalo prácticamente hasta el momento de su muerte—, Murad había fundado Yazda, una organización que lucha de forma incansable por los yazidíes. Cuando lo conocí, todavía no estaba segura de cómo sería mi nueva vida. Deseaba ayudar y sentirme útil, pero no sabía cómo hacerlo. Sin embargo, cuando Murad me habló de Yazda y de la labor que estaban realizando —sobre todo de cómo contribuían a liberar y, más tarde, defender a las mujeres y niñas que habían sido esclavas del EI—, pude ver mi futuro con más claridad.

En cuanto esos yazidíes recibieron la noticia de que el EI

había entrado en Sinyar, abandonaron su vida cotidiana para ayudarnos a nosotros en Irak. Murad estudiaba Geofísica en Houston cuando empezó el genocidio; otros eran profesores y trabajadores sociales que lo dejaron todo con tal de ayudarnos. Me contó que habían pasado dos semanas sin dormir en una pequeña habitación de hotel, cerca de Washington, D. C. Murad y un grupo de personas entre las que se incluían Haider y Hadi se dedicaron allí a atender las llamadas de los yazidíes que se encontraban en Irak e intentar ponerlos a salvo. A menudo lo conseguían. Pero no siempre. Me dijo que habían intentado salvar Kocho. Llamaron a todas las personas a las que conocían en Erbil y Bagdad. Les proponían formas de actuación basándose en el tiempo que habían pasado colaborando con el ejército estadounidense (Murad y Hadi también habían sido traductores durante la ocupación) y llevaron a cabo un seguimiento del EI por todas las carreteras y aldeas.

Dado que no consiguieron salvarnos, juraron hacer todo cuanto estuviera en su mano para ayudar a cualquier superviviente y lograr que se hiciera justicia. Su angustia es una carga física —a Haider le duele constantemente la espalda, y el rostro de Murad está surcado de arrugas fruto del agotamiento—, pero, a pesar de eso, yo aspiraba a ser exactamente igual que ellos. Desde que conocí a Murad, empecé a convertirme en la persona que soy en la actualidad. Aunque el duelo no haya cesado nunca, nuestras vidas en Alemania empezaron a cobrar sentido de nuevo.

Cuando estaba con el EI, me sentía impotente. Si hubiese poseído un ápice de fuerza cuando me arrebataron a mi madre, la habría protegido. Si hubiese podido evitar que los terroristas me vendieran o me violaran, lo habría hecho. Cuando vuelvo con el recuerdo a mi propia huida —la puerta sin cerrar, el jardín tranquilo, Nasser y su familia en aquel barrio lleno de simpatizantes del Estado Islámico—, tiemblo solo de pensar en lo fácil que habría sido que saliera mal. Creo que hubo un motivo para que Dios me ayudara a escapar y un motivo para que conociera a los activistas de Yazda, y he comprendido el enorme valor que tiene mi libertad. El EI no creía que las chicas yazidíes fuésemos capaces de abandonarlos ni que tuviésemos la valentía de contar ante el mundo todos los detalles de lo que nos hicieron. Los desafiamos haciendo que sus crímenes no queden sin contestar. Cada vez que relato mi historia, siento que les quito un poco de poder a los terroristas.

Desde aquel primer viaje a Ginebra, he contado mi historia ante miles de personas: políticos y diplomáticos, cineastas, periodistas y un sinfín de personas de a pie que se interesaron por Irak después de que el EI se hiciera con el control. He rogado a los líderes suníes que denuncien públicamente al EI con más dureza; tienen muchísimo poder para detener la violencia. He trabajado junto a todos los hombres y mujeres que colaboran con Yazda para ayudar a supervivientes como yo que debemos vivir a diario con lo que hemos experimentado, además de para convencer al mundo de que reconozca como genocidio lo ocurrido a los yazidíes y llevar al EI ante la justicia.

Otros yazidíes han hecho lo mismo con el mismo objetivo: aliviar nuestro sufrimiento y mantener con vida lo que queda de nuestra comunidad. Nuestras historias, por muy duro que resulte escucharlas, han conseguido cambios. A lo largo de estos últimos años, Canadá ha decidido abrir sus fronteras a más refugiados yazidíes; la ONU ha reconocido oficialmente como genocidio lo que el EI hizo con nosotros; los gobiernos han empezado a debatir si establecer una zona segura para minorías religiosas en Irak; y, lo más importante, tenemos a abogados decididos a ayudarnos. La justicia es lo único que nos queda ahora a los yazidíes, y todos los yazidíes formamos parte de la lucha.

Allá en Irak, Adkee, Hezni, Saoud y Saeed luchan cada uno a su manera. Se quedaron en el campo de refugiados —Adkee se negó a ir a Alemania con las demás mujeres—, y cuando hablo con ellos los añoro tanto que casi no lo puedo soportar. Cada día es una lucha para los yazidíes de los campamentos y, aun así, hacen cuanto está en sus manos por ayudar a toda la comunidad. Organizan manifestaciones contra el EI y solicitan a los kurdos y a Bagdad que emprendan más acciones. Cuando se descubre una fosa común o una chica muere intentando escapar, son los refugiados del campamento quienes cargan en primer lugar con el peso de la noticia y preparan el funeral. Cada contenedor vivienda está lleno de personas que rezan por que les devuelvan a sus seres queridos.

Todos los refugiados yazidíes intentan sobrellevar el trauma mental y físico de lo que han pasado, y trabajan por que nuestra comunidad siga intacta. Unas personas que, hace solo unos años, eran agricultores, estudiantes, comerciantes y amas de casa se han convertido en estudiosos de la religión decididos a difundir el conocimiento del yazidismo, en profesores que trabajan en los pequeños contenedores vivienda utilizados como aulas en los campamentos, y en activistas de los derechos humanos, como yo. Lo único que deseamos es mantener vivas nuestra cultura y nuestra religión, y llevar al EI ante la justicia por los crímenes que ha cometido contra nosotros. Estoy orgullosa de todo lo que hemos hecho como comunidad para contraatacar. Siempre me he sentido orgullosa de ser yazidí.

Por mucha suerte que tenga de estar a salvo en Alemania, no puedo evitar envidiar a los que se quedaron atrás, en Irak. Mis hermanos están cerca de nuestro hogar, comen la comida iraquí que yo tanto echo de menos y viven junto a personas conocidas, no extraños. Si van a la ciudad, pueden hablar en kurdo con los dependientes y los conductores de los vehículos de transporte. Cuando los *peshmerga* nos permitan entrar en Solagh, podrán visitar la tumba de mi madre. Si Kocho llega a ser liberado del EI, podrían regresar a casa ese mismo día. Nos llamamos por teléfono y nos dejamos mensajes continuamente. Hezni me habla de su trabajo ayudando a chicas a escapar; Adkee me cuenta cosas sobre la vida en el campo de refugiados. La mayoría de las historias son amargas y tristes, pero a veces mi entusiasta hermana me hace reír tanto que me caigo del sofá. Añoro muchísimo Irak.

A finales de mayo de 2017 recibí desde el campamento la noticia de que Kocho había sido liberado del EI. Saeed se encontraba entre los miembros de la unidad yazidí de Hashd al Shaabi, el grupo de milicias iraquíes armadas que había entrado en la localidad, y me sentí feliz por él, porque había cumplido su deseo de convertirse en combatiente. Kocho no era un lugar seguro; todavía quedaban allí militantes del Estado Islámico luchando, y los que se habían marchado habían colocado IED por todas partes antes de salir huyendo, pero yo estaba decidida a regresar. Hezni estuvo de acuerdo, así que volé de Alemania a Erbil y luego viajé hasta el campo de refugiados.

No sabía cómo me sentiría al volver a ver Kocho, el lugar donde nos habían separado y donde habían asesinado a mis hermanos. Estaba con algunos miembros de mi familia, incluidos Dimal y Murad (para entonces, él y otros de Yazda eran como de la familia) y, cuando la situación fue lo bastante segura para ir allí, viajamos en grupo y seguimos una ruta muy larga para evitar los combates. La aldea estaba vacía. Las ventanas de la escuela estaban rotas y, dentro, vimos lo que quedaba de un cadáver. Mi casa había sido saqueada —incluso habían arrancado la madera del tejado—, y todo lo que había estaba quemado. El álbum de fotos de novias era un montón de ceniza. Lloramos tanto que caíamos al suelo. Aun así, a pesar de la destrucción, en cuanto crucé la puerta de mi casa supe que estaba en mi hogar. Por un instante, me sentí igual que antes de la llegada del EI y, cuando me dijeron que era hora de irnos, supliqué que me dejaran quedarme, solo una hora más. Me prometí a mí misma que, pase lo que pase, cuando llegue diciembre y sea el momento en que los yazidíes ayunan para acercarse a Dios y a Melek Taus, que nos dio la vida a todos, estaré en Kocho.

Poco menos de un año después de dar ese primer discurso en Ginebra, y cerca de un año antes de regresar a Kocho, fui a Nueva York con algunos miembros de Yazda, incluidos Abid, Murad, Ahmed, Haider, Hadi y Maher Ghanem, donde la ONU me nombró embajadora de Buena Voluntad para la Dignidad de los Supervivientes de la Trata de Personas. De nuevo, se esperaría que hablase sobre mi experiencia delante de un nutrido público. Contar tu historia nunca se vuelve más fácil. Cada vez que la relatas, la revives. Cuando le explico a alguien lo de aquel control donde los hombres me violaron, o cómo sentía el látigo de Hajji Salman sobre la manta mientras yo estaba debajo, o cómo se oscurecía el cielo de Mosul mientras recorría el barrio en busca de una señal de alguien que pudiera ayudarme, me veo transportada de nuevo a esos momentos y todo su horror. Hay otros yazidíes que también se ven transportados de vuelta a estos recuerdos. A veces, incluso miembros de Yazda que han escuchado mi historia incontables veces lloran cuando la cuento; también es su historia.

Aun así, me he acostumbrado a dar discursos y los grandes públicos ya no me intimidan. Mi historia, narrada con sinceridad y objetividad, es la mejor arma que tengo contra el terrorismo, y pienso seguir utilizándola hasta que esos terroristas se enfrenten a un juicio. Todavía queda mucho por hacer. Los líderes mundiales, y sobre todo los líderes religiosos musulmanes, deben levantarse y proteger a los oprimidos.

Pronuncié mi breve discurso y, cuando terminé de contar mi historia, seguí hablando. Les dije que no me habían educado para hablar en público. Les dije que todos los yazidíes querían ver al EI juzgado por genocidio, y que ellos tenían la capacidad de ayudar a proteger a las personas vulnerables de todo el mundo. Les dije que quería mirar a los ojos a los hombres que me violaron, y verlos llevados ante la justicia. Más que nada, les dije, quiero ser la última chica en el mundo con una historia como la mía.